国家底线
公平正义与依法治国

俞可平◎主编

BOTTOMLINE OF THE STATE

Justice &
Rule of Law

中央编译出版社
Central Compilation & Translation Press

编者说明

中共十八届三中全会通过的重要决定,将公平正义当做全面深化改革的出发点和落脚点,中共十八届四中全会又将对依法治国和法治国家建设作出全面部署。为了配合广大读者更好地理解中共十八届三中全会,特别是十八届四中全会的精神,我们编选了《国家底线:公平正义与依法治国》。全书分为"依法治国与依宪治国"、"依法治国与公平正义"、"依法治国与中华文明"、"依法治国与国家治理"和"依法治国与依法治党"等五个专题,收录了国内十八位著名政治学家、法学家和社会学家关于上述专题的权威性观点。可以说,这些作者代表了国内关于公平正义和依法治国两大领域的最高研究水平,选录的这些文章也代表了这些领域的最新成果。我们相信,本书的观点将非常有助于读者更加全面深刻地理解公平正义和依法治国对于建设中国特色社会主义现代化强国的深远意义,从而更加全面深刻地理解中共十八届三中全会和四中全会的精神实质。在编选过程中,我们得到了这些作者的大力支持,在此谨致深切的感谢。

编者
2014 年 9 月 26 日

目录

序言 // 俞可平·1

第一编 | 依法治国与依宪治国

依宪治国:责无旁贷,乐见其成 // 郭道晖　江　平　李步云·3
中国宪法文本中"法治国家"规范分析 // 韩大元·20
宪法政治:开万世太平之路——中国共产党如何走出
　历史周期率 // 王振民·36

第二编 | 依法治国与公平正义

通过法治实现公平正义 // 李　林·61
法治社会:公平正义的期待 // 丁元竹·89

目录 Contents

公平正义是改革发展的出发点和落脚点——中国共产党
　公平正义观的形成及基本内容 // 吴忠民·107

第三编 | 依法治国与中华文明

论"法治中国"的科学含义 // 汪习根·121
"法治中国"建设的战略转向与法治价值观重建 // 马长山·143
以法治国与中华文明的自我突破 // 任剑涛·160

第四编 | 依法治国与国家治理

国家治理现代化的关键在于法治化 // 胡建淼·179
以民主法治推进国家治理现代化——重温邓小平有关制度
　建设的重要思想 // 胡　伟·191

目录

社会公正与国家治理现代化——以"公正"为核心重构
　　改革话语 // 竹立家·204

法治与国家治理现代化 // 张文显·217

第五编 | 依法治国与依法治党

依法治国必先依法治党 // 俞可平·255

依法治国与依章治党 // 桑玉成·261

依法治党:党内民主发展的必然要求 // 任中平·273

序　言

俞可平

做人要有底线，治国同样要有底线。公平正义与依法治国，就是现代国家的底线。中共十八届三中全会将公平正义当做全面深化改革的出发点和落脚点，中共十八届四中全会又将对建设法治国家和依法治国作出全面部署。这清楚地表明，公平正义和依法治国，也同样是我们中华人民共和国的底线。

公平正义就是社会的政治利益、经济利益和其他利益在全体社会成员之间合理而平等的分配，它意味着权利的平等、分配的合理、机会的均等和司法的公正。公平正义是人类的共同政治价值，也是社会主义的核心价值；是衡量社会全面进步的重要尺度，也是中国共产党长期追求的根本目标。社会主义之所以最终要消灭经济上的剥削和政治上的压迫，归根结蒂是为了消除社会的不平等和不公正，使全体人民在政治、经济、文化诸方面享有同等的权利，从而实现人的全面发展和个性的充分解放。因此，维护和实现公平正义，不仅关系到社会的稳定与和谐，关系到党和国家的长治久安，而且关系到公民的基本权利，关系到人的全面发展和社会的全面进步。

中共十八届三中全会关于全面深化改革的重要决定，"以促进社会公平正义、增进人民福祉为出发点和落脚点"。把公平正义作为全面深化改革的出发点和落脚点，就是把公平正义置于最优先的地位，就是倡导"公正优先"。

把公平正义作为全面深化改革的出发点，就是要按照公平正义的标准来寻找社会发展中的突出问题，分析产生社会不公的深刻原因，从而确定全面深化改革的突破口，破除损害公平正义的体制机制障碍。按照公平正义的基本价值来衡量我国现存的社会发展进程，那么我们就会发现，在经济、司法、教育、健康、环境、性别和社会保障等方面，公平正义的问题已经相当突出。把公平正义作为全面深化改革的出发点，要求我们把能否解决这些问题提高到是否真正坚持社会主义的高度来看待。

公平正义的物质基础在于经济利益的分配。实现和维护公平正义，首先要求通过合理的分配制度，把社会成员的收入差距控制在合适的范围内，避免因收入差距的过分扩大而导致两极分化。然而，社会公平的内容绝远不只是物质财富的分配，还包括政治、社会、文化、教育、司法等其他内容。要全面维护和实现社会的公平正义，除了缩小收入差距，扩大社会保障，维持基本的经济公平外，还必须从法律、制度、政策上努力营造公平正义的社会环境，保证全体社会成员能够比较平等地享有教育、医疗、福利、就业、参与社会政治生活和接受法律保护等权利。

公平正义不仅要具备相应的物质基础，而且还必须具备相应的制度基础。要实现公平正义这一社会主义核心价值，就必须建立切实可行的政治、经济和社会制度，并且根据公平正义的制度安排，制定一系列的公共政策。没有具体的制度、机制和政策保障，公平正义便是一句空话。因此，把公平正义作为全面深化改革的落脚点，关键在于制度和政策的创新。对于实现公平正义而言，最重要的制度保障，便是民主法治。民主法治，是公平正义唯一的制度基础。

法治的基本意义是，宪法和法律是国家治理的最高准则和最高权威，任何组织和个人必须在宪法和法律的框架内活动，官员和公民都必须依法行事，在法律面前人人平等。法治（rule of law）与法制（rule by law）有共通之处，但两者有实质的区别。法制强调依法办事，法治除了强调依法办事外，更强调宪法和法律是国家的最高权威，任何组织和个人不得拥有超越法律的权威。法治的直接目标是规范公民的行为，管理社会事务，维持正常的社会生活秩序；但其最终目标在于保护公民的自由、平等、公正等基本政治权利。从这个意义上说，法治与人治相对立，它既规范公民的行为，但更制约政府的行为。法治是善治的基本要求，没有健全的法制，没有对法律的充分尊重，就不可能有社会的公平正义，也不可能有国家的长治久安。法治也是国家治理现代化的基本要素，公共权力如果不遵守既定的法律规范，公民权利与公共权力之间如果没有明确的法律界线，就不可能建立现代的国家治理体系。

法治是社会主义的核心价值之一，建设法治国家，是中国特色社会主义政治发展的基本目标，是国家治理现代化的正确轨道。在现实政治条件下，对于实现公平正义和国家治理现代化而言，建设法治国家最重要的是要做到以下四点：第一，建立完备的国家法律体系，做到有法可依。一方面，对于重要的政治事务、经济事务和社会事务，都有强制性的法律规范；另一方面，通过民主和科学的程序制订国家的法律规范，使国家的法律充分体现民意，并且具有合理性和可行性。第二，在国家治理中，树立宪法和法律的至上权威，这是法治最根本的含义。任何组织和个人都必须在宪法和法律规定的框架内运行，这也是宪法与党章的基本要求。第三，要坚持依法治国，建设法治中国。民主执政、依法执政、科学执政不仅是我们党治国理政的基本方略，也是推进国家治理现代化的基本方略。第四，通过依法治党来带动依法治国。党在推进我国的民主法治事业中始终起着引领的作用，以党内民主带动社会民主，是发展中国特色民主政治的现实道路；相应地，由依法治党来带动依法治国，也应当成为建设中国特色法治国家的现实道路。各级党组织必须在宪法和法律的框架内活动,党的各项方针政策必须符合国家的法律,并严格依照法律的规定和党章的要求处理党组织与立法、行政和司法部门的关系。

民主与法治是一枚硬币的两面,不可分割。法治最基本的意义,就是法律是国家治理的最高权威,任何个人和组织都没有超越法律的权威。这样一种法治,只有在民主政治条件下才能实现。民主不仅是人类的共同价值,也是社会主义的核心价值。然而,民主首先是一种国家制度,是一系列保障主权在民或人民当家作主的制度。民主其实不复杂,简单地说可以概括为四个字:授权、限权。所谓授权,就是我们必须要有一套制度,最终由人民来选择自己的领导人,由人民对政府进行授权,确保"权为民所有"和"权为民所赋"。所谓限权,就是要有一整套制度对政府官员的权力进行限制,把权力关进制度的笼子,确保"权为民所谋"和"权为民所用"。

习近平同志最近指出:人民当家作主是社会主义民主政治的本质和核心。人民民主是社会主义的生命。没有民主就没有社会主义,就没有社会主义的现代化,就没有中华民族伟大复兴。发展社会主义民主政治,是推进国家治理体系和治理能力现代化的题中应有之义。显而易见,没有高度发达的民主,不可能有真正意义的法治,不可能有国家治理的现代化,也不可能有中华民族的伟大复兴。离开民主去谈论自由、平等、公正和法治,就像离开市场经济去谈论自由贸易一样不得要领。从这个意义上说,民主法治是公平正义的根本制度保障,它们都是现代国家的底线。

第一编 依法治国与依宪治国

依宪治国：责无旁贷，乐见其成

郭道晖　江　平　李步云

（中国"法治三老"）

编者按： 2014年4月，《中国法律评论》杂志（以下简称《中法评》）有幸邀请到郭道晖先生、江平先生和李步云先生，李老自言：这是我们三人首次一起接受访谈，非常高兴。诚然，三位长者均已年届耄耋，共话的机缘也愈发难得。对谈伊始至终，他们精神矍铄，思维敏捷，说宪法，话共识，论改革，就当前的法治热点和焦点问题展开了广泛而深入的讨论。三老的经历和角度各不同，观点也自出机杼，精彩纷呈。自新中国1954年宪法起，已然六十载，三位长者从意气风发的法学青年一路走来，成为今时从容、睿慧、有气度的智者。在参与的诸多重要法治事件中，作为亲历者，他们有担当，在其时的工作岗位上尽职守责；作为反思者，他们是真诚的，看见法治经验的同时更注重对教训的汲取；作为建言者，他们有显见的赤子家国情怀，对宪治中国之成就充满理性的期待。编者在聆听三位长者三个小时的短暂分享里，仍得一窥大时代背景下法律人的矫健身影。祝愿三老幸福康健，也祝福依宪治国早日可鉴！

《中法评》：十八届三中全会通过的《中共中央关于全面深化改革若干重大问题的决定》提出，"全面深化改革的总目标是完善和发展中国社会主义制度，推进国家治理体系和治理能力现代化"。从"四个现代化"、"依法治国基本方略"到"国家治理体系和治理能力现代化"，在您三位看来，这些表述上的变化与法治的关系是怎样的？

江平：我觉得在"四个现代化"之后，我们现在又提出国家治理体系的现代化，这是一个很大的进步，至少我们承认在国家治理体系方面有些现代化的问题。至于怎么解决，有哪些基本途径和基本要素，我认为有三个方面：第一，是解决好党的领导和依法治国的关系，这是最基本的，如果党政还是继续混淆，党还是实行政府的职能，就不可能现代化，共产党必须实行的是在政治上的领导，而不能在具体问题上过多干预。第二，是分工制约的体系，它实际上意味着各种权力，包括审判权、司法权、行政机关的权限应该各司其职、互相监督制约。第三，是要正确处理好国家和社会的关系，我想就是一个国家、社会和个人的关系。在这些方面应该秉承在《行政许可法》制定的时候，杨景宇代表国务院作的一个立法报告：在市场上只要是能由市场主体自己解决的，就由市场主体自己解决；解决不了的，由社会组织来解决；只有当个人和社会组织都解决不了的时候，才能由政府来解决。这是我简单的一些看法。

李步云：我同意江老的看法。关于党的现代化的问题，执政党自身应按民主原则来组建运作。中国共产党正在朝着这个目标，一步一步往前走。要成为现代政党，实际上关键的就是解决好党政关系的问题。另外是法治的问题，宪法要落实，主要是权利保障。宪法的最高原则是人权保障，这么说是有根据的。列宁说过，所谓宪法就是一张写满人民权利的纸。我的导师张友渔先生，也提出宪法是人民权利的保障书。民主、法治相对人权来讲，是一种手段，但其本身也是目标。一个尊重宪法的国家起码要讲三项原则——民主、法治和人权，这是宪法的基本原则。

郭道晖：关于建立法治社会，刚开始还有人反对：国家法制应当是统一的，法治国家之外还搞什么法治社会，不成了二元化吗？现在十八届三中全会决定①提出建立法治社会，这是很有远见的一步。但是，人们是不是真的理解何为法治社会呢？法治社会就是社会的民主化、自治化、法治化，其核心是公民权利的实现；它是既支持又监督国家权力运行的一个相对独立的实体。那种以为法治社会就是单指"用法来管理社会"的理解，是不对的。

《中法评》：三位老师的观点抓住了要害，谢谢！我们只补充一点，党章中有一段是这样表述的："党必须保证国家的立法、司法、行政机关，经济、文化组织和人民团体积极主动地、独立负责地、协调一致地工作。"老师们就党政关系的观点与此并无矛盾，异曲同工。

经济体制改革是全面深化改革的重点，核心问题是处理好政府和市场、国家和社会治理的关系。目前，我国市场体系不完善、政府干预过多和监管不到位等问题并存，同时社会（自治组织）成长缓慢，限制了市场经济的健康有序发展。在您三位看来，这些问题应当如何克服？

江平：市场法治包括两个方面：一个是自由的法治，另一个是秩序的法治。自由和秩序是法治两个非常关键的问题。自由实际上是权利的问题，秩序实际上是权力的问题，这两个问题我觉得长期以来没处理好。为什么呢？市场自由涉及市场主体自由的问题，这个问题应该归市场来管，政府不能够来管，或者只在几个很次要的层面上来干预。而市场自由最主要的问题是一个资源配置，再一个是市场准入，是否准许进入市场，是否具备相应的条件。但现实中在两个核心问题上，地方的利益太大或者政府部门的利益太大，本来是由市场主体自己来解决的（事项），它要来掌管。譬如说土地资源怎么样来分配，这个关系到很大的利益分配，都希望把这个权力掌握在自己手中。矿产资源也是这样，其他的包括金融资源等各方

---

① 即十八届三中全会通过的《中共中央关于全面深化改革若干重大问题的决定》，下同。——编者注

面都有这个问题。资源分配实际上是由政府控制或者由政府来管理或统管的。这个利益太大了。《行政许可法》规定了哪些可以自由准入,哪些需要限制,而我认为《行政许可法》通过以后,实际上政府所讲的目标根本没有实现,进入市场仍要有政府掌管的一百多个部门许可才可以,这是一个很大的缺陷。市场准入也有利益机制,市场自由没有放开,法治没有建立起来,根本原因在于利益关系。

市场秩序的法治,当然是由政府来管,但我们现在假冒伪劣产品盛行、不守信用、欺诈现象很普遍,为什么在这一点上出现市场秩序如此混乱的现象呢?显然是政府在这些方面不愿意太多介入监管,愿意更多介入市场自由领域。我认为,这个原因很简单,市场监管是要得罪人,肯定是要得罪人的。在这个意义上,政府不愿意得罪人,很多政府睁一只眼闭一只眼,做老好人。像各级环境保护部门明明知道企业是污染企业,不愿意得罪它,怕影响当地的经济发展,甚至更进一步通过接受贿赂的办法蒙混过关。基本上还是一个利益的机制,所以不解决这个利益的机制,那是不行的,这是我的基本看法。

李步云: 江老讲的都是要害,治理结构是一个总目标,第一个是要处理好党政关系,第二个要正确处理好国家、社会和个人的关系。郭老提出,"法治社会"是一个过去文件从来没有提过的名词,是一个新东西。法治社会的提出还涉及公民社会的问题(事务)。党和政府对社会事务的管理可以改革,大量社会事务中不该管的,党和政府不要去管。因此,从这一点而言,其实"公民社会"这个提法不神秘,是指政府以外的广大空间,包括企事业组织,包括社会组织,包括行业组织,包括农村和城市自治组织,都属于社会范畴,应该给它一个正确的定位,把它作为政府和人民的桥梁。

法治社会是相对法治政府来说的。社会组织要依法行使社会权力,保障广大自治组织和公民的权利。关于社会自治,建立法治社会,我提了四点建议：第一点针对的是国家层面的法律，即进一步要怎么保护它；第二点针对的是所谓软法，即行业规章、乡规民约，应适当发挥作用，但不能太硬，超过法律变成了"土法"，那是不对的；第三点是真正落实政社分开；第四点是社会组织中涉法的组织要重点培育，包括法律援助组织、律师组织。我提的四点建议，《人民日报》发表了。

郭道晖： 我稍微补充一点，十八届三中全会决定提出，坚持法治国家、法治政府、法治社会一体建设。我对"一体建设"这个提法有一点保留意见，认为不是很准确，可能被解读为恢复过去"国家—社会一体化"的格局。我建议改为"同步建设"。现在提出法治社会，恰恰就表明社会和国家是两个独立的实体，是二元化的，法治社会是相对法治国家而言的（这里讲的"国家"是指广义的政府，不只是行政机关，还包括政权机关、司法机关）。当然说二元化，也不是绝对分离的。而在计划经济时期，国家和社会是一体的，国家垄断了社会（的一切资源），社会只是"国家的社会"，号称二者利益高度一致（其实，按马克思的理论，国家才应当是"社会的国家"：先有社会，后来才有国家；国家的权力是社会—人民所赋予的）。而实行市场经济以后，社会可以掌握一定的资源，拥有对社会和国家的影响力和支配力（即社会权力），运用自己的资源来保护、发展自己，同时也可以监督国家。国家要实行法治，社会要发展自治，社会也要发展自己，不应该一体化。

江老有一次在中国人民大学作演讲，对"社会权力"作了很好的解释和发挥，我非常佩服，也非常赞同他是通过私法的角度来阐释和发挥"社会权力"的理论，我是从公法的角度。他说郭道晖提出的"社会权力"概念，是把权力/权利一分为三：一个是国家权力，另一个是社会权力，还有一个是私人权利。国家权力的特性是强制性，社会权力的特性是自治，而个人权利的特性是自由，概括得很精辟，为以社会权力制衡国家权力的新观念拓展了一片新空间。十八届三中全会提出要建设法治社会，我认为这是领导人一个很有远见的谋略。法治社会就是公民权利能得以充分保障的社会，有些人实际上还不太懂，以为是用国家权力管理社会，用法来管理社会——千万不能这么理解。过去胡锦涛同志提出"创新社会管理"，有些干部就把这个理解成加强对社会的管制，实际上是完全错误的。十八届三中全会决定已经改称为"国家治理"、"社会治理"了。

李步云：我再接着讲法治的四个特性：第一个是全局性，不仅有以德治国、科教兴国、和谐社会这些目标，还有公民的基本权利、国家机构的架构，这些都具有全局性。第二个是所有的重要事项都要纳入宪法和法律的轨道，不能自己乱来，具有根本性。第三个是规划性，要将宪法和法律具体化，才能可操作。第四个是法治有长期性，而其他的东西都有过渡性，到一定时期就不那么重要了。在这个意义上，法治相当于我们的目标、模式、行为准则，因此，它比人治和党治要高明，涉及民主治理的问题，能集中多数人的智慧。

《中法评》：十八届三中全会提出，推行地方各级政府及其工作部门权力清单制度，依法公开权力运行流程。在您三位看来，政府权力清单制度的建立和完善具有怎样的经济、社会和法律基础？其对我国市场经济和法治政府的发展具有怎样的意义？

江平：这个问题让我想到，报上登过李克强总理在一次政府工作报告记者招待会上指出，私权没有禁止的就是合法，而公权没有授权的就是违法，我觉着这是非常好的一个概括。私权也就是个人的权利，凡是没有禁止的就是合法的，而政府权力只有授权才是合法，没有授权的就是违法。我认为这是非常正确的，这是有限政府的逻辑思维和根本出发点。

为什么要讲有限政府？政府就不能是无限的，政府只有授权才是合法的。这需要两个前提：一个是法律授权，另一个是上级主管授权。授权很重要，我们现在的法律在总体上完备，但还需要政府授权，地方政府有时需要中央政府授权，或者中央有些政府部门需要国务院的授权。在这个地方提出"权力清单",这是一个很重要的概念。所谓权力清单,就要把哪些是法律所规定的授权给政府的权力,和上级对下级的授权内容都列进清单里面。也就是说,给政府的权力划个界限,或者说政府在行使自己的权力时哪些是正当的。我认为,真正制定地方政府和政府部门的权力清单制度意义是很大的,它把"公权力是有限的"这个概念明确了。

郭道晖:我补充一句,李克强总理说的这句话即法理学上的原则:"对公民(权利),法无禁止即自由;对政府(权力),法无授权皆禁止。"我过去也感到,说法"无"禁止即自由,如果法本身并不完善,没有或者还来不及、或者漏掉了去禁止时,是否也都可"自由"去做?过去讨论海南岛新设为省时,法制草创不完备,就面临这样的问题。后来我将它改为"法不禁止即自由",意思是从法理上和公平正义原则上应当"不"予禁止、法律也未明示要禁止的,公民和社会组织就可自由去做(这也只能理解为只是法律上不限制、不追究;也可能要受道德、纪律的问责)。至于"法未授权皆禁止",用来制约政府权力的滥用,则是绝对的。我是这么看的。

李步云:江老的解释我觉得是对的,说到了点子上。因为有限政府就是这个意思,李克强总理提出这个问题,他的话体现了有限政府的意思。我在讲国家权力和公民权利八项区别中,第五条就是指这个,对政府法不授权不得为,对公民法不禁止即自由。这个原则早已有之,列这个清单就清楚,哪些是不能做的,清单里没有列明的政府就不能乱来。

《中法评》:这个清单由谁来制定?

三老:这是关键问题,不能自己给自己开清单;应该是要由人民代表机关——人大来划定。

《中法评》:目前,反腐败及其体制、机制的改革与完善,是大家普遍关注的政治、法律与社会问题。在您三位看来,官员腐败现象的发生,具有怎样的历史、社会和制度根源?从政府与市场关系、国家和社会关系的角度来看，你们认为，应当通过怎样的制度和机制安排，防止利益冲突和腐败现象的发生？

郭道晖：我对现在的反腐败很拥护，但是也觉得有遗憾，为什么？想到解放以前，共产党人抛头颅洒热血，英勇地走向刑场，他们是伟大的、光荣的，体现了高尚的道德。现在不少共产党员高级干部也是排着队走向刑场，这就可悲了。不仅他自己可悲，我们的党也应当反躬自省：为什么会变成这样？！我过去写过文章，认为党对这个情况也有责任。江西省原副省长胡长清临刑前曾发问：假如很早制定了制度使我不能贪污，那我何至于走到今天？所以，中央要有这样的省悟，对这么多被判罪的、被杀头的贪腐现象也要担负一定的责任。要下狠心建立有效的制度，"把权力关进笼子里"，否则还会有共产党员贪污犯被关进笼子——监狱里。没有严格的好的制度，好人也会变坏。反腐败不能只靠现在抓一些人、杀一些人，开始时这么做很有必要，也很得人心；从长远看，还是要靠制度，要用制度来促使他不敢腐败、不能腐败，这才是对党、对国家，也是对干部负责。

李步云：刚才谈到治本的问题，我讲过，要民主、法治、人权。其中有个突出的问题，中央领导已经意识到了，即公开问题。什么是公开？西方有句话说"阳光可以杀细菌，路灯可以防小偷"。公开的办法是非常厉害的，涉及这样的问题，不要以为敏感，要追究人家责任。公开问题涉及领导财产公开的问题，资产阶级领袖都能公开自己的个人收入和财产，无产阶级反而不能公开？这个有些说不过去。公开可以慢慢来，但起码要有一套方案。比如说要提拔的人，财产要公开，作为一个过渡。公开问题的重要性现在已经被中央意识到了，因此倡导司法公开，纪委也公开。这个路子是对的，要继续走下去，这个过程中追究责任倒不是主要的，但起码要总结教训，总结制度出了什么问题。这不是追究共产党的责任，而是要真正汲取深刻的教训，找出制度里面有什么问题。归根结底，权力要制约，在保障公民权利、民主监督这些方面，我们没有做到位，力度不够。

江平：我觉着这个问题牵涉的面太大，有两个问题始终有点困惑。第一个问题是反腐以后对于那些公务员队伍中收入比较低的，怎么能够有真实的保证？我虽然不完全认可高薪养廉，但总的认为高薪养廉有其合理的地方：生活上无忧无顾，人才能够专心；如果公务员就是每月拿三四千元钱，确实是生活不下去，有孩子上学，有老人要养，这些问题怎么来解决？

第二个问题是现在各种潜规则、土办法太多。你说不许送钱、送礼，他就想尽办法通过各种渠道"硬塞"给你十万元钱。怎么来防止这些问题？所以，综合治理在反腐的问题上要有一些深刻考虑，不要形成现在公务员危险、不敢当的误解，让人以为还是当律师好，赚的钱都是合法的，做法官就麻烦，动不动就治罪。处理这些问题时不能顾此失彼。

《中法评》：十八届三中全会提出，要"赋予农民更多财产权利"，"探索农民增加财产性收入渠道"。这是否意味着国家经济和城市建设发展过程中所产生的土地增值及其他财产收益，应当由投资者和集体土地所有者分享。您三位认为，目前而言，农民获得更多财产权利和财产性收入的最大障碍在哪里？应当如何克服？

江平：这个问题我先说说吧，我认为在农民土地权利问题上，前提是公有制，必须在（土地）公有制不变的前提下增加农民的收入，在这一前提下有两个最关键的问题。第一个关键问题是，尽量减少国家征收土地，征收只能够是社会公共利益需要才可以。如果是出于商业利益需要，国家就不能征收。我们《物权法》制定时就有这个问题，到现在为止，几乎都是公共利益征收，没有商业利益征收，所以商业利益怎么办并没有规定。现在国家提出要尽量减少征收，我觉着这完全正确。

国家征收实际上是变相剥夺了农民的利益，以比较低的价格征收过来，以比较高的价格转给开发商，在这种情况下，利益冲突是不可避免的。国家越多征收，就越多侵占农民利益，所以要尽量减少国家对集体土地的征收，只有当真正出于公共利益，要修路，建设国防工业，才可以征收。其他情况，应该由集体土地的所有者跟用地的开发商直接去谈，这样的话，在土地问题上得益的才是农民。

第二个关键就是三中全会提出来的，扩大农民的土地财产流转，为什么这个问题非常重要？因为农村的土地就是三个用途：一个是建设用地，一个是耕地，一个是宅基地。这三种土地现在提出来，要发给农民产权证，之后农民可以用这些凭证去抵押，可以借到钱。当然，抵押以后就有可能会有借钱还不了的情况。怎么办？只要土地流转的用途不变，就可以流转。在这个意义上来说，虽然名字叫做土地承包经营权，实际上这个权利是可流转的。任何东西能够流转就能够产生收益，所以我觉着这两条现在对农民来说是至关重要的。

李步云：江老的意见已经非常具体了，首先我非常支持政府划红线，耕地不能乱征，要严格控制，这是一个根本办法。另外一个问题要处理，在出现具体的案子、最后研究时，一般处理的结论性方案是：政府出大头，承包商出小头，补偿被征收的土地。这里面很容易产生腐败的问题，土地是国家的，从企业家那里得到的钱进了当地政府自己的腰包，所以要处理好政府和承包商的关系，要监督。

郭道晖：农民的财产权非常重要。过去土地改革成功才有革命的胜利。土地是农民的命根子，改革开放搞建设也是如此，只有解决好农民的产权问题，才能激发他们的积极性。这个问题如何公平处理，是需要重视的。

《中法评》：在您三位看来，置身于变迁的历史与社会，我们的宪法应当怎样发挥作用，以期有效地回应当前广泛存在的思想分歧和社会问题？

李步云：简单来说，我认为有两条。第一，是落实宪法在治国安邦中的重要作用，依法治国是国家长治久安的根本保障。如果这么说对，更应该强调宪法权威的保障作用。这个提法今后要继续提，并且还要强调并坚持，党要依宪执政，党要依宪治国。习近平总书记在纪念现行宪法颁布实施30周年的大会上提出四条：一是人民民主；二是依法治国；三是人权保障；四是依宪执政，依宪治国。党要依宪治国，党要依宪执政。只要顺着这个思路，按照他的要求，真正落实了，路子就走对了。

第二，是制度保障。习总书记在上述纪念现行宪法颁布实施30周年重要讲话中也谈到宪法监督问题。我曾经写过一篇文章，是关于建立宪法监督制度的。我国长期以来缺少制度设计，这可以说是1982年宪法自从制定以来的最大缺陷。有人说我国早就建立了这个制度，但实际上没有落实。宪法中对此只有一句话，就是全国人大和全国人大常务委员会有权监督宪法实施，但没有一个具体的机构和程序，更没有建立起违宪审查制度。对此，我提出了具体方案：在九个专门委员会之外建立一个宪法监督委员会，由全国人大代表和常务委员中法律知识强的一些人来参与；它的任务包括十个方面，如宪法解释、违宪审查、领导人弹劾等。任何公民和组织都可以提出违宪审查的动议，除此之外，还有三种情况必须要列入议程，就是由专门委员会、一府两院、各省人大常委会提出动议，必须启动程序，研究讨论后交由全国人大常委会决定。这么来设计，不影响现有政治体制，宪法也允许建立专门委员会。

郭道晖： 对这个问题，我认为有三个方面：第一点是，怎么求得对发展改革的共识，这个共识就是将现行宪法都落实到1982年宪法上。1982年宪法，我是参与工作了的，全国人大常委会法制工作委员会派我去做宪法修改委员会的会议联络员，记录整理会议讨论和情况简报。应该说1982年宪法在四个宪法中是比较好的，好在把公民的基本权利义务由第三章改为第二章，放在"国家机构"这一章的前面：先确认公民权利，然后才是国家权力。另外，它也列入了比前几部宪法更多的公民权利。后来，1982年宪法的几个修正案，进一步把人权入宪，把法治入宪，把市场经济、私有财产保障入宪，这几次修正反映了人民的意志和利益。我认为，统一共识要回到1982年宪法上来，要守住1982年宪法，公民也应该拥护宪法，即使它还有不少缺陷，需要以后逐步修改。

第二点是，改变对法治的旧思维，这是"十八大"以来的精神，树立法治的新思维，用这个法治新思维去治理国家。我认为建立法治国家首先要建立法治思维，或者说宪法思维。我的个人体会是，宪法是人民的宪法，宪法是社会（人民）和国家的一个契约，核心是保障公民权利，限制国家权力，宪法是社会与国家或公民与国家的约法。宪法的基本原则应是人权至上，它是宪法的最高原则，也是最基本原则。现在只提"依法治国"是不够的（因为有的地方用只保护既得利益集团的"非法之法"来治民，也号称是"依法办事"、"依法治国"），还必须要提依宪治国。依宪治国要求党必须要与时俱进，由革命党转型为执政党，党的一些基本制度要适应新的发展，所以我认为要建立新的宪法思维。

第三点是，要有违宪审查制度，保证宪法实施，没有这个制度，宪法就会落空。尽管宪法规定全国人大常委会可以对国务院不适当的决定或决议予以撤销，但宪法史上没有一次主动撤销过那些不合宪法、违反人权的"决定"。譬如劳动教养制度，那是严重侵犯人权的，实行了五十多年，直到2013年才被撤销。《立法法》提出，公民对违宪的法规可以提出进行违宪审查的建议，但没有具体的程序。法学界不少人建议在全国人大常委会设立宪法监督委员会，但是我认为还不行：全国人大常委会本身是制定法律的，"自己做自己的法官"是不行的。

江平： 我认为完善宪法通过解释和运行，主要是两个方面的问题，落实人民民主自由权利，这是非常关键的，至少人民在言论、出版、结社方面，目前还没有落实宪法规定的权利。没有法律，又不能仅仅依靠宪法，是空缺。第二个问题他们两位都提到了，就是宪法监督制度。从私权保护来看，有一部分是由行政机关的具体行政行为造成的，这个还好说，可以提出行政诉讼。而有些是属于行政机关的抽象行为，有一些是违反宪法的行为；这个问题不解决，宪法的规定就要落空。

《中法评》：对于刚刚启动的第三轮司法改革，您三位认为，此次司法改革的启动与前两次司法改革有何不同之处？对于第三轮司法改革，你们有怎样的建议和期待？

江平：我认为第三轮司法改革，至少跟前一次，（也就是）第二次司法改革，有根本的区别。我对第三次改革期望还是比较大的，为什么呢？因为它体现了法律至上，也提出审判权独立，包括检察权独立，去行政化、去地方化也都提出来了。在司法透明度上也不错，审判文书都可以公开了。在无罪推定上我认为是作了很大的推动，从最高人民法院副院长沈德咏的《宁可错放，不可错杀》的文章可以看出，确立了正确的思想，这一思想体现出新的审判理念。

至于我的期待，现在法院的院长确确实实是需要很好的再治理一下。现在各级法院院长有法学专业背景的人还是不多，大多数都是从同级官员提升上来，院长要从各区的区委书记来提拔，省里要从各地委书记提拔，副院长直接提拔上去一般来说还不够标准。在这一点来说，中国法院的院长人事，这是一个很大、也很重要的问题。法官强调专业化，法院院长没有专业化，这是很可怕的。我期待法院在人事改革上下更大的决心，可以真正把符合条件的、有经验的法官提升为院长，不能完全从行政级别来考虑。这是非常重要的，在中国要真正做到司法权威必须要司法公正，而这与法官，尤其是院长的专业素养很有关系。

李步云：我同意江老这个总的评价，第二次司法改革有很多问题。

第三轮改革我是很满意的，并寄予了很大希望，有几个好的迹象正在出现。在 1979 年，我曾给中央政治局写过一份报告，提出取消党委审查案件制度，这个提法被写进了六十四号文件。文件明确说，要废除这个制度。但后来回潮，改成政法委会同法院院长、检察长、公安局长讨论定案,即政法委干涉司法审判的现状。"十八大"以后孟建柱同志在全国政法工作第一次电视电话工作会议上明确地说,以后政法委不再干预司法机关办案,这是一个很好的迹象。

第二个迹象是信访制度,现在已经明确规定由法院、检察院提起再审,政法委也不要受理涉法涉诉信访,这一点已经明确宣布。

但是,《宪法》第一百二十六条必须要改,该条款不严谨。第一百二十六条说人民法院审理案件,不受行政机关、社会团体和个人的干涉,应该改成"不受任何机关的干涉"。党要领导,人大要监督,但不能干涉,人民法院审理案件只服从法律,不受任何机关干涉。当然,司法改革中也存在一些问题,长期以来外行领导内行,政治领导法律,还有地方的安排问题,也有一点关系在里面。归根结底,还是职业化的问题,司法必须要职业化,在这个问题上我是同意的。

郭道晖:我完全赞同他们两位的看法,首先,我切身地感受到,第三次改革的确是有进步,至少我们可以期望它实现,但我感觉有点不够。它注重司法机关内部的一些改革,很少提到外部关系的改革,比如党和司法机关的关系,这个问题不解决,内部虽有很多改革,政法委或党委一句话就可以把它推翻,还是不行的。

其次,刚才也提到《宪法》第一百二十六条,在当时这样表述是有针对性的,有一定道理,强调社会组织不能干预主要是不许类似"文化大革命"中造反派组织干涉;不让公民个人干涉也包括领袖个人、党委第一把手干预,这有历史针对性的。

《中法评》:注意到老师们在前面的问题讨论中意犹未尽,就再请您三位谈谈对三中全会决定的理解和看法。

郭道晖:十八届三中全会有一个提法:"法治中国",什么是法治中国?法治中国与法治国家都内含"国家",它们是同一概念还是两个概念?第九条的标题是"推进法治中国建设",里面就把"坚持依法治国、依法执政、依法行政共同推进，坚持法治国家、法治政府、法治社会一体建设"提出来。由此可见："法治中国"是个大概念，包括法治国家、法治社会和法治政府。而且，不只是就国内而言，更重要的是，提出"法治中国"，还包含表明我们作为法治世界的一员，是一个国际法主体。所以，必须立足于法治世界，必须遵守和执行我们已经签订的国际条约。作为一个大国，法治中国应当承担国际责任。我们在国际法治上还应该有话语权，要参与制定国际法规则。

总之，法治中国是更大的一个思维和概念。我看了一些文章，都把法治中国和法治国家混为一谈，我认为这是不准确的。

江平：现在地方司法体制改革，将省一级财权、人事权集中起来，我是很赞成的，但事情都是有利有弊的。我觉得在省一级这么做绝对是利大于弊，因为司法的干预绝大多数都是来自基层，尤其是从基层法院开始，所以乔石当时就提出地方政法委不应当干涉地方法院的案件。那么，要摆脱地方的影响，就必须和地方的人事权、财权分开，避免各种瓜葛。当然，也有人担心跟地方一脱离，子女上学都麻烦了，但这些问题还是属于次要的。原来的设想准备从省以上改变全归中央，但现在看起来一时还做不到。无论在哪一个省，离开了省政府，事情就非常麻烦。

最后一个问题涉及司法权威，还是要通过司法公正来完成。基本上是两条：一个是司法独立，另一个是司法人员的素质。如果我们的审判员素质都很高，再加上真正司法独立，就比较容易实现司法公正。现在法官的流失很严重。中国现在有一个很大的悖论：六百多所司法院校，每年培养那么多的司法人员，其实完全应该可以够；但是，司法人员素质始终上不去，这跟人才的不断流动，不能够专心从事审判工作，跟这个体制有很大的关系。

李步云：首先，法治社会和法治国家作为对应关系，包含某些道理，国家和社会嘛，但整体上来看，法治国家包括法治政府和法治社会，包括立法机关民主立法和科学立法，司法机关独立工作。我对一个问题有保留意见，即将依法治国看做治国理政的方式。对此，我认为还是强调"方略"比较好，"方式"指的是法律手段，不是说不可以，但没有"方略"好。其次，人治显然是不可取的，而党治也不是现代的执政方式。现代国家的治国理念追求的应当是依宪治国、依法治国，依宪执政、依法执政。最后，必须强调民主。个人决定问题，少数或者少数人决定问题，总比多数人决定问题要差。一个篱笆三个桩，一个好汉三个帮嘛。另外，法律强调是从多数人的意志中来的，因此让法律说了算比个人说了算要高明，能少犯错误。现代化的能力可以是指这个，即集中多数人的智慧，形成宪法和法律规则，并按照这个规则来办事，不要个别人说了算，不要让领导人拍脑袋决定。党内民主，人民民主，也不要少数人说了算。

最后，我想谈一点展望，我觉得未来法治中国肯定可以建成，只是个时间问题。因为这是历史趋势，是中国人民的愿望，是中国梦的一个很重要的具体内容，是民族的希望，谁也阻挡不了，不是哪个人要不要干，现在主要是快慢的问题。我觉得这其中有客观因素和主观因素。客观因素取决于经济文化的发展，社会制度和文明程度的提高。主观因素也很重要，我把它概括成四句话：第一，是政治家们的远见卓识和胆略；第二，是法律实务工作者的职业操作和道德；第三，是法学家们的独立品格和勇气；第四，是广大人民群众的政治觉醒和参与。华东政法大学的校长何勤华教授在浦东干部学院参加讲座讨论时提出：李老师，这四条都是要害，但关键还是第一条，即政治家们的远见卓识和胆略，因为我们现在的政治体制现状是这样。对于第四条，现在互联网起了很大的作用，在互联网时代，你想封人家的嘴巴是不行的，人家可以利用"微博"等各种媒体和手段发表言论，这是时代的潮流。

在被问到对中国法治的前景时，我乐观回应。第一，民主、法治、人权、自由、平等、博爱是13亿人民的共同愿望和根本利益所在，任何政党领导人今后不可能违背这个意志。第二，市场经济不可逆转，从身份到契约的过程不可逆转，高度集中的社会制度也不行了，权利、自由、民主、法治、人权五大意识也已经普及。第三，对外开放不可逆转，因为国际上不允许倒退。经济、政治、文化上都不允许。第四，未来的领导人越来越年轻，越来越了解世界，越来越有知识，越来越没有历史包袱。现在的阻力中，一个是既得利益，另一个是保守的传统观点，这两条是关键阻力。因此，我说我对未来是充满信心的，这是基于理性而言的。我是个理想主义者，我想的是世界往何处去，中国往何处去，回答是：要顺应历史潮流。

（原载《中国法律评论》，2014 年 6 月总第 2 期）

中国宪法文本中"法治国家"规范分析

韩大元

(中国人民大学法学院)

一、"法治国家"的中国话语

"法治国家"作为与宪法秩序有着密切联系的法律概念，经过了不同的历史发展阶段。以自由、平等与正义的实现为基本内容的法治国家理念可追溯到古罗马时代。到了18世纪，法治国家形成了自身的理论体系，如强调国家的活动必须依照法律进行；为了保护基本权利，需要通过宪法建立独立的司法体系等。自19世纪以后，法治国家进入市民的法治国家阶段，即以市民社会为基础建立法治国家，如成文宪法的制定、权力的分立、基本权的保障、国家赔偿制度的建立、行政的合法性、宪法裁判制度等。但是，随着社会矛盾的出现与冲突的加剧，法治国家从形式主义法治国家向实质主义法治国家转变，出现了实质的法治国家形态。实质法治国家重视国家的形式与实质，同时保障合法性与正当性，力求协调法和法律之间的价值。其理论基础是尊重人的价值与尊严，建立社会共同体和平生活的环境，保障公民的权利与自由。第二次世界大战后，随着宪政理念的发展，法治国家内涵也发生了重大变化，强调法治国家的实质价值，重视法律内容和目的，建立了以正义、平等与自由价值为基础的法治概念。

在中国，有关法治国家概念的论述，最早是以"法治国"形式出现的。1903年，一个以"亚粹"为笔名的学者在《论法治国》一文中详细论述了"法治国"。① 在具体"法治国家"概念的理解上，亚粹详细解释了法治国的内涵，认为国家治理的根本在于秩序，而法律是"国民行为之规则"，无法律则无秩序。他对法律的来源及功能进行了阐释，认为法律有"钦定"和"公定"之分。前者的法律体现为君主的意见，此种法律因其可根据君主意志自由改废，对于维护秩序的作用微乎其微。后者则体现为国民全体或其选出的代表的意见，法律非经公意不得随意改废，此种法律在立宪国家推行，"人人所公奉之法即其所公定之法，无贵无贱莫不受制于法律之下，有权利有义务亦皆以法律为界限而不能溢取或幸免，依法为治，故法即治，治即法，是之谓法治国"②，即大家共同遵守的法律是大家共同制定的法律，人人都有权利也有义务，但都以法律为界限，不可逾越。他认为，法治国的制度发端于1215年英王约翰发布的《大宪章》，其中的"非依照法律不能迫害人民，非由公意不能赋敛租税"是法治国制度的渊源。各国见英国因立宪而得自由平等，都纷纷仿效英国立宪，这也是法治国所以盛行的原因。根据他的法治国的理解，法律是国民的行为规则，国民共同守法才能维护良好的社会秩序，无规则，则社会秩序必然会混乱。权利与义务不可偏废。法律的效力在于国民之公认，但若不在法治

---

① 亚粹：《论法治国》，载《政法学报》，1903年第3卷第1期。
② 亚粹：《论法治国》，载《政法学报》，1903年第3卷第1期。

国，国民则无公认的权利。

根据清末民国时期引入国外法治国思想的情况来看，可以推测"法治国"这一概念是从日本引进而来的，受到日本公法学的深刻影响。比如在1906 年，朱绍濂就翻译了木喜德郎（讲述）的《法治国主义》；1931 年《时兆月报》发表了《世界趣闻：法治国家之精神》一文；1932 年，《时代公论（南京）》发表了《法治国家的真谛》一文。

《世界趣闻：法治国家之精神》一文对于"法治国家"概念并没有给予具体定义，而仅举"美国哈定总统因涉嫌受贿，尽管有七十高龄，也未被宽恕"①的例证，以此说明法治国家中任何权力都受限制。该文对"法治国家"作出了阐释，认为："法治国家之特征，要在'国家对于人民，非依法据法规不得要求作为与不作为，亦不得有命令与禁止'中求出来。"②这个定义分析起来，就是："第一，最高权力所有者的国家，其行使权力非依据法律不可。第二，国家的法律不特要拘束个人的国民，同时也要拘束政府的统治者，统治者如有违法行为致使个人的权益受侵害时，被害者的人民可以提起诉讼，要求公平之裁判。""要造成法治国家，不在制定法律，而在实行法律。要走上法治道路，不靠编订法典，而要靠奉公守法。"这是对法治国家概念的比较全面的解释，包含着法治所具有的基本内涵，强调"实行法律"对法治国家建设的意义。

1934 年，张我军译注了日本大山郁夫的原著《现代政治思想之主潮及其缺憾》，其中也有关于法治国思想的论述。③ 在 1941 年，乐天编辑的《自修》杂志对"法治国家"概念是这样解释的："法治国家（legal state）有两种意义，第一，是指重商主义时代，对于经济界的无限活动，要求由国家的权力，干涉限制，同时，并要求国家的职分，限于法规的制定与法

---

① 《世界趣闻：法治国家之精神》，载《时兆月报》，1931 年第 26 卷第 8 期。
② 《世界趣闻：法治国家之精神》，载《时兆月报》，1931 年第 26 卷第 8 期。
③ 大山郁夫：《现代政治思想之主潮及其缺憾》(续)，张我军译注，载《日文与日语》，1934 年第 1 卷第 5 期。

律秩序的维持,然十九世纪以来,由于自由放任主义的发展,此种法治国家的要求,已失势。第二,是指作为最高国家权力的所有者的国家,在权力的行使上,不能不依据法律为准则的政治主张,这只是要限制国家权力行使的方法,与第一种要对国家权力及其范围作实质的限制者不同。这一要求,是在梅特涅(奥地利国首相)时,以警察政治的反动的行使,被唤起来的。"①

总体上看,1949 年以前法治国家概念和理论虽没有体系化,但已经成为法学的基本概念,学术界对其基本内涵也形成了一定的共识。但 1949 年后,随着新中国的建立,我们对合理的法学遗产采取了简单抛弃的政策,在一定程度上割裂了法学的历史继承性。② 1949 年 2 月 22 日,中共中央发出了《关于废除国民党六法全书和确定解放区司法原则的指示》,宣布废除《六法全书》,摧毁了包括宪法在内的旧法统。特别是 1949 年 10 月通过的《共同纲领》第十七条规定:"废除国民党反动政府一切压迫人民的法律、法令和司法制度,制定保护人民的法律、法令,建立人民司法制度。"这样,废除旧法的党内指示上升为法律规范,取得了形式上的合法性。③ "法治国家"概念似乎作为旧法学的遗产,在中国法学界长期被沉寂下来,合理的学术传统没有被延续,直到 20 世纪 90 年代后恢复使用。

---

① 乐天(辑):《名词浅释:法治国家》,载《自修》,1941 年第 177 期。
② 作为新政权废除旧政权的法律制度与体系是具有正当性的,但法律制度与法学理论并不相同,旧政权下形成的法学传统中也存在合理因素,对此不应全盘否定。另外,新中国成立后对宪政问题的理解上,有时消极地对待宪政的价值,也与蒋介石提出"保全法统"请求有关。1949 年元旦,蒋介石发表《中华民国三十八年元旦告全国军民同胞书》,提出和谈的最低要求,其中写道:"只要神圣的宪法不由我而违反,民主宪政不因此而破坏,中华民国的法统不致中断……"对此,毛泽东发表《评战犯求和》,对蒋介石的法权要求进行逐条批驳。从此,"民主宪政"这一词成为与旧法统相联系的概念,虽没有明文禁止,但带有浓厚的意识形态性,成为具有一定敏感度的概念。
③ 张恒山:《法理学·共和国六十年法学论争实录》,厦门:厦门大学出版社 2009 年版。

二、"法治国家"入宪的背景

如前所述,在我国的政治生活中,"法治国家"一词先由学术界提出,然后转化为政治命题,写入党的"十五大"报告,并通过1999年的修宪成为具有效力的宪法规范。

1996年2月8日,王家福教授为中央政治局主讲了"关于依法治国,建设社会主义法治国家的理论和实践问题"的讲座。讲座中,王教授重点说明依法治国、建设社会主义法治国家是中国特色社会主义伟大事业的根本大计,提出了法治国家应具备的基本条件。① 同年3月,"依法治国,建设社会主义法制国家"被写入八届全国人大四次会议制定的《关于国民经济发展"九五"计划和2010年远景目标纲要》。这里使用的是"法制国家"概念,并没有严格区分法治与法制的界限。当时,学术界围绕"法治"与"法制"展开了热烈的讨论,发表了不少学术论文,从学术角度论证了法治国家的正当性。1997年9月,党的"十五大"报告将"建设社会主义法制国家"改为"建设社会主义法治国家",并将其作为社会主义民主政治发展的目标,从党的政治主张的角度确认"法治国家"的政治基础,同时确立法治在社会治理中的作用。党的"十六大"、"十七大"继续强调"建设社会主义法治国家",党的"十八大"则提出"加快建设社会主义法治国家"。如今,"依宪治国"、"依宪执政"成为执政党执政方式的时候,我们可以从"十五大"报告中寻找其思想来源。经过20年的理论思考与实践,执政党为法治国家在中国的实现做了必要的理论准备。

但是,党的政治报告中的"法治国家"的论述只是党内的共识与重大理论主张,还不是具有法律效力的规范。作为明确的宪法规范,"法治国

---

① 法治国家的基本标准是:法制完备、主权在民、人权保障、权力制约、法律平等、法律至上、依法行政、司法独立、程序正当、党要守法。王家福、李步云等:《依法治国,建设社会主义法制国家》,载《法学研究》,1996年第2期。

家"在宪法文本上的正式出现是 1999 年修宪。当时修宪的逻辑是，党的"十五大"政治报告正式提出建设法治国家的目标，作为国家根本法应遵循政治惯例，把党的重大的政治主张写在宪法上，以获得合法性。但是，政治逻辑转化为宪法逻辑时，也存在着宪法的法律性与科学性之间如何寻求合理平衡的问题。更重要的是包括政治、经济、文化与社会生活在内的所有国家建设都要服从宪法规范调整，以宪法为国家生活的最高准则，赋予国家更丰富的法治元素。

"法治国家"的入宪大体经历了如下程序。党的"十五大"召开后，社会各界普遍主张将"十五大"报告的基本思想写入宪法，希望启动修宪程序。包括经济学界、法学界、政治学界在内的社会各界纷纷提出修宪建议。如 1998 年全国政协九届一次会议上，萧灼基委员提交"1178 号提案"，主题即为《根据十五大精神修改宪法的建议》。1998 年，中共中央成立宪法修改小组，李鹏任组长，组织草拟了关于修改宪法部分内容的初步意见，经中共中央政治局常委会审定并经中央政治局会议原则通过后，于 1998 年 12 月 5 日发给地方征求意见。同年 12 月，中央领导主持召开座谈会，听取社会各界对修宪的意见。中央认真研究各方面意见的基础上，经中共中央政治局常委会议和政治局会议讨论通过，形成了中共中央关于修改宪法部分内容的建议。1999 年 1 月 22 日，中共中央向全国人大常委会提出了关于修改《中华人民共和国宪法》部分内容的建议，九届全国人大常委会第七次会议讨论了中共中央的建议，依照宪法程序，提出《中华人民共和国宪法修正案（草案）》，提请九届全国人大二次会议审议通过后形成宪法修正案。

从目前公布的修宪资料看，大家普遍关注"法治国家"入宪的意义，但对入宪以后"法治国家"的含义以及"法治国家"的具体标准等问题则没有引起广泛关注。当时，"依法治国"和"法治国家"往往作为同一概念来使用，以"依法治国"内涵来代替"法治国家"解释。对"法治国家"入宪的意义,田纪云在宪法草案的说明报告中作了如下表述:"依法治国,是中国共产党领导人民治理国家的基本方略,是国家长治久安的重要保障,将'依法治国,建设社会主义法治国家'写进宪法,对于坚持依法治国的基本方略,不断健全社会主义法制,发展社会主义民主政治,促进经济体制改革和经济建设,具有重要的意义。"[1] 草案的说明报告只是对依法治国作了概况性的陈述,对修正案中的"法治国家"并没有作出任何说明,留下了很大的解释空间。结合他的一些有关法治的论述,他所理解的"法治国家"应该是通过法治治理的形态。如在一篇文章中他指出:"长期以来,我们忽视民主与法制建设,人治的东西抬头,给人民带来的灾难是深重的……其最重要原因是缺乏民主与法制……如果是真正的法治国家,就出现不了这种情况,即使出现了,也不可能发展到那么严重的程度。"[2] 按照他的理解,真正的法治国家是实行法治,摈弃人治,如存在着人治,就不是"真正"的法治国家。他在1993年的一次讲话中已经使用"法治的国家"、"建设社会主义法治国家"的提法,并反复强调"中国的'大跃进'、'文化大革命'这样的悲剧,这样的灾难是怎样造成的?完全是人治的恶果,是权力没有制约的恶果,根本的是民主、法治被破坏了。这样的事件在一个法治国家是不可能发生的"[3]。

总之,对依法治国特别是法治国家概念的理解上,1999年修宪前、修宪中以及修宪后学界的关注是不够的,造成规定在宪法文本上的"法治国家"只具有规范的象征意义,无法获得明确的规范意义与效力。

---

[1] 田纪云:《关于中华人民共和国宪法修正案(草案)的说明》,载《人民日报》,1999年3月10日。
[2] 田纪云:《改革开放的伟大实践》,北京:新华出版社2009年版。
[3] 此外,他对法治的基本理解是:依法治国重在依法治权,依法治官,而不是治老百姓。依法治国实质是党领导人民依法治理国家。参见田纪云:《改革开放的伟大实践》,北京:新华出版社2009年版,第463、467页。

三、法治国家的规范内涵

(一)"法治国家"中的"法治"

法治是内涵十分丰富的概念,既要反映人类的美好追求,同时也体现着人权保障的实践要求。1959年在印度新德里召开的国际法学家会议通过的有关法治的报告是国际社会普遍公认的法治理想的综合反映,会议通过的《德里宣言》确认了如下法治原则:(1)根据法治精神,立法机关的职能在于创造和维持使个人尊严得到尊重和维护的各种条件。不仅要承认公民的民事权利和政治权利,而且还需要建立为充分发展个性所必需的社会、经济、教育和文化条件。(2)法治原则不仅要防范行政权的滥用,而且还需要有一个有效的政府来维持法律秩序,借以保障人们具有充分的社会和经济生活的条件。(3)法治要求正当的刑事程序。(4)司法独立和律师自由。一个独立的司法机关是实现法治的先决条件。《德里宣言》提出的法治"集中表现了全面正义的法治要求"[①]。可见,现代社会的法治精神是限制国家权力滥用,保障公民权利与自由。其中,保障人权又是现代法治本质的内涵。成熟的法治是人权价值普遍受到尊重的理想状态。人权和自由是"法治理想最高最广的发展阶段,它们超出了纯法律的范畴,进入了政治、经济和哲学的领域"[②]。法治作为普遍尊重人权的一种制度,反映社会变迁的要求,具有浓厚的文化基础。

法治是历史的概念,时代的变迁不断赋予法治以新的内涵。但无论社会的发展发生什么样的变化,法治所体现的限制国家权力、保障人权的基本价值是不会改变的。法治原理实际上构成现代国家的原理,成为现代文

---

① 张文显:《二十世纪西方法律哲学思潮研究》,北京:法律出版社1996年版,第623页。
② 陈弘毅:《法治、启蒙与现代法的精神》,北京:中国政法大学出版社1998年版,第66页。

明社会的标志,并在实践中逐步形成法治国家的概念。

新中国成立后,法治的提法可追溯到 20 世纪 70 年代末,1978 年学术界开始提出法治概念。1978 年党的十一届三中全会虽然没有直接提出"法治"概念,但"有法可依,有法必依,执法必严,违法必究"的 16 个字清楚地表达了"法治"的内涵。① 1979 年中共中央发布的《关于坚决保证刑法、刑事诉讼法切实实施的指示》(即"64 号文件"),第一次把法治概念用于中央文件。1982 年宪法的修改过程中法治是重要的价值取向,体现了法治的基本要求。宪法文本一方面遵循了人类法治的基本价值,将公权力的约束和人权保障作为基本内涵,另一方面力求在权力约束和人权保障上赋予中国的元素,"使法治从宪法观念上升为治理国家的基本方略"②。如在强调权力制约的同时,也积极通过制度的功能建立互惠和对话为基础的"合作"机制,在人权保障,特别是自由和平等理念上,力求平衡两者的价值,不追求绝对的自由和平等价值等。

(二)"法治国家"中的"国家"

通过对宪法文本中"国家"含义的分析,我们可以了解制宪者确立了何种国家观念,希望通过宪法体现何种价值与效力。理解"法治国家"概念时,我们需要从规范层面分析国家的意义,特别是不同宪法条文中国家所体现的意义。

以我国现行宪法的有效文本(包括目录、章节标题、正文)统计,"国家"一词共出现了 151 次。根据其在宪法文本中的使用场景,"国家"一词的内涵是不同的。宪法文本中的国家一般是在三种意义上使用的:一是在统一的政治实体或者共同体意义上的"国家"。"国家"一词最常用的

---

① 郑永年:《全球化与中国国家转型》,郁建兴等译,杭州:浙江人民出版社 2009 年版,第 190 页。
② 何勤华:《论中国共产党人宪法观念与实践历程》,载《人民论坛·学术前沿》,2013 年第 15 期。

用法就是表示整个统一的政治实体，具体又可以分为主权意义上（对外）的国家和主权权力意义上（对内）的国家两种。二是在与社会相对的意义上的"国家"，往往与社会相对应，使用的表达方式是"国家和社会"等。例如宪法第四十五条规定："中华人民共和国公民在年老、疾病或者丧失劳动能力的情况下，有从国家和社会获得物质帮助的权利。国家发展为公民享受这些权利所需要的社会保险、社会救济和医疗卫生事业。"三是与地方相对意义上的"国家"，有时与地方相对应，在与地方有关的领域使用，这时其涵义主要是指中央。如第一百一十八条规定："民族自治地方的自治机关在国家计划的指导下，自主地安排和管理地方性的经济建设事业。"在分析国家含义和功能时，要结合宪法文本的具体内容进行判断，不能把国家的概念绝对化。

在上述有关国家的三种含义中，宪法文本中的"法治国家"属于何种国家含义？从解释学的角度看，"法治国家"中的国家首先是指政治共同体，然后指国家机关。过去学术界过分强调作为"国家机关"意义上的"国家"，而忽略了作为"共同体"意义上的国家，在无意识中淡化了法治发展中国家的意义，导致法治的"国家精神"的断裂。目前，普遍存在的法治的"工具化"、"地方化"、"部门化"、"庸俗化"现象与"法治国家"精神的"碎片化"有着密切的关系。当有些地方把法治国家"具体化"的过程中，虽存在法律意义上的国家，但法治国家的统一性受到了破坏。在现代社会中，政治共同体为追求幸福生活所达成的合意就是宪法，也就是通过最高规范，凝聚社会共识，为社会与国家的协调发展提供基础。按照性质与不同功能，共同体可分为不同类型，如政治共同体、经济共同体与文化共同体等。法治国家所倡导的共同体不是某一具体领域的共同体，是一种涵盖不同领域共同体形式的综合性概念。但在中国，国家在法治发展中的功能没有得到合理的解释，有学者认为"现在的国家治理仍然不是法治的"①，特别是执政党在党与国家治理关系上仍面临着严峻的挑战。

（三）"法治国家"规范解释

1. 从规范价值体系来说，文本中的"法治国家"是政治共同体依照法律治理国家生活的原则、规则与未来指向性的价值体系。作为原则，"法治国家"是指导国家生活的理念，贯穿于社会生活的始终，也可称之为"宪法的基本原则"；作为规则，"法治国家"是具有实定法意义的规则体系，对国家生活发挥着统一的调整功能，凡是不符合"法治国家"理念的规范、行为与决定等都缺乏合法性；作为未来指向性的价值，"法治国家"是不断变化的动态的概念。"法治国家"的价值首先在于"指引"和"引导"，体现了法治的过程性与国家属性。

2. 从"法治国家"的形态来说，宪法修正案第十三条规定的"法治国家"，是属于"实质意义上的法治国家"还是"形式意义上的法治国家"？或者兼而有之？在法治国家概念的演变过程中，存在着形式和实质两个概念。由于历史与文化的不同，不同国家宪法文本中所表达的价值内涵是不同的。一般意义上的法治国家既包括实质意义的法治，也包括形式意义的法治要素。在宪法体系中法治国家的原理具体通过法治主义的实质要素与法治主义的形式要素得到体现。基于对中国宪法的历史、文本与国家发展目标的综合考量，第十三条修正案中的"法治国家"也可解释为包括"形式和实质法治主义"的综合概念，但更注重形式，并通过形式的完善，逐步向实质法治的目标发展，两者在发展过程中虽体现阶段性特征，但总体上包含着两者的因素。

法治国家的实质要素包括人的尊严、自由和平等。根据宪政的一般原理，人的尊严的维护是宪法存在的最高价值，也是优越于其他宪法规范的

---

① 郑永年：《全球化与中国国家转型》，郁建兴等译，杭州：浙江人民出版社 2009 年版，第 200 页。

价值体系。保障人的尊严是一切国家权力活动的基础和出发点，构成人权的核心内容。我国宪法在规定"法治国家"的同时，作为宪法原则规定了"国家尊重和保障人权"，把人权价值体现在宪法体制之中。法治国家的自由价值通过我国宪法规定的精神自由、人身自由、经济自由等得到具体化。从本质上讲，自由是宪法体系存在和发展的基础，自由价值的维护既是法治国家的实质要素，同时也是宪法体系的核心价值。另外，在我国宪法体系中平等是人的基本需求和存在方式，体现了法治国家的基本目标。实际上，宪法体系是在平衡自由与平等价值的过程中得到发展和完善的，一定程度和范围内自由的牺牲可以保障平等价值。平等权作为权利和法治社会的基本原则，对所有的国家权力产生约束力。

法治国家的形式要素包括法律至上、人权保障与权力制约。德国学者克纳德认为，从一般意义上讲，宪法通过法治国家秩序，赋予国家及其功能以统一的标准与形式。法治国家的最基本要素之一是"法的最高性"（Primat des Rechts）。[①] 他在解释法的最高性时提出，法的最高性并不意味着以法律规定所有的社会领域，即使在法治国家中也存在不必通过法律调整的领域，但对某些领域以法律作出规定后，应保持其优位的地位，使法律具有正当性与稳定性。在宪法体系中，法的最高性一般分为宪法优位与法律优位两种形式。宪法优位要求一切国家行为不得与宪法相抵触，国家的立法行为、行政行为与司法行为都受宪法的约束，不得侵犯宪法规则。我国宪法第五条规定，一切法律、法规不得与宪法相抵触。宪法序言也明确规定其"具有最高的法律效力"。这些条文的表述实际上奠定了法治国家的形式要件，至少从规范体系上保持了宪法效力的优位性。在宪法和法律规定的范围内，一切国家权力受法律的约束。

法治国家出发点和目标是个人权利与自由的保障，宪法体系也要遵循人权保障的基本价值。人权的宪法保障既包括宪法体系内的基本权利，也

---

① 克纳德：《德国宪法原论》，首尔：博英社2001年版。

包括宪法上没有列举的权利与自由的保障。为了保障宪法规定的基本权利与自由，法治国家要求对国家权力进行限制与合理的分工，使不同国家权力之间建立相互均衡和制约机制。现代宪法体系中的权力分立的功能并不消极地限制国家权力，而是积极、主动地对国家权力职能进行分工，明确其职责范围和程序。作为宪法原则意义上的权力分立的重要意义首先在于国家权力组织的合理化，制约与监督并不是权力分立的唯一内容与目标。此外，法治主义的形式要素还包括行政的合法性、基本权利的司法保护等不同领域。

3. 从宪法文本的规范体系看，"法治国家"规范包含法治社会。法治国家作为宪法命题其内涵中包括了法治社会。社会作为组织化的人类共同体，其本质是遵循着一种自律原则，靠社会成员的非强制性的规则来维持社会组织，体现了社会自治精神。在宪法文本中，既规定国家生活，也规定社会生活，两者统一于宪法规范之中。有学者认为，从字面上，法治国家指国家范畴内的治国理政要通过法治实现；广义的法治国家是把国家与社会合而为一，既包括法治国家，也包括法治社会。[①] 国家与社会的关系实际上决定了宪法对政治国家与社会生活的统一调整的必要性与客观依据。如用分立模式来解释，"民法为市民社会的构造原理，即民法是市民社会的基本法，宪法为统治机构的构造原理，即宪法为国家的基本法"[②]。从发生学的角度看，宪法是一种共同体的规则，是协调社会与国家关系的价值尺度。社会自治是必要的，但离开一定形式的国家干预，所谓的社会就会失去必要的活力。在这种意义上，国家对社会能够起到一种补充作用，是社会发展必不可少的条件。现代宪法不仅是调整国家生活的根本法，同时也是调整社会生活的根本法，通过宪法调整连接并维护国家与社会的价值。因此，"法治国家"规范内涵中包含法治社会，不宜从法治国

[①] 孙笑侠：《宪政的共识与可能性》，载《法学研究》，2013 年第 2 期。
[②] 陈华彬：《民法的现状及其展望———从世界的角度》，载《法治研究》，2011 年第 1 期。

家的体系中把"法治社会"剥离出来，否则国家与社会的完整性会受到破坏，导致的结果是造成规范体系的混乱。

4. 从"法治国家"的价值内涵来说，"法治国家"同时也是"宪政国家"。根据宪政的原理，宪政是宪法实施的政治状态与过程，宪法是宪政的前提和依据，宪政是宪法的运行和实施。一个国家的宪法，只要得到全面严格的实施，就是宪政。在中国，社会主义宪政就是对《中华人民共和国宪法》的实施，中国的宪政研究，就是以中国的宪法解决中国的现实问题。如果我们承认社会主义宪法的存在，就没有理由否定社会主义宪政。笔者曾在一篇论文中对社会主义宪政的正当性作了论证，重点强调了以下理由：宪政概念本身跟市场经济一样，本身并无姓资姓社问题，社会主义也可以实行社会主义宪政；宪政与社会主义存在着兼容性，无法割裂其历史与制度联系；社会主义宪政的实践是无法否认的，尽管当代社会主义国家在世界宪政体系中正面临着新挑战，但无法抹煞其实践形态，特别是中国的社会主义宪政事业为社会主义宪政发展所创造的新经验、新理念等。①

宪政的理念、制度并不是抽象的原则，而是建立在严格的规范体系之中，具有规范效力。例如宪法序言、宪法第一条、宪法第五条、宪法第六条等具体规定了社会主义宪政的经济基础、政治基础、文化基础与社会基础。从规范体系的角度分析，第五条中规定的"法治国家"实际上也包含着"宪政国家"的含义。从我国宪法的社会主义性质与法治的本质看，社会主义法治国家同时也是社会主义宪政国家。社会主义宪政是社会主义民主制度的根本保障，奉行权力来自人民、权力服务人民、权力归属人民的理念，维护人民的意志，而不是个别人、少数利益集团的意志。

社会主义是法治主义的，也是宪政主义的。社会主义宪政国家是社会主义发展的高级阶段，是中国特色社会主义的组成部分。它解决了权力制约的有效性问题，回答了如何实现党的领导、人民当家做主和依法治国有

---

① 韩大元：《略论社会主义宪政的正当性》，载《法学》，2012 年第 4 期。

机统一，实现了在中国这样一个具有独特历史和传统的国家建立现代政治文明。宪政是现代政治的果实，要立足本国土壤去培育。宪政具有"地方性"。我们要建设的宪政，必然是符合本国国情的社会主义宪政，是融合了人类历史经验和传统制度优势的新型宪政。我们要维护宪法的根本法地位，为了人民的长久幸福矢志不渝，为了国家的各项现代化尤其是国家治理现代化而追求法治价值。这是中国共产党的历史使命，也是我国宪法设定的国家目标。

进入新世纪新阶段，国际局势发生了新的深刻变化，各种矛盾错综复杂，在机遇和挑战并存的国内外条件下，必须传承中国共产党人的宪法观，坚持依宪治国的理念，这样才能保证执政党在变幻莫测的历史进程中走在时代前列，并在建设中国特色社会主义的历史进程中始终成为坚强的领导核心。习近平总书记在首都各界纪念现行宪法公布施行30周年大会上的讲话中指出："宪法的生命在于实施，宪法的权威也在于实施。"因此，宪法理念的树立，必须从宪法实施着手，坚持中国特色社会主义宪政道路，摈弃各种形式的"宪政恐惧症"。

（四）"依法治国"与"法治国家"

关于两者的关系，李步云教授作了如下分析：从广义上看，依法治国包括"法治国家"这个概念在内。但是从狭义看，两者又有一定区别。依法治国是一项治国的战略方针，它的内涵主要有两个：一是依法治国是一种治国的理念与指导思想；二是依法治国是一种治国理政的根本的行为准则，即国家不应依照少数领导者个人的看法、智慧、注意力来治理，而必须依照符合事物规律、时代精神、人民利益、社会理想的法律来治理，不能权大于法，不能长官意志决定一切。建设社会主义法治国家则是一项治国的战略目标。它是现代社会在政治法律制度上的一种模式选择，是近代以来一种最进步最文明的政治法律制度类型。因此，它应具有一系列具体的明确的标志和要求。① 这一区分在理论上有一定的合理性，但从规范体系上其界限并不明确，如治国的"战略方针"与治国的"战略目标"之间难于确定具体的界限，作为具有规范意义的"法治国家"既是目标，同时也是过程，对现实的公权力与制度运行产生约束力。如前所述，依法治国中的"国"首先是政治共同体的国家，通过法律治理国家生活，建设符合法治特征的国家，不是一般意义上的"法制国家"，要体现现实法律效力与目标的统一，遵循法治的原则。当然，社会主义"法治国家"的发展受经济、社会、文化发展的制约，表现其法治发展的阶段性特征。

（五）"法治国家"与"法治中国"

"法治中国"作为政治话语，不应取代作为法律概念的"法治国家"，两者之间存在着共同的价值基础，但涵义却不同。在强调"法治中国"的重要性与现实意义时，我们同时也承认其宪法上的界限。如前所述，"法治国家"在我国宪法文本上具有明确的规范基础，对所有国家生活与公权力产生约束力。我们建设的法治国家是"社会主义法治国家"，区别于一般意义上的"法治国家"，既体现中国特色，又反映人类宪政发展的普遍规律。因此，在强调"法治中国"重要性时我们要防止削弱"法治国家"规范价值的倾向，需要坚持法治的基本底线，不能以任何理由突破"法治国家"规范所确定的界限。

（原载《吉林大学社会科学学报》，2014 年第 3 期）

---

① 李步云：《建设社会主义法治国家》，载《中共中央党校学报》，2008 年第 2 期。

宪法政治：开万世太平之路
——中国共产党如何走出历史周期率

王振民

（清华大学法学院）

问题的提出：如何破解关于历史周期率的千古难题

古往今来，在人类发展的历史长河中，任何一个政权成立以后，不管封建皇帝或者资产阶级政府，或者社会主义政权都想"万岁"，都希望能够长期乃至永远屹立不倒。这是法政哲学上的"哥德巴赫猜想"：人类有无可能创造出一种坚固的政体，确保"江山永固，万世不易"呢？

早在新中国成立之前，这个问题同样尖锐地摆在中国共产党面前。很多人都熟知1945年黄炎培与毛泽东在延安关于历史周期率的那个著名对话。黄炎培先生说：我生六十多年，耳闻的不说，所亲眼看到的，真所谓其兴也勃焉，其亡也忽焉，一人，一家，一团体，一地方，乃至一国，不少单位都没有能跳出这周期率的支配力。大凡初时聚精会神，没有一事不用心，没有一人不卖力，也许那时艰难困苦，只有从万死中觅取一生。既而环境渐渐好转了，精神也就渐渐放下了。有的因为历史长久，自然地惰性发作，由少数演为多数，到风气养成，虽有大力，无法扭转，并且无法补救。也有为了区域一步步扩大了，它的扩大，有的出于自然发展，有的为功业欲所驱使，强求发展，到干部人才渐见竭蹶，艰于应付的时候，环境倒越加复杂起来了，控制力不免趋于薄弱了。一部历史，"政怠宦成"的也有，"人亡政息"的也有，"求荣取辱"的也有。总之没有能跳出这周期率。中共诸君从过去到现在，我略略了解的了，就是希望找出一条新路，来跳出这周期率的支配。

黄炎培先生十分好奇中国共产党如何面对、回答、解决这一千古难题。毛泽东听后，胸有成竹地答道：我们已经找到了新路，我们能跳出这周期率。这条新路，就是民主。只有让人民来监督政府，政府才不敢松懈。只有人人起来负责，才不会人亡政息。[①]

至少从那个时候开始，中国共产党及其每代领导集体就一直在思考、探索这一重大命题：如何创造一个能够跳出历史周期率支配的政体，实现党的长期执政和国家的长治久安。

2004年，党的十六届四中全会再次尖锐提出："无产阶级政党夺取政权不容易，执掌好政权尤其是长期执掌好政权更不容易。党的执政地位不是与生俱来的，也不是一劳永逸的。我们必须居安思危，增强忧患意识，深刻汲取世界上一些执政党兴衰成败的经验教训，更加自觉地加强执政能力建设，始终为人民执好政、掌好权。"[②] 提高执政能力，可以解决一时一事的问题，但是要跳出历史周期率的支配，彻底解决长期执政和长治久安

[①] 参见金冲及：《毛泽东传》（下），北京：中央文献出版社1996年版，第719—720页。
[②] 《中共中央关于加强党的执政能力建设的决定》，2004年9月19日，中国共产党第十六届中央委员会第四次全体会议。

的问题，还必须从制度和体制入手。

2012年12月底，中共中央总书记习近平走访八个民主党派中央和全国工商联，在谈话中，总书记再次提到当年黄炎培和毛泽东在延安关于历史周期率的对话，认为这至今对中国共产党都是很好的鞭策和警示。① 总书记重提历史周期率，就是让全党不要忘记古往今来兴衰成败的经验教训，寻找到能够跳出历史周期率支配的可长可久的制度和体制，确保党的长期执政和国家的长久治安。

从古到今，从1945年到现在，这个命题被不断反复提出来。但是正确的答案到底在哪里？考察古今中外的历史经验教训，经过政治的、经济的等多角度研究分析，可以得出一个结论：只有励行法治，切实确立宪法政治，亦即宪政，才有可能真正跳出历史周期率的支配，彻底解决党长期执政和国家长治久安的制度和体制问题。

宪政、法治的意义比民主更根本

所谓宪法政治，就是建立在宪法基础之上的政治，可以简称为"宪政"或者"宪治"。② 不管说法如何，宪法政治或者说"宪政"是有特定含义的。笔者在2009年发表的《关于民主宪政关系的再思考》一文中③，论述了宪政的三大关切：第一，任何政府、任何领导人不管其是否民选，无论如何产生④，都要接受宪法和法律的约束，接受制约监督，不能滥用

---

① 《习近平重提"历史周期律"引关注》，新华网国际，2012年12月30日，http://news.xinhuanet.com/world/2012-12/30/c_124166877.htm；《习近平为何重提毛主席的历史周期律谈话?》，人民网，2012年12月27日，http://www.people.com.cn/n/2012/1227/c33232-20037015.html。
② 本文中"宪法政治"与"宪政"同时使用，表达的是同样的含义。
③ 王振民：《关于民主宪政关系的再思考》，载《中国法学》，2009年第5期。下文也有引用这篇文章的一些论述，不再一一注明。
④ 政府由谁产生，如何产生，代表谁，为了谁，这是国体问题。宪政其实主要是政体问题。

权力，不能腐败，即实行"法律之治"，把权力放到法律的笼子里边去。即使是民选政府，其行为也要受严格的监督和制约。人们对民选政府往往过分信任，很容易无限授权，而且拒绝任何外在监督制约，这使得如何监管民选政府，保证其不腐败、不滥权，防止民选政府蜕变为超越宪法法律之外的无限政府，也就成为宪政的首要关切。

第二，宪政不仅要求政府权力必须是有限的，而且还要求国家权力的配置必须科学合理，协调高效。国家各种权力如何配置，国家机构如何设置以及相互之间应该是什么样的关系，这些都应是科学问题。任何一个国家，都一定有一个最适合这个国家的历史、国情、民情、自然条件、地理和经济状况的政治体制，宪法学家的任务是发现这个最适合的体制。治国是一门科学，政治应该成为科学。① 同样，"搞宪法是搞科学"②。可见，宪政除了强调"法律之治"外，还要求必须是科学的政治，是"科学之治"。概括来讲，宪政就是"法律之治"和"科学之治"的结合。

第三，尽管人民不一定直接参与政府的产生，但国家必须要保障基本人权，给予人民一定程度的自由和基本权利。

宪政最初是在英国产生的。1215 年，英国就制定了《自由大宪章》，被一些学者视为英国和西方宪政的起源。③ 当时主要目的不是为了民主，让人民来选举国王及其政府，而是为了限制约束国王及其政府的权力。因而，宪政先于民主而产生。严格来讲，可以说，一直到今天，英国还没有实现完全民主，国家元首不由民选，政府首脑也非选民直接选举产生，但是宪政早已确立，法治政府早已形成，人权得到了尊重和保障。

从历史上看，专制政府固然容易滥用权力，但是民主政府也可能滥用

---

① 尽管人类的政治往往是不科学的，但是对科学精神的追求不应该放弃。这也许就是为什么我们一直把关于政治的学问叫做"政治科学"(Political Science) 的原因，表达了人类对政治科学、政治理性美好的期待。
② 毛泽东：《关于中华人民共和国宪法草案》(1954 年 6 月 14 日)，见王培英编：《中国宪法文献通编》(修订版)，北京：中国民主法制出版社 2007 年版，第 253 页。
③ 严格而言，今天英国宪政体制是 1688—1689 年"光荣革命"后确立的君主立宪体制。这在后文中还有论述。

权力。民选政府及其领导人可能携民意自重，藐视法律，其逻辑是，法律无非是人民代表（议员）的创造物，而民选政府则是人民自己直接"亲生"的。是法律高，还是民选领导人更高？当然是人民直接选举产生的民选领导人比人民间接通过自己的代表制定的法律更具有权威。因此，民主政府可能会为所欲为，如果没有强有力外在的法律监管，民选政府及其领导人就可能凌驾于法律之上，走向腐败和专制。从这个意义上说，宪政关注民主，但更加重视对民主政府的监督，强调用制度来约束民主政府及其领导人。

这就是宪政的哲学基础和基本逻辑。尽管任何政治体制都需要由人来操作，操作者个人的素质、能力和品行当然与政治产品质量的高低有关系，但宪政更加关心的是，政治权力是否受到应有的监督约束，整个政治体制的设计是否科学合理。无论多好的选举制度都无法保证选出的人一定是最好、最合适的德才兼备之人。宪政的功能就在于，即便出现这种情况也不用担心，无论什么样的人当政，都不可逾越宪法和法律划定的权力界限，都要按照法定版本演出。宪政的眼睛是被蒙上的，无论谁在权力的位置上，无论你是否民选，宪法法律都要监督你，约束你，让你不能为所欲为。

最理想的政体当然是既有宪政和法治，又有民主，这样的体制最坚固，抗震性最强，也就最长久；其次是只有宪政和法治，较少民主；再次是只有民主而没有宪政和法治；最糟糕的是，既没有民主，也没有宪政和法治。也就是说，一个国家的民主可以有瑕疵，有"赤字"，不完美，但不能没有宪政和法治，不能有"宪政赤字"和"法治赤字"。宪政、法治的缺失比民主缺失的后果严重得多。

宪法和宪法学应该关注民主，追求民主，但是不应把宪法、宪政与民主这些概念混淆在一起。政治学要深究权力是从哪里来的，关注民主问题，宪法学当然也要关心权力是神授、君授或民授，关心民主本源问题，但其主要使命是研究监督制约权力的技术方法、权力的科学配置和人权的保障，应该是研究权力和权利的学问，是权力科学配置之学、权力监督之学和人权保障之学。宪法学与政治学应该分工合作，而非都去研究民主，而忽视研究如何监督权力、规范民主。

民主是国家长治久安的必要条件，但是并非唯一、充分条件，民主只有与法治相结合，实行宪法政治，励行宪政，才是跳出历史周期率支配、真正实现政权"万岁"的必由之路。主要原因有四。一是通过宪政建设，把权力牢牢约束在宪法法律范围之内，并为权力运行提供明确规则，避免权力成为脱缰野马，害人害己，导致政权自我解体。二是通过宪政建设，人民可以通过宪法规定的方式方法更换政府，无需诉诸暴力，实现了最高权力更替的制度化、法律化，政权可以自我更替、修复、完善，实现自我更新、永葆活力的目的。① 三是宪政保障基本人权。在宪政体制下，国家尊重保障基本人权，人民有充分的权利和自由，人民与政府形成健康和谐的互动关系。四是宪政为一切纷争提供了法定解决的渠道和方法，杜绝了私人暴力、自力救济。从历史上看，政权灭亡最主要的原因是内战。而爆发内战的主要原因是因为各种各样的矛盾纠纷长期无法得到公平合理的解决，最后酿成了内乱内战。之所以这些矛盾纠纷无法得到公平合理的解决，是因为这个国家根本没有法律，到处无法无天，或者有法律但是法律本身不公平，或者法律公平但是没有办法得到很好实施，人民只能自力救济，暴力频发就不可避免。因此，必须建立一套公平合理的宪法法律制度和机制，把各种各样的矛盾纠纷包括政治性纠纷，都纳入到法律轨道上解决，这样才可能实现江山永固，政权永续。

---

① 2011年7月1日，胡锦涛在庆祝中国共产党成立九十周年大会上的讲话中，总结30多年来政治体制改革取得的成就，指出："我们废除了实际上存在的领导干部职务终身制，确保了国家政权机关和领导人员有序更替。"英国是在1701年制定《王位继承法》以后，美国是在1789年宪法生效、正式立国之初，就先后完成了这一历史性任务。

"一个国家，一部宪法，一种命运"

古代封建政权显然没有能够解决"其兴也勃焉，其亡也忽焉"的周期率问题。不管多么圣明的君主，不管其本人和他的继承人多么能干，不管他的政府如何勤政廉政，最终都没有办法打破"人存政举，人亡政息"的历史魔咒。以中国历史为例，从有明确文字记载的历史开始，很多朝代都只有几十年、一百年左右的"寿命"，能够超过200年的，只有汉（426年，分为西汉、东汉）、宋（319年，分为北宋、南宋）、唐（289年，其中有21年武则天执政）、明（276年）和清（268年）五个朝代。当这些王朝存在超过200年的时候，一定进入了末期，即将画上句号，历史周期率已经在发作，衰亡的迹象已经非常明显，一直到最后分崩离析、土崩瓦解，被下一个王朝所取代。

一个非常残酷的事实是，国家"富"不一定"强"。两千多年世界经济史证明，我国GDP总量长期世界第一①，但是我们并没有能够把"富"变成国家的硬实力，没有"强"起来，没有解决历史周期率问题，其原因不在经济本身，而是政治问题。清朝末代三帝50年时间里（1861—1911），中国GDP总量尽管依然名列世界前茅，特别在第二次鸦片战争后，清政府进行了30多年的洋务运动，国力大增，GDP总量甚至仍然稳居世界第一第二，是日本的数倍，但在甲午战争却惨遭失败。

经济是国家的血肉，没有血肉，是不行的。宪政和法治则是国家的骨

---

① 根据经济学家的研究，中国经济总量（GDP）在公元前5世纪起就领先于世界，一直是世界最大的经济体。到19世纪晚期以后，中国经济才逐渐被欧美诸国超越。根据麦迪森提供的数据，美国经济在1892年超过中国，英国在1917年超过中国，德国在1948年超过中国，日本在1961年超过中国，法国在1962年超过中国。参见萧国亮：《从世界经济史的视域看中国的长远发展及其地位变迁》，载《中国经济》，2010年第8期。

骼和神经网络。没有宪政和法治，国家就没有骨骼支撑，没有理想价值，政经失序，社会失范，腐败猖獗，就是一堆混乱不堪、任人宰割的血肉！没有法律秩序的富有，对国家而言可能是灾难。因为这样的富有是在没有法律规则或者法治不健全情况下取得的，没有秩序，没有公平；另外，越富有，矛盾纠纷就越多，如果法律解决不了这些矛盾纠纷，那就只能通过暴力来解决。历史反复证明，不管开国皇帝多么英明，不管有什么样高明的长生不老术，不管宫殿和皇陵修建得多么坚固，不管国家多富，不管GDP多高（甚至世界第一），最终都无法跳出历史周期率的支配。中国封建政权之所以无法解决这个问题，一方面是没有办法像英国那样实现君主与民主的有机统一，既不敢发展民主，又不愿意建设宪政和法治，结果自然是灭亡。

　　清朝末年，统治者曾经本能地尝试过立宪，希望跳出历史周期率的支配，但是没有能够成功。大清宪政改革为什么最终以失败而告终，导致家破国亡？不是人民和历史没有给清政府机会，给的机会其实不少，失败的主要原因是大清皇室和政府一再拖延改革，对建立宪政三心两意、敷衍塞责、消极被动，一再丧失立宪行宪的良机，让"宪法时刻"在自己手上白白错过。到真正认识到宪政才是挽救大清最后一根救命稻草、下决心行动的时候，已经为时过晚，革命的爆发已经无法避免。假设大清皇室和政府能够积极主动、自上而下去推行宪政，不是让民众自下而上去逼迫，宪政改革成功的可能性就极大；假设大清皇室和政府拿定主意，意志坚定而清晰，排除一切干扰，主导立宪行宪全过程，能够成功建立立宪政体，国家就不会分裂灭亡，国土、主权不会沦丧。一直以中国为师的东邻日本，19世纪中期在同样面对西方列强侵略的情况下，之所以能够迅速崛起，一跃跨入列强行列，其主要原因是在亚洲第一个制定了宪法、建立了宪政，立宪行宪成功，顺利完成了宪政转型。

　　目前，世界上最长寿的政治体制是英国1689年"光荣革命"后确立的君主立宪体制，迄今已经运转324年。在这320多年时间里，英国没有发生过什么内战，实现了长期和平发展。一个体制可以持续适用超过300年依然运行良好，一个国家可以超过300年不打内战，简直是政治奇迹！为什么可以如此，就是因为宪政体制的确立，为政治提供了法定的运行规则，而且任何矛盾纠纷都可以通过法治得到公平合理的解决。正是由于对内确立了宪政，政治体制问题彻底解决，英国才得以在"安内"之后，迅速走上了对外侵略之路，大肆占领海外殖民地。一个本土只有24万平方公里的西欧小国，可以占领全球3350万平方公里的陆地——相当于地球四分之一的陆地，还有几乎所有的海洋通道（打开世界地图，我们会发现，大部分海岛和海洋通道都是英国人的名字）。

美国发达的历史同样证明了这个道理。美国是第二个实行资本主义宪政的国家。1787年来自北美大陆13个独立国家（State）的50多个代表在费城制定了今天的美国宪法，建构了符合美国国情的宪政体制。[①] 这个宪政体制迄今已经存在并成功运转224年，200多年来只增加了27条宪法修正案。在短短200多年时间里，美国一跃超过其他所有国家，不断开疆辟土，增加人口，聚集了世界上各方面最优秀的人才，拥有世界上各种最先进的高科技，是世界最大经济体，拥有人类有史以来最强大的军队，在70多个国家有驻军或者军事存在。相比英国宪政确立以后，迄今300多年不打内战，美国宪政立国200多年以来，只发生过一次内战。但仅仅在过去60年，美国在海外已经打了170次外战。不是说打外战就好，而是说美国能够腾出手来，一致对外，就是因为美国在立国之初就已经"安内"了，建立了符合美国国情的宪政体制，从立国之始就彻底解决了体制问题。"一个国家，一部宪法，一种命运"，在美国人看来，美国宪法给美国带来

[①] 美国的"州"其实是我们对英语"State"一词的误译，"State"确切的意思是"国家"。"美国"国名 United States of America 直接翻译应该是"美利坚国家联合体"，说明美国是由一些国家组成的"联合起来的国家共同体"，这些"国家"曾经拥有独立主权，今天仍然享有很大的自治权。

了好运。①

英美这些国家之所以能够资产阶级政党长期执政、国家长治久安②，就是因为最先实现了宪政，国内政治从此法律化、制度化，任何问题包括政治问题，都可以通过法律来解决，国内的任何矛盾都不可能恶化为内乱、内战，英国人不再打英国人，美国人不再打美国人。以美国2000年总统选举出现的计票纠纷为例，在36天的计票纷争中，尽管斗争极其激烈，甚至白热化，但是没有发生暴力冲突，更没有动用军队，没有人牺牲，动用的是律师和法官，他们在法庭上唇枪舌剑，激辩是非曲直。当年12月12日深夜，美国最高法院作出终审判决，一场在其他国家可能会演变为长时间内乱乃至内战的"王位之争"，随着最高法院的法槌一落而和平落幕。确实，在英美这些国家不要说发生内战，即便发生类似我们"文化大革命"那样长时间的内乱也几乎不可能，他们的宪政体制已经成功保证了数百年国泰民安，政权稳定，快速发展，并先后崛起成为世界超级强国。很多传统的大国、强国在这些新型宪政国家面前都自愧不如。很多国家长期为内政不宁、政治不稳甚至长期内乱、内战而痛苦挣扎，内忧、内乱往往引发外患，外敌不断入侵，国土主权不断丧失，进一步加剧内忧，内部一直搞不定，更遑论对外开疆辟土了。

相较于英国300多年不打内战，美国立国200多年只打了一次内战，中国自公元前26世纪神农时代，到公元1911年清王朝灭亡，在大约4500年的漫长岁月中，有文字记载的战争共3791次。③ 从1912年至今的100多

---

① 美国19世纪著名政治家丹尼尔·韦伯斯特（Daniel Webster）曾经盛赞美国宪法"One country, one Constitution, one destiny"。丹尼尔·韦伯斯特1837年3月15日在纽约的演讲，见 *Great Speeches and Orations of Daniel Webster with an Essay on Daniel Webster as a Master of English Style*, Boston : Little, Brown, 1879; Littleton, Colo.：F. B. Rothman (photo. reprint 1993), p. 426。
② 资本主义国家尽管实行多党制，但是不管党派的名称叫什么，不管是共和党或者民主党，换来换去，换汤不换药，都是资产阶级政党，保护资产阶级利益。完全代表工农利益的工人阶级政党是不可能在选举中获胜的。
③ 参见中国军事史编写组：《中国历代战争年表》，北京：中国人民解放军出版社2003年版。也有人统计中国5000年文明史，一共发生了6539次战争，其中大部分是内战。参见《明两京十三司战例分布表》、《中国5000年战争年表（简）》和《中国国家地理》2008年第7期，及《中国国家地理》杂志系列地图 No. 025 - 1。

年时间里，中国也经历了许许多多的战争，特别是很多本应该避免的类似"文革"那样长时间的内战。之所以有这么多内战，重要原因之一就是国内一直没有建立起行之有效的宪政体制和法律秩序。改革开放以来，中国连续超过30年没有发生过内战、外战，其中一个重要原因是30多年来民主法治的发展，使得大量矛盾纠纷可以通过法律得到较为公平合理的解决。

我们不得不承认，社会主义国家迄今还没有很好解决这个问题。苏联只存在了不到70年的时间（1922—1991），真可谓"其兴也勃焉，其亡也忽焉"！苏联灭亡其中一个重要原因，应该说是民主法治长期缺位，没有切实建设社会主义宪法政治，构建可长可久的宪政体制和机制。诚如邓小平同志严肃指出的："我们今天再不健全社会主义制度，人们就会说，为什么资本主义制度所能解决的一些问题，社会主义制度反而不能解决呢？这种比较方法虽然不全面，但是我们不能因此而不加以重视。斯大林严重破坏社会主义法制，毛泽东同志就说过，这样的事情在英、法、美这样的西方国家不可能发生。他虽然认识到这一点，但是由于没有在实际上解决领导制度问题以及其他一些原因，仍然导致了'文化大革命'的十年浩劫。这个教训是极其深刻的。"[①]

我们不敢说英美等西方国家就已经解决了这个千古难题，成功找到了跳出历史周期率支配的办法，因为毕竟英国的体制才持续了324年，美国的体制才维持了224年。300多年、200多年在人类历史长河中都只是弹指一挥间。也许英国、美国不久将来也要进行"政治体制改革"，改革现制，建立新政。但是，现在还看不到这种迹象和可能。资本主义制度所能解决的问题，社会主义制度也应该能够解决，而且应该解决得更好。

[①] 邓小平：《党和国家领导制度的改革》，见《邓小平文选》（第二卷），北京：人民出版社1994年版，第333页。

宪法政治的中国之路

如前所述,如何解决历史周期率问题,以毛泽东同志为首的第一代领导集体提出的解决方法是"民主"。但是实践证明,民主是国家长治久安必要但不充分的条件。有些国家实行民主后,强大起来了。但是有一些国家实行民主后却衰落了,政治腐败了,社会变得更加混乱了。建国后,我们尝试过"大民主",结果走向民主的反面,以至于发生"文化大革命"那样的悲剧,使得国民经济几乎到了崩溃的边缘。第一代领导集体带领中国人民实现民族独立,初步建立了较为完整的国民经济体系,其历史功绩是不可磨灭的。但是,我们也得承认,他们没有能够解决如何从体制上保证党长期执政、国家长治久安的历史难题。

以邓小平同志为代表的第二代领导集体在经历了"文化大革命"十年浩劫后,认真总结了发生"文革"的原因,努力探索避免悲剧再次发生、实现长期执政的制度和体制。相比毛泽东同志当年为破解这个千古难题给出的"民主"药方,第二代领导集体提出的解决办法,除了民主之外,还有"法制"。邓小平同志认识到了发生"文化大革命"这样悲剧的真正原因是制度和体制问题。他说:"我们过去发生的各种错误,固然与某些领导人的思想、作风有关,但是组织制度、工作制度方面的问题更重要。这些方面的制度好可以使坏人无法任意横行,制度不好可以使好人无法充分做好事,甚至会走向反面。……不是说个人没有责任,而是说领导制度、组织制度问题更带有根本性、全局性、稳定性和长期性。这种制度问题,关系党和国家是否改变颜色,必须引起全党的高度重视。"① 他还指出:"我有一个观点,如果一个党,一个国家把希望寄托在一两个人的威望之

---

① 邓小平:《党和国家领导制度的改革》,见《邓小平文选》(第二卷),北京:人民出版社1994年版,第333页。

上,并不很健康。那样,只要这个人一有变动,就会出现不稳定。……我认为过分夸大个人作用是不对的。"他说:"我历来不主张夸大一个人的作用,这样是危险的,难以为继的。把一个国家、一个党的稳定建立在一两个人的威望上,是靠不住的,很容易出问题。"① 因此,必须认真实行社会主义民主,大力加强社会主义法制,使民主制度化、法律化,使这种制度和法律具有稳定性、连续性和极大的权威,不因领导人的改变而改变,不因领导人的看法和注意力的改变而改变。

在破解这个千古难题方面,党的第二代领导集体给出的办法是"民主+法制",这是一个巨大进步!"法制"的实质就是建章立制,确立规矩。任何一个长期存在的组织,无论是政权政府,或者公司企业、社会团体,都一定是内部规章制度极其健全,不靠外力就能够自我运转的独立体。否则,内部一团混乱,或者干脆采取弱肉强食的"丛林法则"解决内部矛盾,这样的组织不可能长久,无法跳出周期率的支配。

以江泽民同志为核心的党的第三代领导集体,以及以胡锦涛同志为总书记的党中央高举社会主义民主法制的大旗,不断把我国社会主义民主法制事业推向前进。特别是1997年党的"十五大"确立"依法治国,建设社会主义法治国家"基本治国方略,1999年并写入宪法,实现了从"法制"到"法治"的飞跃,法治不再仅仅是手段、工具,更重要的是战略目标,是国家发展的重要方向和价值取向。法治建设的重点不再仅仅是民众和社会,而是转变为政府和领导干部,用法律来界定权力的界限,规范权力的运行,建设法治国家和法治政府。

江泽民同志1999年1月主持党外人士座谈会,就修改宪法部分内容征求意见时指出,宪法是国家的根本大法,在国家生活中具有极其重要的作用。宪法是法律体系的核心和基础,是依法治国的根本依据。我们讲依法

---

① 邓小平:《总结历史是为了开辟未来》,见《邓小平文选》(第三卷),北京:人民出版社1993年版,第272—273、325—273页;邓小平:《我们有信心把中国的事情做得更好》,见《邓小平文选》(第三卷),北京:人民出版社1993年版,第325页。

治国，建设社会主义法治国家，首先是依据宪法治理国家、建设国家。他强调，维护宪法的尊严、保证宪法的实施极为重要。这首先需要建立健全保障宪法实施的法律体系，把宪法的一系列原则性规定通过立法落到实处。他说，我国社会主义民主法制建设不断发展，不仅立法成绩显著，而且执法工作也有了很大的进步，法治的社会环境正在逐步形成。"文革"时期发生的那种公然践踏宪法的事情已经一去不复返了。但我们也必须清醒地看到，在现实生活中，宪法的权威还没有得到完全的体现，宪法的实现还存在这样那样的问题。①

2002 年 12 月 4 日，胡锦涛同志在首都各界纪念宪法公布施行二十周年大会上的讲话中指出，宪法是我国的根本法，是治国安邦的总章程，是保持国家统一、民族团结、经济发展、社会进步和长治久安的法律基础，是中国共产党执政兴国、团结带领全国各族人民建设中国特色社会主义的法制保证。实行依法治国的基本方略，首先要全面贯彻实施宪法。这是建设社会主义政治文明的一项根本任务，也是建设社会主义法治国家的一项基础性工作，要长期抓下去，坚持不懈地抓好。胡锦涛还指出，全面贯彻实施宪法，必须坚持党的领导，党的各级组织和全体党员都要模范地遵守宪法，严格按照宪法办事。②

2004 年 9 月 15 日，胡锦涛在首都各界纪念全国人民代表大会成立 50 周年大会上发表重要讲话，正式提出了"依宪治国"和"依宪执政"的概念，强调"依法治国，首先要依宪治国；依法执政，首先要依宪执政"③。

2012 年召开的党的"十八大"再次强调，依法治国是党领导人民治理国家的基本方略，法治是治国理政的基本方式，要更加注重发挥法治在国家治理和社会管理中的重要作用，全面推进依法治国，加快建设社会主义

---

① 1999 年 1 月 31 日，中共中央召开党外人士座谈会，征求各民主党派中央、全国工商联负责人和无党派代表人士对修改宪法部分内容的意见。江泽民总书记发表重要讲话。
② 胡锦涛：《在首都各界纪念中华人民共和国宪法公布施行二十周年大会上的讲话》，2002 年 12 月 4 日。
③ 胡锦涛：《在首都各界纪念全国人民代表大会成立 50 周年大会上的讲话》，2004 年 9 月 15 日。

法治国家。① 实现这个目标要求，必须全面贯彻实施宪法。

2012 年 12 月 4 日，中共中央总书记习近平在首都各界纪念现行宪法公布施行 30 周年大会上发表重要讲话，全面阐述了新一届党中央领导集体的宪法观。习近平总书记指出，全面贯彻实施宪法，是建设社会主义法治国家的首要任务和基础性工作。宪法是国家的根本法，是治国安邦的总章程，具有最高的法律地位、法律权威、法律效力，具有根本性、全局性、稳定性、长期性。全国各族人民、一切国家机关和武装力量、各政党和各社会团体、各企业事业组织，都必须以宪法为根本的活动准则，并且负有维护宪法尊严、保证宪法实施的职责。任何组织或者个人，都不得有超越宪法和法律的特权。一切违反宪法和法律的行为，都必须予以追究。②

以毛泽东同志为首的党的第一代领导集体没有能够解决历史周期率问题，只是提出这个命题，并给出了一半答案"民主"，但并没有切实实践民主。以邓小平同志为首的党的第二代领导集体为解决这个历史难题，给出了另一半答案"法制"，并为民主法制付出了巨大努力，作出了历史性贡献，真切希望资本主义制度所能解决的问题，社会主义制度也应该能够解决。以江泽民同志为核心的党的第三代领导集体，以及以胡锦涛同志为总书记的党中央进一步把"法制"上升到"法治"的高度，明确提出依法治国，建设社会主义法治国家；并明确提出"依宪治国"和"依宪执政"的概念，强调"依法治国，首先要依宪治国；依法执政，首先要依宪执政"。"依宪治国"、"依宪执政"自然就产生"宪法政治"，宪法政治已经跃然纸上。

以习近平为总书记的党中央，高瞻远瞩，深谋远虑，以对历史和人民高度负责的精神，再次提出历史周期率问题，警示全党全国，切实研究解决这个难题。提出宪法与国家前途、人民命运息息相关；全面贯彻实施宪

---

① 胡锦涛：《坚定不移沿着中国特色社会主义道路前进为全面建成小康社会而奋斗》，2012 年 11 月 8 日。
② 习近平：《在首都各界纪念现行宪法公布施行 30 周年大会上的讲话》，2012 年 12 月 4 日。

法，是建设社会主义法治国家的首要任务和基础性工作。经过几代领导集体的艰难探索，关于如何跳出历史周期率支配，使共产党可以长期执政、国家可以长治久安，答案应该说已经非常明确，那就是"依宪治国"和"依宪执政"，切实建设社会主义宪法政治。下面的问题就是，如何建设社会主义宪法政治，有无决心、意志、毅力和魄力，像抓经济建设那样，把宪法政治建设切实抓起来，一直到最终取得成功。

五个迫切需要解决的问题

根据习近平总书记有关讲话的精神和党的"十八大"报告，目前我国宪法政治建设迫切需要解决的重大问题包括以下五个方面：

一是如何实现坚持党的领导、人民当家作主与依法治国的有机统一。首先，如何实现党的领导与社会主义民主的有机统一，在坚持党的领导的同时，坚持国家一切权力属于人民的宪法理念，最广泛地动员和组织人民依照宪法和法律规定，通过各级人民代表大会行使国家权力，通过各种途径和形式管理国家和社会事务、管理经济和文化事业，成为国家、社会和自己命运的主人。其次，如何实现党的领导与社会主义法治的有机统一。作为执政党，党必须改进领导方式和执政方式，必须依据党章从严治党、依据宪法治国理政。党领导人民制定宪法和法律，党领导人民执行宪法和法律，党自身必须在宪法和法律范围内活动，真正做到党领导立法、保证执法、带头守法。

具体而言，包括：第一，如何使党的主张通过法定程序成为国家意志，如何使党组织推荐的人选成为国家政权机关的领导人员，如何通过国家政权机关实施党对国家和社会的领导，支持国家权力机关、行政机关、审判机关、检察机关依照宪法和法律独立负责、协调一致地开展工作。第二，各级党组织和党员领导干部如何带头厉行法治，不断提高依法执政能力和水平,不断推进各项治国理政活动的制度化、法律化。各级领导干部如何提高运用法治思维和法治方式深化改革、推动发展、化解矛盾、维护稳定能力,努力推动形成办事依法、遇事找法、解决问题用法、化解矛盾靠法的良好法治环境,在法治轨道上推动各项工作。第三,如何健全权力运行制约和监督体系,保证人民赋予的权力始终用来为人民谋利益。如何坚持依法治国、依法执政、依法行政共同推进,法治国家、法治政府、法治社会一体建设。这些都是我国宪法政治建设迫切需要解决的重大问题,也是破解历史周期率需要解决的重大理论、制度和体制问题。如果这些问题能够得到成功解决,我们就能够跳出历史周期率,实现长期执政和长治久安。

二是如何建立健全宪法实施的监督机制。习近平总书记指出,我国"保证宪法实施的监督机制和具体制度还不健全,……对这些问题,我们必须高度重视,切实加以解决"。他说,宪法的生命在于实施,宪法的权威也在于实施。我们要坚持不懈抓好宪法实施工作,把全面贯彻实施宪法提高到一个新水平。全国人大及其常委会和国家有关监督机关要担负起宪法和法律监督职责,加强对宪法和法律实施情况的监督检查,健全监督机制和程序,坚决纠正违宪违法行为。地方各级人大及其常委会要切实保证宪法和法律在本行政区域内得到遵守和执行。

其实,胡锦涛同志 2002 年在纪念宪法施行 20 周年大会的讲话中也指出:"全面贯彻实施宪法,必须健全宪法保障制度,确保宪法的实施。要抓紧研究和健全宪法监督机制,进一步明确宪法监督程序,使一切违反宪法的行为都能及时得到纠正。全国人大及其常委会,要切实担负起监督宪法实施的职责,坚决纠正违宪行为;要切实履行解释宪法的职能,对宪法实施中的问题作出必要的解释和说明,使宪法的规定更好地得到落实。"

1999 年 1 月江泽民同志也明确指出,我们要在全社会进一步树立宪法的权威,建立健全保障宪法实施的强有力的监督机制。……一切国家机关及其工作人员，都必须按照宪法和法律的规定进行活动，都不能滥用权力。一定要十分明确，任何国家机关、组织和个人，都没有超越宪法和法律的特权。违宪是最严重的违法。一切违反宪法和法律的行为，都必须予以追究。在这方面，我们要采取更加有力的措施，加强宪法实施的有效保障，包括健全宪法实施的具体制度，开展对宪法实施的经常性检查监督，及时地纠正违反宪法的现象，切实把宪法的各项规定落到实处。

20多年来，三任党的总书记、历届党的中央领导集体，都认为应该尽快建立健全宪法实施监督程序，可见这个问题之极端严重性和重要性。非常遗憾的是，尽管三任总书记反复强调，党中央一再要求，但在这个问题上始终没有实质推动，现在确实到了非解决不可的时候了！[①]

三是通过政治体制改革，科学配置国家权力，包括横向的人大与"一府两院"的权力配置以及纵向的中央与地方职权的合理划分。习近平总书记指出，我们要按照宪法确立的民主集中制原则、国家政权体制和活动准则，实行人民代表大会统一行使国家权力，实行决策权、执行权、监督权既有合理分工又有相互协调，保证国家机关依照法定权限和程序行使职权、履行职责，保证国家机关统一有效组织各项事业。我们要根据宪法确立的体制和原则，正确处理中央和地方关系，正确处理民族关系，正确处理各方面利益关系，调动一切积极因素，巩固和发展民主团结、生动活泼、安定和谐的政治局面。

四是如何强化人权保障，改革完善司法体制。习近平总书记指出，我们要依法保障全体公民享有广泛的权利，保障公民的人身权、财产权、基本政治权利等各项权利不受侵犯，保证公民的经济、文化、社会等各方面权利得到落实，努力维护最广大人民根本利益，保障人民群众对美好生活的向往和追求。我们要依法公正对待人民群众的诉求，努力让人民群众在

[①] 本人在《中国违宪审查制度》一书中，对此有详细论述。参见王振民：《中国违宪审查制度》，北京：中国政法大学出版社2004年版。

每一个司法案件中都能感受到公平正义,决不能让不公正的审判伤害人民群众感情、损害人民群众权益。

要保障人权,真正"维稳",就必须改革司法体制,实现司法公正,确保司法机关独立行使职权。司法应该是解决纠纷和问题的,自己不能也变成问题的一部分,显然目前我国司法体制难以适应人权保障和民主法治发展的需要。

五是如何建立健全我国宪法框架和宪法政治,以适应实施"一国两制"和国家统一的需要。首先,我们励行宪法政治,健全法治,发展民主,必将极大增强港澳台人民对国家的信心和支持。反之,如果我们的民主法治长期停滞不前,甚至不断倒退,宪法政治长期无法确立,港澳台人民的爱国热情必然受到极大的打击,人心回归更加艰难,实现国家最终统一就会遥遥无期。其次,我们目前的宪法政治不仅要处理好大陆内部的各种政治问题,包括民族区域自治和基层群众自治,而且还要能够包容统一后的香港、澳门和台湾。一方面,香港、澳门特别行政区的成立提出了很多宪法问题,例如,如何处理全国人大常委会的宪法法律解释权与特别行政区司法终审权之间的关系、特区民主政治发展问题、特区在国家的宪法地位、特区中国居民参与国家管理的权利等问题,都是我们以前没有遇到过的宪法问题。我们目前有关的宪法制度和体制亟需完善。另一方面,关于如何实现两岸统一,我们的基本政策是和平统一。既然是和平统一,就必须面对如何处理"中华民国"及其"宪法"和"法统"的问题。我们目前的宪法体制和架构显然还不能完全适应两岸和平统一的需要。如何进一步解放思想,实事求是,以更大的理论勇气和创新思维,追求中华民族利益最大化,建构适应实现国家最终统一需要的新宪法结构和理论,是摆在这一代中国共产党人面前的艰巨任务。①

---

① 中国以前实现并维系统一,主要是靠"中华世界秩序原理"、靠"准血缘"关系来实现并维持国家的长期统一。现在要实现并维系统一,必须靠宪法政治,在法治基础上实现并维护统一。王振民:《中央与特别行政区关系——一种法治结构的解析》,北京:清华大学出版社2002年版,第378页。

绝不应将宪法政治与党的领导对立起来

总之，依法治国，依法执政，必然要求依宪治国，依宪执政。依宪治国，依宪执政，其结果一定是宪法政治。实施宪法政治是我们经过60多年艰苦探索，付出巨大代价后得出的结论，是能够真正跳出历史周期率支配，实现长期执政和长治久安的不二法门。实行宪法政治，既能够实现国家的长治久安和最终统一，中华民族永续发展和繁荣昌盛，又从制度和体制上保证党的长期执政，保证政权永不变色，从而跳出历史周期率的支配，真正破解这个千古难题。

把实施宪法政治与党的领导对立起来，是极其错误的。因为我国宪法本身就是在党的领导下制定的，每次宪法修改也都是党中央提议并提出修正案的，宪法就是党的路线方针政策的最高表现形式，是党的意志最刚性的表达。严格按照宪法办事，就是对党的领导的坚持，违宪之所以是最严重的违法，也在于违宪的本质是违反了党最重要的路线方针政策，动摇了国本和党本。中国共产党作为执政党之所以必须在宪法法律范围内活动，也是因为我国宪法本质上就是党最重要的路线方针政策。不依宪治国，不依宪执政，其结果一定是既破坏了法治，也违反了党的根本路线方针政策。从中外立宪行宪的经验教训来看，如果我们党能够积极主动主导宪法政治建设，确立法治，在法治国家建设中真正发挥模范带头作用，就一定能够切实巩固党的领导地位，最终实现党的领导与依宪治国的有机统一。

特别需要说明的是，我们建设的宪法政治，一定是中国特色社会主义宪法政治。全盘西化，全盘引进西方宪政体制，是不可行的，应该坚决避免的，也是投机取巧、没有出息、不负责任的表现。中国人一定要从中国历史和国情出发，寻找中国自己的宪法政治模式。一个体制的好坏，不是看它像不像某个国家的体制，如果像就好，不像就不好，关键是看它能否解决这个特定国家的特定问题。

还要指出的是,西方资本主义宪法是资产阶级民主的制度化、法律化,他们尽管也称为人民主权或者人民民主,但是他们的"人民"与我们所说的"人民"是不同的,他们的"人民"特指资产阶级,他们的民主就是资产阶级的民主。尽管这些年来,其民主形式不断完善,越来越像全民民主,但还不是全民民主。我们的民主从价值取向上是多数人的民主,是工人、农民和其他劳动者、建设者的民主,民主的范围大为扩大。因此,我们不能因为资本主义国家也有民主、有人权、有法治,我们就不发展我们的民主、不建设我们的法治、不保障我们的人权。相反,我们还要做得更好,以证明社会主义民主、法治和人权更有优越性、更有生命力。我们更不会因为他们用了这些词汇,从此就不再使用这些词汇。

"宪法政治"或者"宪政"就像"民主"、"法治"、"人权"一样,不能因为资本主义国家有,我们就不能建设"宪政"了。他们可以有他们的宪政,我们要建设的宪政自然不同于他们的,必然具有中国特色和社会主义性质。更不能因为西方先用了这个说法,就根本不让我们用这个说法了,人为把宪政划归资本主义的专利。我们不仅要谈宪政,而且还要建设宪政,要建设比资本主义宪政更优越的中国特色社会主义宪政。叫不叫"宪政"其实不是问题的核心,关键是,我们要不要监督制约日益泛滥的权力,要不要从根本上遏制腐败,要不要保障我们自己的人权,要不要实现并维系国家的统一,一句话要不要回答总书记和党中央提出的这个严肃命题,跳出历史周期率的支配,实现长期执政和长治久安。只要能够解决这些问题,即便不叫"宪政",也没有关系,我们没有必要在这些名词上去无休无止地争论。

中国共产党已经成立92周年、执政64年,到了必须认真考虑并切实解决这个重大问题的时候了。正像邓小平同志1980年追问的,我们今天再不健全社会主义制度,人们就会说,为什么资本主义制度所能解决的一些问题，社会主义制度反而不能解决呢？今天我们推进政治体制改革，确立中国特色社会主义宪政，顺理成章，水到渠成。应该做好组织规划和顶层设计，把宪政建设当成科学问题，以实事求是的科学态度来对待。要有紧迫感和责任感，有时间表和路线图，在较短时间内完成这项艰巨任务，并用宪法法律确定、稳定下来，然后保持长期不变。切不可患上"改革疲劳症"，把改革的时间拉得太长，让人感觉遥遥无期，失去信心。我们已经改了30多年，不能再改30多年，把改革当成家常便饭，永远改下去。如果政治体制和宪法规则长期处于不确定、不稳定状态，很难长治久安！

尽管英国宪政民主的确立是渐进的，但是到了应该发生质变的时候，他们即刻抓住机会，临门一脚，毕其功于一役，其实只用了不到两年时间（1688—1689）就确立了君主立宪政体。美国制定宪法，确立宪政体制，只用了短短四个月时间（1787年5月至9月），即便加上13州批准宪法草案的时间，也就不到三年时间（1787—1789）。英美宪政体制改革一旦完成、确立，就进入几百年的政治稳定期。这里，我们不是学习英美宪政的内容，而是借鉴其确立宪政的方式方法和坚决果断的态度。

我们很庆幸我们的人民和历史对我们如此宽容大度，再次给我们提供了新的契机。这一代中国共产党人应该以政治家时不我待、壮士断腕的勇气和胆识，以对人民和历史高度负责的精神，大胆推进政治体制改革，建设社会主义宪法政治，完善我国的宪政体制，带领中国人民和中华民族走出几千年循环往复、兴衰更替的历史周期率，真正为天地立心，为生民立命，为万世开太平。只要全党上下统一思想，坚定意志，精心规划，全力推动，不动摇，不放弃，不达目的决不罢休，我们就一定能够抓住稍纵即逝的历史良机，完成中华民族自己的社会主义宪政伟业！

（原载《人民论坛·学术前沿》，2013年总第31期8月上）

第二编 依法治国与公平正义

通过法治实现公平正义

李 林

(中国社会科学院法学研究所)

一、何谓法律意义上的公平正义

公平正义是社会主义的核心价值,是法治中国的灵魂。全面推进依法治国应当以促进公平正义、增进人民福祉为出发点和落脚点。那么,什么是法律意义上的公平正义?

公平正义是人类社会恒久存在的价值哲学问题之一,也是人类社会生活中最有争议和歧见的问题之一。古往今来,人们思想认识关涉的几乎所有价值评判问题,人们社会活动追求的几乎所有利益和权利问题,人们社会行为引发的几乎所有关乎是非曲直的裁断问题,都与公平正义具有高度相关性。究竟何谓公平正义(公平、公正、正义)?不同历史时期、不同社会群体、不同学科理论、不同学派学者、不同阶级阶层、不同利益立场和观察视角等等,都有着不同的界定和解释,有些甚至有着截然相反的界定和解释。正如奥地利著名规范分析法学家凯尔逊所言:"自古以来,什么是正义这一问题是永远存在的。为了正义的问题,不知有多少人流下了宝贵的鲜血与痛苦的眼泪,不知有多少杰出的思想家,从柏拉图到康德,绞尽了脑汁;可是现在和过去一样,问题依然未获解决。"① 美国统一法理学家博登海默也说过:"正义有着一张普洛透斯似的脸(a Protean face),变幻无常、随时可呈不同形状并具有极不相同的面貌。当我们仔细查看这张脸并试图解开隐藏其表面背后的秘密时,我们往往会深感迷惑。"②

在中国语境下,公平正义问题涉及三个关键词:公平、公正和正义。

所谓公平(fairness),一般用于地位相等的人们之间,是一种同位对等性的用语。公平包括公民参与经济、政治和社会其他生活的机会公平、过程公平和结果分配公平等等。

所谓公正(impartiality),通常指社会权威机构和个人在处理社会事务时应秉持不偏不倚、不枉不纵、公而无私的立场和态度。"以法官(仲裁者)和双方当事人所构成的法律关系为例,公平观念侧重于考察双方当事人权利的享有和维护,公正则侧重于对居间者行为公允而无私的要求;公平的核心是平等,同等案件同等对待;公正的核心是无私、中立,它意味着居间者既要不受自身情绪的影响,又要排除外界的任何压力,还要无视当事人双方的任何身份背景等。"③

所谓正义(justice),主要是对政治、法律、道德等领域中的是非、善恶作出的肯定判断。正义是公正的义理,包括社会正义、政治正义和法律正义等。作为道德范畴的正义,它与"公正"是同义,主要指符合一定社

---

① 转引自张文显:《二十世纪西方法哲学思潮研究》,北京:法律出版社1996年版,第575页。
② 〔美〕E. 博登海默:《法理学:法律哲学与法律方法》,邓正来译,北京:中国政法大学出版社1999年版,第252页。
③ 麻宝斌:《社会正义与政府治理:在理想与现实之间》,北京:社会科学文献出版社2012年版,第5页。

会道德规范的行为；作为法律范畴的正义，有时也表述为"公平正义"，包括法律的形式正义与实质正义，主要指符合法律程序规范和法律实体规定的行为，尤其是司法裁判行为。

与此相关联的还有两个词，一个是社会正义，另一个是社会公平。所谓社会正义（social justice），是指"给每个人他（她）所应得"；而所谓社会公平（social fairness），则是指对待人或对待事要"一视同仁"。在这里，社会公正带有明显的道德"价值取向"，它所侧重的是社会的"基本价值取向"，并且强调这种价值取向的正当性。而社会公平则带有明显的"工具性"，它所强调的是衡量标准的"同一个尺度"，即用同一个尺度衡量所有的人或所有的事，或者说是强调一视同仁，用以防止对于不同的人不同的事采取不同标准的情形。至于尺度本身是不是合理、正当的，公平就不予以考虑了。所以，凡是公正的事情必定是公平的事情，但是公平的事情不见得是公正的事情。这是一些学者认为社会公正与社会公平最为重要的区别。

事实上，在有些西方学者看来，"'公平'一词常被用来解释'正义'，但是与'正义'一词的一般意义最为切近的词是'应得的赏罚'。一个人如果给了某人应得的或应有的东西，那么前者对后者的行为便是正义的行为"①。对正义的理解和认识，往往表现为一种"应当"或者"应然"的道德评价。而是否"应当"或者"应然"，则来自于一个社会的文化传统中形成的道德体系。柏拉图认为正义就是"善"，"这种善的概念控制着每个人并且影响到他的灵魂，即使他有了点错误。如果是这样，每种所做的行为就与这种善相一致，并且人性的任何部分受善的控制，那么我们得管它叫正义，这是整个人类生活中最美好的"②。查士丁尼法学总论开篇就宣称："正义是给予每个人他应得的部分的这种坚定而恒久的愿望。"

---

① 〔美〕彼彻姆：《哲学的伦理学》，雷克勒等译，北京：中国社会科学出版社1990年版，第327—328页。
② 〔古希腊〕柏拉图：《法律篇》，张智仁、何勤华译，上海：复旦大学出版社2001年版，第295页。

英国著名法学家哈耶克在《法律、立法与自由》这部鸿篇巨制中用了很大篇幅讨论公平正义问题。在哈耶克看来,"所谓正义,始终意味着某个人或某些人应当或不应当采取某种行动;而这种所谓的'应当'(ought),反过来又预设了对某些规则的承认:这些规则界定了一系列情势,而在这些情势中,某种特定的行为是被禁止的,或者是被要求采取的。"① 换言之,"每个人都应当得到他所应当获得的东西(而不论是善果还是恶果),被人们普遍认为是正义的;然而,每个人应当得到他所不应得的善果,或者被迫承受他所不应蒙遭的恶果,则被人们普遍认为是不正义的。"② 不过,哈耶克对社会正义的概念倾向上是持否定态度的。他说穆勒"把'社会正义'与'分配正义'这两个术语明确视做同义词"。"社会应当平等地对待所有应当平等地获得这种平等待遇的人,也就是说,社会应当平等地对待所有应当绝对平等地获得这种平等待遇的人。这就是社会的和分配的正义(social and distributive justice)所具有的最高的抽象标准;应当是所有的社会制度以及所有有道德的公民的努力在最大程度上聚合在一起,以达致这一标准。"③ 哈耶克指出,"正义、民主、市场经济或法治国这些术语原本有着十分清晰的含义,但是在加上'社会的'这个形容词以后(如社会法治国 sozialer Rechtsstaat),它们却可以被用来意指人们所喜欢的几乎任何一种东西。'社会的'这个术语已成为了政治话语(political discourse)之所以混乱不堪的主要根源之一。"④ 由于"人们在力图赋予'社会正义'这个概念以意义的时候,最为通常的做法就是诉诸平

---

① 〔英〕弗里德里希·冯·哈耶克:《法律、立法与自由》(第二、三卷),邓正来等译,北京:中国大百科全书出版社 2000 年版,第 52 页。
② 〔美〕约翰·罗尔斯:《正义论》,何怀宏等译,北京:中国社会科学出版社 1988 年版,第 225—233 页。
③ 〔英〕弗里德里希·冯·哈耶克:《法律、立法与自由》(第二、三卷),邓正来等译,北京:中国大百科全书出版社 2000 年版,第 118 页。
④ 〔英〕弗里德里希·冯·哈耶克:《法律、立法与自由》(第二、三卷),邓正来等译,北京:中国大百科全书出版社 2000 年版,第 140 页。

均主义的一些理据（egalitarian considerations）"①。而事实上，"我们并不拥有评断正义的肯定性标准（positive criteria of justice），但是我们却确实拥有一些能够告知我们何者是不正义的否定性标准（negative criteria）"②。哈耶克进一步解释说，如果"甲得的多而乙得的少"这种状况并不是某个人的行动所意图的或可预见的结果，那么这种结果就不能被称做是正义的或不正义的……所谓"社会的"正义或"分配的"正义在自生自发秩序中确实是毫无意义的，而只是在一个组织中才会有意义。③ 因为"正义绝不是对那些在某个具体场合中遭遇的利害攸关的特定利益所作的一种平衡，更不是对那些可以确认的阶层的利益所作的一种平衡"④。在哈耶克看来，"正义是人之行为的一种属性"，只有人的行为才存在正义与不正义的问题——"严格地说，唯有人之行为才能被称之为是正义的或不正义的。如果我们把正义与不正义这两个术语适用于一种事态，那么也只有当我们认为某人应当对促成这一事态或允许这一事态发生负有责任的时候，这些术语才会有意义。一个纯粹的事实，或者一种任何人都无力改变的事态，有可能是好的或坏的，但却不是正义的或不正义的。""把'正义'这一术语适用于人之行动以外，或支配人之行动的规则以外的种种情势，乃是一种范畴性的错误。"⑤

美国著名政治思想家罗尔斯在《正义论》一书中主张，对所有的社会基本价值——自由和机会，收入、财富和自尊的基础——都要平等地分配，除非对其中一种或所有价值的一种不平等分配合乎每一个人的利益。

---

① 〔英〕弗里德里希·冯·哈耶克：《法律、立法与自由》（第二、三卷），邓正来等译，北京：中国大百科全书出版社2000年版，第142页。
② 〔英〕弗里德里希·冯·哈耶克：《法律、立法与自由》（第二、三卷），邓正来等译，北京：中国大百科全书出版社2000年版，第65页。
③ 〔英〕弗里德里希·冯·哈耶克：《法律、立法与自由》（第二、三卷），邓正来等译，北京：中国大百科全书出版社2000年版，第53页。
④ 〔英〕弗里德里希·冯·哈耶克：《法律、立法与自由》（第二、三卷），邓正来等译，北京：中国大百科全书出版社2000年版，第60页。
⑤ 〔英〕弗里德里希·冯·哈耶克：《法律、立法与自由》（第二、三卷），邓正来等译，北京：中国大百科全书出版社2000年版，第50页。

基于这种正义理念，他提出了两个正义原则：一是平等自由原则；二是差别原则和机会的公正平等原则。第一个原则不难理解，而差别原则是指分配的正义要"合乎最少受惠者的最大利益"。正义通过包括立法在内的各种制度的合理分配而得到实现。分配的价值取向是实现正义，而正义的外在形式就是公平的利益——有形的或无形的各种利益。显然，罗尔斯把形式正义和实质正义对应起来理解，认为形式正义就是"类似情况得到类似处理，有关的同异都由既定规范来鉴别。制度确定的正确规范被一贯地坚持，并由当局恰当地给予解释。这种对法律和制度的公正一致的管理，不管它们的实质性原则是什么"①；形式正义在内容上包括"应当意味着能够"、"类似情况类似处理"、"法无明文不为罪"、保护司法诉讼正直性的自然正义观的准则，则形式正义也就是法治。

我国学者卓泽渊教授指出，公正可能被理解为公平的同义语，也可能被理解为正义的同义语，或者被理解为公平正义的统称。在汉语中，公平与正义或许有较大的差别。公平似乎更侧重于居于相对关系人之外的裁判主体或裁判规则的合理性与公允性。正义似乎更侧重于终极的合理性与合道义性……在有关辞书中常常可以见到的是，将公平、正义，或者公正、公平并列。② 鉴于中文的语言习惯和本文行文的方便，在本文的讨论中一般不对"正义、公平正义、公正"几个词语作出区分，但特别需要时除外。

既然"我们没有任何关于什么是公正什么是不公正的结论性知识"③，"既然没有人能够确定何者为正义者，那么就必须有人来决定何者为合法条者"④，就必须由法律来确定公平正义的具体内容、行为方式、权利义务

---

① 〔美〕约翰·罗尔斯：《正义论》，何怀宏等译，北京：中国社会科学出版社1988年版，第54页。
② 卓泽渊：《作为和谐社会法治价值的公正》，见李林等：《构建和谐社会的法治基础》，北京：社会科学文献出版社2013年版，第161页。
③ 〔英〕麦考密克、〔奥地利〕魏因贝格尔：《制度法论》，周叶谦译，北京：中国政法大学出版社1994年版，第266页。
④ 〔英〕弗里德里希·冯·哈耶克：《法律、立法与自由》（第二、三卷），邓正来等译，北京：中国大百科全书出版社2000年版，第71—72页。

标准等,并通过法律方式、法律程序来实现公平正义。

与道德意义上的公平正义相比,法律范畴或者法律意义上的公平正义具有以下特点:其一,明确性。法律意义上的公平正义在主体、客体和内容等方面都是明确清楚的,谁享有权利、承担义务,如何履行职责、实施行为,法律关系的形成与变更等等,都有明确的法律依据;其二,规范性。法律意义上的公平正义是由国家宪法、法律、行政法规或者地方性法规予以抽象概括、具体表述和明确规定的,通常表现为权利与义务、权力与责任、利益与行为等等,法律规定和法律依据是公平正义的根本准据,也是区分公平正义与非公平正义的根本标准;其三,统一性。法律意义上的公平正义坚持法治统一和法律面前人人平等原则,在一国主权的范围内、在法律效力所及的领域内对所有主体都一视同仁,司法机关对类似的情况作出类似处理,除法律规定外不允许任何特权和特殊利益存在;其四,可诉性。法律意义上的公平正义是明确、具体和可预期的,法律关系主体在认为其受到不公平不公正对待时,认为其权利受到侵害时,可以也应当依法通过司法诉讼程序寻求救济,法院是实现法律意义上公平正义的最后一道防线。

二、为何要通过法治实现公平正义

在西方法律文化中,法是关于正义与不正义的科学,正义则是法追求的最高价值。西语中的正义"JUS"是个多义词,有公正、公平、正直、法、权利等多种含义,是指具有公正性、合理性的观点、行为、活动、思想和制度等。正义的最低要求是,分配社会利益和承担社会义务不是任意的,要遵循一定的规范、程序和标准;正义的普遍性要求是,按照一定的标准(如量的均等、贡献平等或身份平等)来平等分配社会利益和义务;分配社会利益和义务者要保持一定的中立。正义也可以用来表达安全、秩序、和谐、宽容、尊严、幸福等美好的个人和社会的伦理状态。在这个意义上讲，人类社会之所以需要法律和法治文明，一个重要原因，就是要追求和保障正义价值目标的实现。

在西语中，英语的"Law"，拉丁文的"ius"和"lex"，法文的"droit"和"loi"，德文的"recht"和"gesetz"等，都可以用来表述法或法律，而"ius, droit, recht"等词语不仅有"法"的意思，还兼有权利、公平、正义等内涵。可以说，在西方话语中，法或法律与公平正义具有与生俱来的内在联系，甚至认为法是正义的工具，如亚里士多德说："要使事物合于正义，须有毫无偏私的权衡，法恰恰是这样一个中道的权衡。"①古罗马法学家赛尔苏斯则说："法是善良公正之术。"

在我国，法亦具有公平正义的含义。据《说文解字》的考证，汉语中"法"的古体是"灋"。"灋，刑也，平之如水，从水；廌，所以触不直者去之，从去"②。从这一解释可以看出，"灋"字"平之如水，从水"，表明法有"公平"之意或公平之象征；"廌，所以触不直者去之，从去"，表明法有"明断曲直"之意或"神明裁判"之威严。何谓法律？管子说："尺寸也，绳墨也，规矩也，衡石也，斗斛也，角量也，谓之法"；③"法者，天下之仪也。所以决疑而明是非也，百姓所悬命也。""法律政令者，吏民规矩绳墨也"；④"法者，民之父母也"；⑤墨子说："百工为方以矩，为圆以规，直以绳……故百工从事，皆有法所度。"孟子说："不以规矩，不能成方圆。"《商君书》说："法者，国之权衡也。"

由上观点可见，在中西方的法律文化中，法或法律是评判和认定曲直对错、合法与非法、违法与犯罪、权利与义务、责任与惩罚等的根本依

---

① 〔古希腊〕亚里士多德：《政治学》，吴寿彭译，北京：商务印书馆1981年版，第169页。
② 转引自《梁启超全集》，北京：北京出版社1999年版，第1258页。
③ 《管子·七法篇》。
④ 《管子·七主七臣篇》。
⑤ 《管子·法法篇》。

据，是化解矛盾纠纷的规矩和准绳，法或法律都不仅具有规范性、明确性和可操作性等行为特征，而且具有与公平正义、理性自由等相联系的价值特征，是把道德意义上不确定的公平正义通过法律予以具体化、条文化、规范化、统一化和标准化的重要制度安排。

在当今中国社会，我们常常看到以下情景：在城市，某些违章建筑被行政执法机关依法拆除后，当事人却堂而皇之地打出"讨公道、讨人权、讨正义"的标语对抗行政执法行为，要求予以赔偿并恢复原状；在农村，某农村支部书记在上个世纪50—60年代因为挪用公款赌博被撤职、开除党籍，今天不仅要求政治上平反而且要求赔偿50多年来的"经济损失"，包括他可能担任更高职务的"经济损失"；在大学，没有评上高级职称的人有意见，因为他们认为领导和评委对他们不公，评上高级职称的人也不满意，因为他们觉得自己早就应当得到这个职称了；在政府机关，得到提拔使用的人不满意，因为他觉得其同学比自己差但在若干年前人家就担任这类职务了；没有得到提拔使用的人更不满意，因为他觉得自己没有功劳也有苦劳，没有苦劳还有疲劳；在商界，赚了钱的"大款"不满意，认为自己太辛苦，没有后台和靠山，挣的是"辛苦钱"、"血汗钱"，没有赚到钱的贫民更是不满意，怨天怨地怨政府、仇官仇富仇社会；打赢官司的当事人抱怨法官狠、律师黑、诉讼费贵、诉讼程序繁琐，打输官司的当事人则认为司法不公、司法腐败、法官贪赃枉法；有些人端起碗吃肉、放下碗骂娘，边享受改革开放的成果、边诅咒政府和社会；有些人房价涨了要骂娘，房价跌了要闹事……在我们社会公平正义的利益蛋糕面前，似乎满意的人越来越少，知足的人越来越少，而骂娘的人、闹事的人、不满的人越来越多。在这些表象和乱象的背后，原因是复杂而多方面的，但其中多数都涉及社会公平正义的价值评判错乱和价值认知偏狭的问题。哈耶克早就注意到"社会公平正义"提法的社会局限性问题了，他形象地描述道："一个护士与一个屠夫、一个煤矿工人与一个高级法院法官、一个深海潜水员与下水道清洁工、一个新兴产业的组织者与一个职业赛马骑师、一个税务检察官与一个发明救命药物的人、一个飞机驾驶员与一个数学教授,他们的相对酬报应当是多少呢?如果我们提出这样的问题,那么显而易见,诉诸'社会正义'根本不可能为我们解决这个问题提供帮助。"[1]

现在我国社会上有各种个人甚至群体,他们以"社会公平正义"为道德旗帜和正当性理由,"理直气壮"地向以政府为代表的"社会"提出五花八门的诉求,例如,如果员工下岗失业了,提出的诉求往往是要工作、要工资、要补助、要福利或者要补偿等等;如果官司打输了,提出的诉求往往是讨公道、要人权、要正义、要法治、要严惩某某法官、要改判或者要撤销判决等等;如果因为拆迁得到的补偿不满意,提出的诉求往往是取消拆迁、大幅度增加补偿款、拆迁安置、解决就业或者严惩贪官等等;如果由于在就业、工资、福利、医疗、养老等领域自认为受到不公正等待,往往直接针对所涉及的就业、工资、福利、医疗、养老等提出经济利益方面的诉求,如不能遂愿则可能升级为反对"贪官"、反对政府、反对体制、否定某项(些)政策和法律等政治诉求。在所有这些以"社会公平正义"为旗号提出的诉求中,涉及一个核心问题,就是何谓"社会公平正义"?对此,国家和社会并没有统一的道德标准,更没有客观公认的统一标准,因此,每个人或每个群体都可以"社会公平正义"为由,向政府或者社会提出自己的诉求,而无论这些诉求是否正当合理、是否有法律和政策依据。尤其是,在"法不责众"等消极观念的影响下,当愈来愈多的人参与到诉求的队伍里,要求得到社会公平正义的时候,似乎他们诉求的正当性、合理性与合法性也会随着人数的增多而得到相应的强化。这种"人多则正当性与合理性就多"的所谓逻辑,在以往发生的许多颇具规模的群体性事件中,被一再使用甚至复制推广,以致成为某种负能量的"社会共

---

[1] 〔英〕弗里德里希·冯·哈耶克:《法律、立法与自由》(第二、三卷),邓正来等译,北京:中国大百科全书出版社 2000 年版,第 135 页。

识"。

  随着我国全民普法工作的深入和公民维权"运动"的兴起，随着"小闹小解决、大闹大解决、不闹不解决"这种"闹而有理、闹而有利"行为方式的不胫而走，社会公平正义这一崇高价值概念在不断提升国人的道德情操和伦理认知的同时，也常常被引入误区或者用于歧途，成为种种挑战政治权威和法治秩序的"借口"或者"理由"，成为一切有悖法治公平正义的庇护词甚至道德武器。

  从另一个角度看，即使在某些公权力行为存在瑕疵的情况下，如执法方法不恰当、拆迁补偿偏低偏少、司法程序不透明、量刑偏轻偏重，以及执行政策法律有误差或者不及时、不到位等等；即使在改革转型期利益调整受到影响的情况下，如由于改革发展过程中政策调整、法律修改、标准变化、企业改制、单位撤销、市场风云等导致个人利益受影响等等，当事人的诉求也应当符合法治精神和平衡性原则，即在于法有据的前提下，权益受损的程度与诉求要达成的目标应当相适应、相平衡，而绝不能漫天要价、小闹小得利、大闹大得利、不闹者吃亏。

  鉴于价值哲学上的公平正义主要是一种道德判断和伦理追求，常常见仁见智、莫衷一是，具有极大的主观性、随意性和不确定性；鉴于当下中国多元社会中人们对社会公平正义的理解和诉求的多样性、复杂性和多变性；鉴于当代中国市场经济刺激并鼓励人们合法地追求经济利益和其他利益的最大化，由此必然带来价值多元和利益冲突；鉴于深化改革和社会转型必然引发各种社会矛盾和社会冲突多发、高发和频发，而矛盾和冲突的各方都高擎"社会公平正义"的旗帜试图占领道德的制高点，以证明和支持自己行为的正当性；鉴于政府、社会和公民对于社会公平正义的理解，由于他们各自角色和角度的不同，往往相去甚远，甚至大相径庭……鉴于当下中国社会缺乏对"公平正义"的基本共识和评判标准的现状，应更加重视通过法治实现公平正义。

应当承认，法治社会的公正具有相对的价值属性。这是因为：第一，人们对公正的认识是相对的，多数人认为是公正的，少数人却可能不以为然；一种文化认为是公正的，另一种文化却可能不以为然；此时人们认为是公正的，彼时却可能不以为然。或者反之，或者还有其他评判。第二，利益的矛盾关系使立法者在适用公正原则时一般只能做到形式上（即程序上）的公正，而不能保证事实上的完全公正。程序公正通常是预先设定的。在一个民主和法治的社会中，程序在先要经过民众的讨论和多数人的同意，形成为分配利益的规则，然后按照规则（法律）面前人人平等的原则，适用程序，进行具体地利益分配。在规则（程序）形成前，讨论的民主性、讨价还价的可能性、利益表达的多样性等，是它们的主要特征；在规则（程序）形成后，规则的公开性和普遍性、规则的确定性和抽象性、适用规则的平等性和一致性，构成了它们的主要特征。第三，公正的前提不一定必然导致公正的结果，而不公正的结果往往是由不公正或者公正的前提所致，立法所能作为的，不是试图完全消弭这种前提与结果之间的差距，不是直接把立法的公正前提与适用立法的公正结果统一起来。任何立法对于这样的价值目标都将是无能为力的，它只能存在于理想之中。立法所能做的，只能用预防和补救的方法来缩小它们的差距，却不可能做到两全其美。例如，当国家立法保证私有财产的合法性与不可侵犯性时，对于那些无产者和少产者而言，这种规定的不公平在于法律只提供了一种可能性，或者一种很大的可能性，而事实上却是将那些无产者排除在外的；这一规定对于少产者也是存在折扣的。在这种情况下，如果立法要有所作为，就可以通过税收、社会福利、再分配等机制，使国家在保障私有财产权的同时实现社会财富相对共享的结果公平正义。第四，人们个性的差异和需求的不同，对同样的结果也会有不同的甚至是迥异的认知。因此，表现为公平的正义只能不断接近完全意义上的正义，而不能做到绝对的正义。立法者所追求的也只能是一种相对的公正。显然，立法者理解的公正，对于多数人来说可能就是不公平、非正义的。对公正标准评判的主观性与客观性、自在性与他在性，都会程度不同地影响人们对公正结果的感受和判断。

故此，法治社会追求的公正是一种相对的公正、程序的公正、规则的公正。法治社会主张事实的公正、结果的公正，但不能保证一定能够实现这种公正；法治社会追求权利的公正、机会的公正、规则的公正、过程的公正、程序的公正，只要全面推进依法治国，切实做到科学立法、严格执行、公正司法和全民守法，做到良法善治和保障人权，就一定能够实现权利、机会、规则、过程和程序的公正。

法治社会追求的公正是具体的、相对的、有法律依据并能够得到法律程序保障救济的公正。在法治社会中，任何人都不应当抽象地主张公正，不应当脱离法律规则去追求公正，更不应当以破坏法治秩序的方式或者损害他人权利的方式去寻求公正的实现。

"面对人的不完善性，我们在一定程度上是从程序的角度来阐释法治的，这些程序的目的并不是为了确保绝对的正义得到实现，而是为了防止最糟糕的不正义。在政治哲学中，'披着外衣'的是不正义而不是正义，这是因为，作为会犯错误的人，我们无力事先说出什么样的判决将始终是正义的，再者，由于我们生活在自私的人当中，所以我们也无力始终如一地保证正义将得到实现；据此，从明确性这个角度来考虑，我们采取一种否定性的认识进路，并确定一些程序以避免某些可能产生的不正义现象，而不是去追求各种形式的正义。"[①] 通过法治实现公平正义：一要充分发挥法治的功能，重构我国社会公平正义的基本评判体系。法律是体现为国家意志的普遍行为规范，是社会利益和社会资源的分配器。应更加重视发挥法治的社会价值评判向导和社会行为圭臬的基本功能，把公众对于公平正

---

① 〔英〕弗里德里希·冯·哈耶克：《法律、立法与自由》（第二、三卷），邓正来等译，北京：中国大百科全书出版社2000年版，第101页。

义的利益诉求纳入法治轨道。应通过科学立法,把抽象合理的公平正义诉求转化为具体明确的法定权利或权益;通过严格执法和公正司法,保障公众的合法权益。公众应通过法治方式,依法维护和实现自己表现为法定权利或权益的公平正义。在充分发扬民主、全面了解公众各种利益诉求的基础上,归纳、开列"应然权利"清单,把公众关于公平正义的利益诉求系统化和明晰化。根据国家和社会资源情况,区分轻重缓急,通过民主立法程序将清单中"应然权利"逐步转化为法定权利,把公众对于公平正义的利益诉求引导上权利和法治轨道。二要通过公平公正的实体法,合理规定公民的权利与义务、合理分配各种资源和利益、科学配置各类权力与责任,实现实体内容上的分配正义。三要通过民主科学有效的程序法,制定能够充分反映民意并为大多数人接受的程序规则,从程序法上来配置资源、平衡利益、协调矛盾、缓解冲突,实现程序规则上的公平正义。四要在发生矛盾纠纷等利益冲突问题时,尽可能通过包括司法程序在内的各种法治程序、法治机制来解决,实现法治的实体与程序公正,至少是法治程序的公正。

三、通过民主科学立法把公平正义的道德诉求法律化

立法是人民意志的汇集和表达,立法的主要功能在于合理分配社会利益,调整社会利益关系。立法通过民主的方式和法定程序,合理配置社会资源、分配权利与义务、明确权力与责任等实体性利益安排,通过立法规定相关程序、制定行为规则、划定行为界限、明确行为方式等等,实现通过立法分配正义的目的。亚里士多德的正义论认为,立法的过程就是分配正义。哈耶克则强调指出:"正义的标准应当通过立法来决定。"① 因为

---

① 〔英〕弗里德里希·冯·哈耶克:《法律、立法与自由》(第二、三卷),邓正来等译,北京:中国大百科全书出版社2000年版,第135页。

"人们认为,立法机关的意志决定着何谓正义的问题,而且也同样是因为人们相信,所有能够由立法决策予以决定的事情都必定是一个有关正义的问题"①。

现代社会为了达成立法的分配正义,需要通过科学合理的立法程序,充分发扬人民民主,允许各种利益阶层和群体参与到立法中来,充分有效地表达他们的利益诉求和意见主张,同时倾听别人的利益诉求和意见观点,在立法过程中各种社会力量和社会利益充分博弈,最后相互妥协、形成共识,写进法律条文中。"真正的和真实的意义上的'公平'乃是所有法律的精神和灵魂。实在法由它解释,理性法由它产生……制定法之下的公平原则就是同等地对待同类案件,制定法之上的公平原则就是根据人的理性和情感而作出的公平的判决。"②

主张以正义为立法内在价值的西方学者如亚里士多德和罗尔斯,尽管他们对"正义"的解释不尽一致,但他们都承认有一种价值尺度作为立法的依据,立法不过是公正的法律化过程。一些坚持自然法学说的西方学者把理性、公平或者平等视为法律的内在价值,而立法只是遵循并且再现这些价值原则的具体活动。把属于道德哲学范畴的价值观运用于立法和对法律的评价,是支持立法价值论的主要特征。因为在立法过程中对行为价值的认同或排斥、对社会关系的价值定位,都显现了人们对社会道德观念和价值取向的要求。主张以利益作为立法内在价值的功利主义,实质上是把利益需要当做一种核心的价值尺度来要求和评判立法活动,并以立法对"最大多数人的最大利益"的确认为其价值取向。西方社会关于保障人权与为某种目的而限制自由的价值冲突,关于妇女堕胎权与胎儿生命权的价值冲突,关于公共安全需要的窃听与通讯自由的价值冲突,关于持枪自由

---

① 〔英〕弗里德里希·冯·哈耶克:《法律、立法与自由》(第二、三卷),邓正来等译,北京:中国大百科全书出版社 2000 年版,第 49—50 页。
② 〔美〕金勇义:《中国与西方的法律观念》,陈国平、韦向阳、李存捧译,沈阳:辽宁人民出版社 1989 年版,第 79 页。

与保障生命权的价值冲突,关于隐私权与公共安全的价值冲突,关于言论自由与诽谤他人的价值冲突,关于病人安乐死的诉求与医生救死扶伤的道德和法律义务的价值冲突等等,都围绕着公正这个核心价值展开。可以说,法律作为社会关系的调整器,最重要的功能之一,就是如何通过立法调整各种价值冲突,实现法律意义上的公平正义。

马克思主义认为,法律是一定经济关系的体现,而"每一个社会的经济关系首先是作为利益表现出来的"[①],"无论是政治的立法或市民的立法,都只是表明和记载经济关系的要求而已"[②]。经济关系在一定意义上可以归结为利益关系,这种利益关系明显地影响、制约或推动着立法的价值判断与选择,成为促使立法者产生立法愿望的动机和引导立法者实施立法行为的价值目标。立法要在诸种利益之间求得平衡,就应当引入更高形态的标准即公正的价值标准,用公正来确定各种利益的归属,使利益的分配达到各方基本能接受的程度。同时,如果只注重立法的利益价值,就可能滑向功利主义一边,使立法的利益价值发生难以容忍的倾斜。通过立法对私有财产的过分偏袒,导致"贫者愈贫,富者愈富"的两极分化,就是实例。在我国,贫富分配不公正、两极分化的现象同样存在。从立法价值上分析,"让一部分人先富起来"的利益倾斜,尽管也强调了通过劳动依法致富。但是,由谁来"让",由政府还是市场?进一步追问:由政府根据什么规则来"让"以及由市场按照什么机制来"让",结果都可能是截然不同的。如果政府偏私,例如制定了"部门保护主义"的立法,或者具有"地方保护主义"色彩的立法,或者立法时失察——"好心办坏事",或者立法被个别利益团体操纵而导致"倾斜"等等,那么,这些立法让"一部分人"富起来,很可能就会有腐败,官僚主义,或者"以立法谋私"等的嫌疑。在很多情况下,社会存在的贫富分化正是由于立法和某些制度政策

---

① 《马克思恩格斯选集》第二卷,北京:人民出版社1995年版,第209页。
② 《马克思恩格斯全集》第4卷,北京:人民出版社1958年版,第121—122页。

造成的。因为所依之法如果失之公允,就可能正是立法导致了这种不公正现象的发生。所以,依法致富并不能完全保证利益分配的公正。只有符合公正价值要求的立法,才能使立法的利益价值得到恰当分配,进而保证"通过劳动依法致富"具有更明确的合理性和真正意义上的合法性。

民主立法是利益博弈的讨价还价的过程,因此"人们可以坦率地到立法机构去谈利益"[①]。即使由市场决定性地分配利益,也需要公正的立法来调控。市场本身具有按照价值规律分配利益的功能,但市场的内在动力是利益最大化,甚至是"唯利是图"。市场分配利益只提供了分配的原动力和某些计算标准,但不能保证分配利益的过程及其结果是社会普遍接受的公正。只有通过事前经充分表达意志、讨价还价、相互妥协等社会协商机制,使人们达成相对公正的价值共识,再把这种共识规范化、法律化,依据这样的法律规则和既定的程序来进行市场分配,或许才可能有这个社会评价认可的市场分配利益的公正。

立法是建设法治中国、实现良法善治的前提,是党的主张与人民意志相统一并转化为国家意志的体现,是通过立法分配正义为实现社会公平正义提供法律准据的过程。我国法律体系的如期形成,为建设法治中国构建了坚实的法律基础,为全面推进严格执法、公正司法和全民守法提供了较好的前提条件。但是,我国立法不当问题的存在,致使部分法律制定后不能用、不管用、难执行、难适用、难遵守,某些法律甚至形同虚设。导致这些现象的原因在于:一是重立法数量轻立法质量、重立法效率轻立法民主、重立法形式轻立法实效,甚至将立法当做某些地方的政绩工程,只管立法不管法律法规是否能够有效实施。二是存在行政部门主导立法、特殊利益群体牵制立法、国外大公司财团渗透立法等现象,在一定程度上影响了立法的公正性、权威性和公信力。立法过程中"行政权力部门化、部门权力利益化、部门利益合法化"的问题依然存在,一些明显带有部门或特

---

① 〔美〕弗里德曼:《法律制度》,李琼英、林欣译,北京:中国政法大学出版社1994年版,第265页。

殊集团利益痕迹的立法，把畸形的利益格局或权力关系合法化。三是公民和立法利害关系人参与立法的体制、机制、程序、多样性、有效性、常态化等与民主立法的要求还有相当差距，公民大众和社会组织在立法过程中常常成为"立法弱势群体"，导致有些立法难以充分反映和体现民意。四是存在"消极立法"、"被动立法"、"和稀泥立法"、"避重就轻立法"等现象，立法主体不敢、不会、不愿用立法重器在问题矛盾的难点或焦点上砍一刀，法律"一出生"就给严格执法、公正司法和全民守法留下瑕疵和隐患。五是立法备案、裁决、审查制度运转不理想，立法监督机制不健全，立法冲突现象依然存在，影响法律适用与立法权威。六是人大代表在素质能力、行为方式、利益诉求、政治伦理等方面出现的新变化新情况，使某些地方立法在坚持立法为民、体现党的主张与人民意志相统一等方面呈现复杂情况，因此可能产生的"立法腐败"苗头值得警惕。

通过民主科学立法实现公平正义，应当转变立法观念和立法模式。立法应当充分代表民意、体现民利、反映民情，公平公正地解决社会问题、分配社会利益，防止立法中的部门保护主义、地方保护主义和立法不公，防止把畸形的利益格局或权力关系合法化，警惕立法权力滋生的腐败，从制度和规范的源头上维护人民利益。应当从以经济建设为中心的立法观，转变为经济政治社会文化全面协调发展的立法观；从片面追求立法数量而忽视立法质量和实效的立法观，转变为立法质量和实效第一的立法观；从过于重视法律创制的立法观，转变为法律制定、修改、补充、解释、清理、废止、编纂、翻译并重的立法观。要充分发挥宪法解释和法律解释在推动宪法和法律实施中的辅助作用。应当从"成熟一部制定一部、成熟一条制定一条"的"摸着石头过河"的立法模式，向加强领导、科学规划、顶层设计、协调发展的立法模式转变。从立法项目选择的避重就轻、拈易怕难向立法就是要啃硬骨头、迎难而上、攻坚克难转变，使立法真正成为分配社会利益、调整社会关系和处理社会矛盾的艺术。

与此同时，应当努力推进民主立法，扩大不同利益群体公开主张、表达利益的渠道，使公众充分表达自己的立法意志和利益诉求，通过立法博弈实现公正立法。应当建立和完善更加广泛的立法草案向社会公开征求意见的制度，对涉及公众利益的立法事项，原则上都应当向全社会公布，并建立意见采纳情况的说明和反馈制度。完善立法听证制度，对影响重大、关系公众切身利益的重大立法事项，要通过举行听证会的方式充分听取意见，确保法律草案涉及的利害关系人全面参与立法、有效开展立法博弈，保证公众立法诉求的充分表达和宣泄。推行律师和法学专家为法律草案涉及的利害关系人提供专业立法咨询、参与立法听证等立法援助的制度。推进立法公开，建立人大常委会、专门委员会审议法律草案、地方性法规草案的立法旁听制度，旁听代表有权发言，保证公众对立法的知情权和监督权。

立法用公正原则来处理各种利益矛盾关系。立法不是为了利益而分配利益，而是为了实现正义而分配利益，是以公正为尺度来分配、评价利益的分配。因此，立法者在设计、考虑不同利益的倾斜或平衡时，必须符合公正的价值要求。正如保罗·A.弗罗因德所言："法官所奉行的标准是：一致性、平等性和可预见性；而立法者所奉行的标准则是：公平分享、社会功利和平等分配。"① 立法的过程，无论如何都是立法者协调利益、平衡关系、调解矛盾、减少冲突的过程，是各种价值凸显与妥协的过程。除非在比较极端的情况下，否则立法者的一意孤行必然是要碰壁的。

民主科学立法保证公平正义，应当注意以下几个原则：（1）自由原则。立法是集中人民意志的过程。立法所要分配的利益涉及全体人民或部分人民，应当认真听取他们的意见和建议，尊重他们选择自己利益的方式和结果，保障人民意志得以充分、自由地表达。（2）兼顾原则。当不同利

---

① 〔英〕弗里德利希·冯·哈耶克：《法律、立法与自由》（第一卷），邓正来等译，北京：中国大百科全书出版社2000年版，第197页。

益处于一定的矛盾的时候,立法者的价值选择应当兼顾利益分配所涉及的各个方面。尽管其中应当有轻重、主次、先后之别,但都应对各种利益给予合理的兼顾。(3)公正原则。努力在价值选择的方式和结果中给予公平地对待,既维护形式的公正,也维护结果的公正。(4)必要的差别原则。在价值选择的分配中,如果确有充分而必要的理由,如为了国家安全而限制公民的某些自由,可以也应当适用差别对待的原则。但在保证最大多数人的最大利益的同时,要对利益受损的处于少数的一方予以适当救济。当然,具体适用这些原则是十分困难的,还需要通过对特定利益的价值选择而将原则作进一步分析,才可能使之具有较现实的意义。例如,个人利益与国家利益是一对既相互矛盾又相互依存的利益关系,立法者如何在它们之间进行公正的价值选择?从总体上来说,以个人为本位或是以国家为本位的价值观,是实施该项价值选择的基本前提。如果这个前提被认为是绝对的、不可调和的,那么对个人利益与国家利益进行价值选择就可能是多余的。问题恰恰在于,无论以何者为本位,任何立法者都不可能忽视另一方的利益所在。个人利益和国家利益都不是抽象的。个人利益可以分为人格利益和物质利益,国家利益也能分为主权利益和经济利益(这些利益还可以进一步细分并且量化)。通过对个人与国家两种利益的划分,似可进行这样的定性比较选择:在以国家为本位的体制下,国家的主权利益优于个人的人格利益,国家的经济利益优于个人的物质利益和人格利益。但在定量的比较选择时,就不能一概而论了。如果把国家经济利益与个人物质利益放到民事法律关系中,则更应当遵循平等、自愿的原则来进行立法的价值选择。

四、通过实施法律实现公平正义

2011年中国特色社会主义法律体系形成后,我国法治建设的主要任务从以立法为中心转向维护宪法和法律的权威，全面有效实施法律成为推进依法治国的中心工作。实施法律也称法的实施，是指法律规范的要求通过法律执行、法律适用、法律遵守、法律应用、法律运用等各种形式在社会生活中得以实现的活动。实施法律是依法治国、建设法治中国的重要环节，是实现立法公平正义宗旨和目的的具体体现，重点应当通过严格执法、公正司法和自觉守法实现公平正义。

（一）通过严格执法实现公平正义

如果说，立法机关是以表达人民意志为主要功能的话，那么，行政机关就是以执行国家意志（当然包括人民意志和执政党意志）的法律为主要功能。[①] 在我国，"吃皇粮"公职人员的百分之七十是行政机关公务员；我国法律的百分之八十是由行政机关及其公务员执行的，因此，依法治国，实现人民意志和执政党执政意图的关键，是严格执法，切实做到依法行政。

现代政治理论认为，在国家与个人、政府与公民的关系中，如果发生矛盾或者冲突，作为个人的公民总是处于弱者的地位，而强大的行政权最容易对公民造成侵害。人民对政府的监督，最有效的办法是要求政府依照汇集了人民意志的法律来行使行政权力，使政府的抽象行政行为和具体行政行为都纳入制度化、法律化的轨道。依法治国所强调的依法行政，通常包括以下要求："1. 行政权的作用，不得与法律相抵触；2. 没有法律依据，不得使人民承担义务，不得侵害人民的权利；3. 没有法律依据，不得免除特定人应负的义务，不得为特定人设定权利；4. 在法律听任行政作出自由裁量的场合，其决定不得超过法律规定的范围和界限。"[②] 行政机关有

[①] 〔美〕F. J. 古德诺：《政治与行政》，王元译，北京：华夏出版社1987年版，第9页。
[②] 刘瀚等：《依法行政论》，北京：社会科学文献出版社1993年版，第32页。

违法或不当行为,对公民、法人和其他组织的合法权益造成损害的,当事人有权申请复议或直接向法院起诉,通过行政复议程序和行政诉讼程序纠正其行政违法或不当行为,并对造成的损害予以行政赔偿。只有这样,才能在有效规范行政权力和行政行为的同时,切实保障公平正义的实现。

在现代法治思维下,行政机关及其公务员严格依法办事,自觉推进依法行政,努力建设法治政府,就是最重要、最基本、最有效地维护和实现公平正义。反之,行政机关及其公务员如果存在多头执法、多层执法和不执法、乱执法问题;有令不行、有禁不止、行政不作为、失职渎职、违法行政等行为;少数执法人员知法犯法、执法寻租、贪赃枉法甚至充当"黑恶势力"的保护伞;某些执法机关和执法人员搞钓鱼执法、寻租性执法、非文明执法、限制性执法、选择性执法、运动式执法、疲软式执法、滞后性执法等等;某些行政执法机关和执法人员在征地拆迁等领域,粗暴野蛮执法激化矛盾,甚至引发群体性事件或极端恶性事件等等,所有这些,都是与公平正义背道而驰的。

有人认为,司法权行使追求的是公正,而行政权行使追求的是效率,因此行政权不需要奉行公正。这种观点是不正确的。首先,任何公权力都必须秉持公正原则,这既是人民主权和民主国家对于公权力的基本要求,也是公民利益和基本人权对于国家公权力的基本规定;其次,尽管立法权追求的核心价值是民主,行政权追求的核心价值是效率,司法权追求的核心价值是公正,但是,公正对于立法权和行政权而言,仍是须臾不可或缺的,只是公正在不同国家权力中的排序不尽相同而已,并不表明公正价值的不重要;最后,行政权是最容易并且经常性侵害公民和社会权益的"积极性权力",是引发公权力与私权利、社会权利冲突最多的一种强势权力,只有用人民期待的公正法律原则作为标准和要求,才能有效地将行政权力装进法律制度的笼子里。从某种意义上说,行政权的滥用和不作为,是最容易对公平正义产生严重侵害的,因此,行政权更应当坚持和维护公平正义。

（二）通过公正司法实现公平正义

公平正义的价值概念本属于伦理道德范畴，引入司法领域以后，成为司法的活动原则和对司法的评判标准。西方国家的法院自诩司法公正，常常以宝剑和天平做象征，宝剑代表国家权力的权威，天平象征不偏不倚，公平正义。在我国社会主义制度下，司法公正是社会主义社会对司法的本质要求：司法机关必须以事实为根据，以法律为准绳，严格依法办事，惩罚违法犯罪，保障公民合法权利。"价值观念或事实的冲突必须由某个第三方来解决……法官以明确、全胜或全败的方式对案件作判决，一方胜，一方输……所以第三者必须求助于事实、准则或标准。要约束双方当事人，他必须显得独立、公正并强大。"[①] 司法就是实现公平正义的一种救济方式，一道最后的防线，一切社会矛盾和纠纷在其他途径和方式不能解决时，就要通过司法渠道得到公正处理。

在法律领域，人们的社会利益往往表现为各种权利。当权利受到侵害或者发生损失时，就需要司法予以救济。司法的本质和最终目的在于实现公平正义。相对于立法的分配正义和执法的实现正义来说，司法是矫正正义。就是说，当人们的法定权益受到不法侵害时，在其他救济渠道和救济方式不能奏效时，就应当通过司法途径来消除侵害，矫正权利的错误形态，恢复权利的正常状态，使之回归到法治正义的轨道上。用法治思维来寻求公平正义，就应当充分利用司法制度和诉讼程序，而不是大闹大解决、小闹小解决、不闹不解决。"人们……要进行诉讼，一方必须把他的利益转变为要求，而以权利要求或事实争议的方式表达这要求……法院中的许多要求仅仅是利益的要求，在纸上转变成权利的要求。"[②] 应当"区别

[①]〔美〕弗里德曼：《法律制度》，李琼英、林欣译，北京：中国政法大学出版社1994年版，第264—265页。
[②]〔美〕弗里德曼：《法律制度》，李琼英、林欣译，北京：中国政法大学出版社1994年版，第265页。

两种要求,即利益和权利要求。当两人都想要同样的宝贵东西时,两人就发生利益冲突,如两名男子爱上一名女子;两名政客竞选一个职务;两个城市争办一个会议。利益冲突因稀少而产生。在上面的例子中,双方都有合法的要求……诉讼中,双方当事人都要求同一块土地的所有权。各方在辩护中都坚持他的要求是正确的,对方的要求是错误的,对方对事实或规则有错误看法。辩论以权利,不是以利益的措辞来表达,对事实、准则和'法律'进行辩论。权利要求同利益冲突的区别有后果。对利益冲突,当事人容易达成妥协,对价值观念或事实的冲突较难。在某种意义上,契约是利益冲突的解决。一个人要以低价买一匹马,另一人愿意卖,但价格很高。双方讨价还价,认为已得到可能得到的一切时就达成协议。通常,双方都没有'从道德上卷进去'。法院不解决利益冲突。一方必须把他的要求转变成价值观念或事实的冲突才能进行诉讼。"①

公正司法是维护法律公平正义的最后一道防线。所谓公正司法,就是受到侵害的权利一定会得到保护和救济,违法犯罪活动一定要受到制裁和惩罚。法律具有定纷止争的功能,司法审判具有中立性、被动性和终局性的裁断作用。美国法理学者戈尔丁教授认为,形式正义就是程序正义尤其是诉讼正义,而实质正义也就是法律上的权利义务分配上的正义。他提出诉讼正义的标准包括:(1)"中立性",包括"与自身有关的人不应该是法官"、"结果中不应含纠纷解决者个人利益"、"纠纷解决者不应有支持或反对某一方的偏见";(2)"劝导性争端",包括"对各方当事人的诉讼都应给予公平的注意"、"纠纷解决者应听取双方的论据和证据"、"纠纷解决者应只在另一方在场的情况下听取一方意见"、"各方当事人都应得到公平机会来对另一方提出的论据和证据作出反响";(3)"解决",包括"解决的诸项条件应以理性推演为依据"、"推理应论及所提出的论据和证据"。② 我

---

① 〔美〕弗里德曼:《法律制度》,李琼英、林欣译,北京:中国政法大学出版社1994年版,第263—264页。
② 〔美〕戈尔丁:《法律哲学》,齐海滨译,北京:生活·读书·新知三联书店1987年版,第240—241页。

国深化司法改革，应当引导公众把公平正义的诉求纳入到司法程序中来，法院应当依照法律规定公开公正地办好每一个进入司法程序的案件，努力让司法案件中的每一个矛盾纠纷都通过公正司法得到化解，努力让公众在每一个司法案件中都感受到公平正义。但是，公众能否在每一个案件中感受到公平正义，需要具体分析。"正好相反的原则常常同时被人认为是公正的，这有时发生在不同的社会阶层当中，有时发生在关系距离遥远的群体当中，不过经常还是发生在两个相互关系很近的人之间。两个对立的诉讼当事人通常确信他们各自的诉讼理由的正义性，因为他们恰好诉诸各自不同的正义……在这些不同的、相互冲突的正义思想中，总是只有一个获得胜利。"① "人们要求法院所做的，并不是实施正义，而是提供某种保护以阻止重大的不正义。"②

通过公正司法实现公平正义，应当着力解决以下两个方面的问题：一方面，是外部的各种权力、关系、金钱、人情等对司法案件的影响和干预，表现为个别地方党委审批案件、党委政法委决定案件、地方主要领导批示案件、人大代表过问个案、亲戚朋友同学情说案件等多种形式；另一方面，是司法机关内部体制机制不完善，相关制度不健全，滥用侦察权、逮捕权、审讯权、起诉权、审判权、执行权、法律监督权等司法权力，表现为刑讯逼供、屈打成招、有罪推定、出入人罪、滥用自由裁量权、吃了原告吃被告、以案谋私、案件积压、久拖不决、执行难以及司法专横、司法不公、司法腐败等多种形式。特别应当着力解决产生打官司难、打官司贵、吃了原告吃被告、滥用自由裁量权、以案谋私、案件积压、久拖不决、执行难、刑讯逼供、有罪推定、出入人罪等司法专横和司法不公的体制、机制和程序问题。

司法是法治国家使一个社会保持稳定和实现社会公正的最后的也是最

---

① 〔澳〕欧根·艾利希：《法社会学原理》，舒国滢译，北京：中国大百科全书出版社2009年版，第260页。
② 〔英〕弗里德里希·冯·哈耶克：《法律、立法与自由》（第二、三卷），邓正来等译，北京：中国大百科全书出版社2000年版，第101页。

有力的救济手段。对于行政权而言,"一个独立的司法权就能处理由于政府机关实施法治而引起的各种问题"①。在法治国家,司法能否公正,是评价这个国家政治是否民主文明的基本标志之一。如果司法丧失了公正,这个国家或者社会就不是一个法治国家或者法治社会。而实现司法的公正性,主要取决于司法机关能否依法独立行使审判权和检察权,不受行政机关、社会团体和个人的干涉。我们"在全国坚决实行这样一些原则:有法必依,执法必严,违法必究,法律面前人人平等"。"不管谁犯了法,都要由公安机关依法侦察,司法机关依法办理,任何人都不许干扰法律的实施。"②

(三) 通过自觉守法实现公平正义

亚里士多德说:"我们应该注意到邦国虽有良法,要是人民不能全都遵循,仍然不能实现法治。法治应该包含两重意义:已成立的法律获得普遍的服从,而大家所服从的法律又应该是本身制订得良好的法律。"③ 只有每个公民都依法办事、自觉守法,法律才能真正被遵行,公平正义才能真正实现。

公民为什么必须守法?柏拉图认为,守法是一个公民的义务和责任,因为"城邦给予每个公民平等的一份利益,无论是生命、给养、教育,还是应有的权利。一个人成年以后,便能够认清国家行政和法律条文。如果他们对此不满意,可以携带自己的财物去往中意的地方,或去殖民地,或移居外邦。凡是居留在城邦的人们,事实上就是和法律订立了合同,表明他们情愿服从城邦的法令。那些不服从的人便犯了三重罪,即不服从父母、不服从教养恩人、不遵守契约"④。这是基于公民社会的社会契约产生

---

① 哈维·维勒(Harvey Wheeler):《宪政主义》(Constitutionalism),转引自《政府制度与程序》,台湾幼狮文化事业公司编译,1983年版,第50页。
② 《邓小平文选》第二卷,北京:人民出版社1994年版,第254页。
③ 〔古希腊〕亚里士多德:《政治学》,吴寿彭译,北京:商务印书馆1981年版,第199页。
④ 〔古希腊〕柏拉图:《游叙弗伦苏格拉底的申辩克力同》,严群译,北京:商务印书馆1983年版,第109页。

的守法义务，是公民作为社会成员享受公平正义必须履行的基本法律义务，也是通过人人自觉守法实现法律意义上公平正义的主要途径。"其实，无论中世纪早期或晚期都可以举出无数的事例来说明这样一个信念，即法律属于人民，而人民又是服从法律统治的，法律因人们对它的遵守而得到证明，或在发生怀疑时由专门成立以确定什么是法律的某个团体的声明而得到证明。"[1]

在我国，人民是国家、社会和依法治国的主体，宪法和法律是人民意志的集中体现，是人民利益诉求的制度表达，因此，全体公民遵守宪法和法律就是尊重人民自己的意志，就是维护人民自己的利益。自觉守法只有在社会主义制度下才能真正实现。但是，在社会主义初级阶段，要把公民自觉守法这种法律实施的理想形态从本质推理变为现实存在，要使守法成为每个人自觉自愿的选择而不是一种被迫的行为，还需要相当长时间的艰苦努力。我国公民守法主要有四种状态：第一，自觉守法的状态。它体现的是公民对法治的信仰，对法律价值和法律精神的追求，对公平正义的坚信，是公民对守法的高度自觉和理性认同。自觉守法是全民守法的最高层次，也是最难达到的境界。第二，不愿违法的状态。它体现的是公民对法律的尊敬，对司法权威的崇信，对国家公权力的敬仰，是公民对守法的内心自愿和高度感性认同。第三，不能违法的状态。它体现的是公民对法律制度的信任，对司法公正的认可，对法律责任和法律后果的确信，对自己行为的法律化控制是公民对守法的自律和一般感性认同。第四，不敢违法的状态。它体现的是公民对法治的畏惧，对法律强制性惩罚的害怕。不敢违法，是法治对公民在守法上的最低要求，是公民对守法的被动性接受。不敢违法是全民守法的初级形态，也是较普遍的守法心态。

实现公平正义，应当着力解决信权不信法、信关系不信法、信钱不信法、信访不信法、小闹小解决、大闹大解决、不闹不解决以及普遍违法、

---

[1]〔美〕萨拜因：《政治学说史》上册，盛葵阳等译，北京：商务印书馆1986年版，第249页。

中国式违法、选择性用法等守法无序的观念、习惯和体制机制问题。任何组织或者个人都必须在宪法和法律的范围内活动，也就意味着任何组织或者个人都必须守法，即必须做到全民守法。守法是社会组织或者个人依法从事相关行为，自觉服从法律、依法办事的行为或结果。守法具体表现为国家机关、企业事业单位、公民个人自觉在宪法和法律的范围内活动。

公正的人就是遵守法律的人。每个公民遵守宪法和法律要从自己做起，从身边做起，从具体行为习惯做起。凡是法律禁止的，都不去做；凡是法律提倡的，积极对待；凡是法律保护的，依法去做。"自由是做法律所许可的一切事情的权利；如果一个公民能够做法律所禁止的事情，他就不再有自由了，因为其他的人也同样会有这个权利。"① 每个公民要养成相信法律、遵从法律、爱护法律的良好的守法意识，以做一个法治社会合格的公民为抓手，将守法义务落实到每一个公民个人日常的一言一行中，逐步形成稳定有效的守法文化。应当"努力推动形成办事依法、遇事找法、解决问题用法、化解矛盾靠法的良好法治环境，在法治轨道上推动各项工作"，应当"加强宪法和法律实施，维护社会主义法制的统一、尊严、权威，形成人们不愿违法、不能违法、不敢违法的法治环境"②。应当切实加强宪法和法律实施，维护法制的统一尊严权威，引导全体公民自觉遵守法律，有问题依靠法律来解决，决不能让那种大闹大解决、小闹小解决、不闹不解决的现象蔓延开来，坚决改变"违法成本低、守法成本高"的现象，谁违法谁就要付出比守法更大的代价，努力形成人们不愿违法、不能违法、不敢违法的法治环境。

(本篇为特邀文章，系首次全文刊发)

---

① 〔法〕孟德斯鸠：《论法的精神》（上册），张雁深译，北京：商务印书馆1961年版，第154页。
② 习近平：《在首都各界纪念现行宪法公布施行30周年大会上的讲话》，北京：人民出版社2012年版，第12页。

法治社会：公平正义的期待

丁元竹

（国家行政学院决策咨询部）

依法治国必须建设法治社会。即将召开的党的十八届四中全会将以依法治国为议题，把法治提到国家治理体系和治理能力现代化的首要地位。这是中国共产党在新的历史时期治国理政的新开拓，必将对全面深化改革产生重大影响。中共中央政治局2014年7月29日会议指出，面对新形势新任务，我们党要更好统筹国内国际两个大局，更好维护和运用我国发展的重要战略机遇期，更好统筹社会力量、平衡社会利益、调节社会关系、规范社会行为，使我国社会在深刻变革中既生机勃勃又井然有序，实现经济发展、政治清明、文化昌盛、社会公正、生态良好，实现我国和平发展的战略目标，必须更好发挥法治的引领和规范作用。

建设法治社会必须坚持公平正义。《中共中央关于全面深化改革若干重大问题的决定》（以下简称《决定》）

从三个方面对实现公平正义提出了要求,一是要求全面深化改革要以促进社会公平正义、增进人民福祉为出发点和落脚点。二是深化社会体制改革要紧紧围绕更好保障和改善民生、促进社会公平正义。三是在司法体制改革中要让人民群众在每一个司法案件中都感受到公平正义。

把公平正义作为全面深化改革的出发点和落脚点,紧紧围绕公平正义来推进社会体制和司法体制改革,道出了公平正义与全面深化改革之间的关系,也道出了历史发展的逻辑内涵。正如诺贝尔经济学奖获得者阿马蒂亚·森在其著作《正义理念》中描述的,近代受到支持和拥护的每一个关于社会正义的规范理论,都要求在某些事物上实现平等,其中特别体现在平等的自由、平等的收入或平等对待每个人的权利或效用。公平正义是近代历史发展中的重大课题,任何发展改革都难以绕过它,在社会领域,它特别体现在收入差距和社会公正,必须谨慎对待,认真处理,因为,"不平等和社会反抗之间的联系却是十分紧密,它们之间的关系是双向的"。

一、公平的正义和正义的公平

(一)坚持公平正义与实现全面深化改革的总目标

全面深化改革的总目标之一是完善和发展中国特色社会主义制度。回顾历史,社会主义制度的形成与发展是一个漫长的历史过程。人类过去几个世纪的历史发展表明,社会差距和社会不平等在加剧,社会问题越来越突出。在这样的历史背景下,马克思主义为代表的社会主义思潮应运而生,社会主义在许多国家得到实践。我们看到,几个世纪以来,经济发展遵循一个基本原则,经济增长带来的成果应该主要由那些创造财富的人分享。从这个意义上讲,普通阶层收入的增加与生产力增长之间的差距拉大是不可避免的。在技术进步加速并在经济增长中发挥越来越重要作用的前提下，没有接受过大学教育的劳动力的实际工资必然会减少。这种减少反过来又反映出长期的失业问题、全球化、制造业工作机会向低工资的服务业工作转移等。私有制本身会造成不平等和收入差距扩大，卢梭在其《论人类不平等的起源》中说道："按照贤明的洛克的格言：在没有私有制的地方是不会有不公正的。现代社会存在不平等是必然的。"这也可以解释为什么在那些经济已经十分成熟、市场化程度非常高、政府公共福利制度非常完善的国家，收入分类和社会收入差距拉大依然存在，且趋势还在不断扩大。完善社会主义制度是当代中国共产党人和中华民族的伟大使命。

完善和发展中国特色社会主义制度必须坚持社会主义公有制和市场经济改革方向，积极实现二者的有机结合。全面深化改革，一是要缩小收入差距，完善分配体制。设计收入分配体制，既要超越既得利益，又要考虑既得利益，既要考虑中国现实实践，又要考虑人类社会近二百年来的历史和挑战，这的确需要大智慧。二是大胆探索。公平正义常常会牵扯对社会发展历程的基本评价，对于思想史的基本判断，面对这样一个问题，我们的思想需要有与之相适应的知识储备，在认识方法上需要有博大的包容性和历史的纵深性。三是要深入研究贫富差距和分配体制问题，必然会碰到诸如所有制、市场机制、社会保障、政府职能以及社会参与等问题，需要战术和技术上的社会创新。

探索公有制与市场经济的有机结合必须探索如何使利己主义与利他主义并驾齐驱。当代美国经济学家加德·伯恩斯坦对当前美国经济中的不公平现象，诸如医疗卫生私有化、贫富差距扩大、失业率不断攀升等，进行了大胆地批评，认为，保护美国人民的私人权力一直是美国价值的核心，但是由于过分强调个人主义，人们被推到了相互孤立的境地，尽管经济持续发展，过分强调个人主义政治和社会哲学正在伤害着美国，危及国家的未来，危及后代的发展。

（二）公平正义与人民福祉

发挥市场在配置资源中的基础性作用的同时实现社会的公平正义是全面深化改革的核心。这件事情说起来容易做起来难。2009 年启动的医药卫生体制改革取得了巨大成就，尤其在医疗卫生设施建设方面功不可没，具体到制度和机制上还需要进一步深化改革。医疗卫生是较早被产业化的行业，后来又在改革中被纠偏，转向公益化方向。但是，在这个过程中存在的问题还是不少，以挂号为例，替人排队在全国各地医院已经司空见惯，甚至出现了所谓的"黄牛党"，也出现了合法化的 VIP 通道，这些看似发挥市场作用的手段，其实背后就隐藏着不公平和不公正，它意味着有钱人可以付得起额外的加价，可以优先于他人。当然，这不是中国特有的现象，在美国有偿替人排队和"特约医生"也司空见惯。这个始于撒切尔和里根时期的所谓新公共管理革命的体制机制，目前已经蔓延到基本公共服务和福祉领域，诸如用金钱实现牢房升级、购买代孕、投资移民、碳排放交易、付费猎杀珍稀动物，等等。在美国加利福尼亚的圣安娜和其他城市，非暴力罪犯可以通过付费的方式购买更好、单独、干净、安静的牢房。在伊拉克和阿富汗战场上，私人军事承包商的雇佣军在数量上远远超过美国士兵，凡此种种。如果金钱可以购买一切，富足与否就决定一切。如果把一切都交给金钱，人世间的诚信、友爱、奉献等社会价值和生活意义都会受到侵蚀。这可以帮助我们理解为什么《决定》中特别强调在实现人民福祉、推进社会体制和司法体制改革中要坚持公平正义的原则。在全面深化改革的过程中，针对社会和司法领域的改革，必须坚持公平正义，确保其不遭受市场价值观侵蚀。

最大限度确保社会政策的公共性，避免利益集团干扰。科学技术研究和科学技术开发本身是没有什么价值取向的，对于那些从事科学技术研究和开发的人来说，他们完全可以按照价值中立原则进行技术研究和开发。市场经济则是完全按照利润最大原则吸纳技术，这就是为什么过去几百年人类在经济技术上取得巨大、快速进步的原因之一。但是，社会发展和社会政策则大不相同，社会政策的应用涉及到实施这些政策的决策者的自身利益，在某种意义上，决策者本身是政策的受益者或受损者，决策者在实施政策、制定政策过程中难以超越价值中立原则，这就必然造成社会发展领域的不平等，甚至出现"经济和技术越发达，社会就越趋向于不公正"的现象。"市场如果受到富人或市场参与者的影响，他们将产生不平等，将使市场失效——并使不同利益群体产生扩大财富的不同激励"。针对社会政策和社会保障失灵，出现了志愿主义的治理模式，那就是非营利部门参与社会福利和社会保障，但是，在社会政策制定领域，如何确保政策的公共性依然是一个确保实现公平正义的大课题。

（三）公平正义与社会体制改革

从顶层设计各类社会物品的分配方式，在这里，公平正义涉及到整个社会生活及共同善。这里讲的社会物品包括收入与财富、义务与权利、权力与机会、公共职务与荣誉，等等，而不仅仅是指财富的分配。在一个公平正义的社会里，必须以正当的方式把这些社会物品给予每个应得的社会成员，而不是将其集中在某些个人和集团手中。以公共职务和荣誉为例，公平正义的社会对官员的要求是，为公众服务可以获得在职期间的社会声望、稳定的收入和福利，如果服务期间有功绩，可以获得退休以后的功勋和荣誉，而不是在职期间除行政职务外，还染指企业、教育、科研领域的荣誉与利益。公平正义的原则要求在社会体制改革中关注人民群众社会生活中富有生气的价值观念，诸如公正与权利、义务与同意、荣誉与德性、道德与法律，等等。公平正义要求社会有一种善良生活以及支持这种善良生活的共同价值——公共善。

把所有制改革与市场经济结合起来进行顶层设计，在这里，公平正义涉及到市场体制改革。2006年，沃伦·巴菲特在向比尔·盖茨基金会的认捐签署仪式上说了一番话："市场经济无助于解决贫富差距。"对于美国的收入差距拉大问题，经济学家柯密特·高登有一个解释："从某种意义上说，当代美国社会结构是双层次的。其政治制度和社会制度提供了广泛的权力分配，公开宣布所有公民一律平等。然而其经济制度却建立在市场决定收入的基础上，由此产生了公民生活水平和物质福利上的悬殊差别。"这，值得我们在发挥市场配置资源的基础性作用时考虑全面的利益格局调整及其对策。

进一步完善社会保障和社会福利制度，在这里，公平正义涉及到福利最大化。一是继续探索公务员和事业单位的养老保险改革，努力打破双轨制。改革"养老金"双轨制实际上就是李克强总理所说的触动利益格局，"割自己的肉"。二是努力实现基本社会保障均等化。基本社会保障均等化的核心就是确保包括低收入群体在内的各类社会群体有支付社会保险的财政能力，标准是保证基本生活。就预防性社会保障，诸如养老保险、医疗保险、失业保险、工伤保险、生育保险而言，要确保每个有能力建立自己账户的社会成员都能够建立这样的账户，雇主、个人和国家都要尽到各自的责任。三是把基本社会保障的差异问题摆在重要位置，努力实现城乡、地区、部门，甚至个体之间的差异协调与统一。四是坚持社会政策兜底，保障民生的基础上进一步改善民生。进一步完善社会救助体系。完善财政体制和筹资机制。在属地管理基础上，中央和省要进一步完善社会救助专项调剂资金制度，用于补助中、西部、革命老区、少数民族地区社会救助资金的不足。加快转移支付制度与方法、手段的改革，逐步采用"因素法"为基础的转移支付办法。在转移支付的结构安排上，要根据地区人口、经济、财力和支出标准等综合因素，科学测算社会救助"标准支出"

和地区财政"标准收入",依据客观指标,设置转移支付救助项目和指标,确定标准支出规模。

在中国,建立在公平正义基础上的法治社会必须加快事业单位改革和完善吏治制度。事业单位改革直接关系社会组织的发育和社会共同体的长成;吏治制度直接关系社会的价值观念和价值尺度。如果说建立在事业单位改革基础上的社会共同体重构是法治社会的骨骼的话,那么,建立在吏治制度改革基础上的价值重建则是法治社会的灵魂,二者缺一不可。

二、事业单位改革与法定机构建设

(一) 被误读了的事业单位社会保障制度改革

《事业单位人事管理条例》(以下简称《条例》)于 2014 年 7 月 1 日颁布实施,引起社会各界、新闻媒体的高度关注,也造成不少误解。仔细品读《条例》,这仅仅是一个有关事业单位人事管理的规定,其中涉及社会上关注的社会保障和社会福利改革,提出了"事业单位及其工作人员依法参加社会保险,工作人员依法享受社会保险待遇"。"事业单位工作人员符合国家规定退休条件的,应当退休。""事业单位享受国家规定的福利待遇",这里唯一值得解读的是第一条,就是事业单位及其工作人员依法参加社会保险。这里,从什么时间开始执行,如何实施和如何执行,都没有具体的说明和规定。单就这些,人们就得出从 2014 年 7 月 1 日开始,事业单位及其工作人员全部实施养老保险制度的结论,未免显得过于草率。不过,《条例》指明了事业单位社会保障制度改革的方向,就是:事业单位及其工作人员将加入社会保险体制,逐步与企业职工社会保险、居民社会保障制度并轨。2010 年 10 月全国人大通过的《中华人民共和国社会保险法》(以下简称《社会保险法》)提出,"公务员和参照公务员法管理的工作人员养老保险的办法由国务院规定","国有企业、事业单位职工参加基本养老保险前,视同缴纳年限期间应当缴纳的基本养老保险费用由政府承担。"《社会保险法》把公务员的养老保险与国有企业和事业单位区分开来,把国有企业和事业单位视为同一类型,即要参加养老保险。《条例》进一步明确事业单位及其工作人员需要参加养老保险。但是,问题并没有彻底解决。事实上,这仅仅是个规定,并没有全面实施,仅有个别地区和城市进行了试点,由此决不能推出2014年7月1日开始实施事业单位社会保险制度的结论。

仔细琢磨,党的十八届三中全会决定就明确指出,"推进机关事业单位养老保险制度改革"。2014年的政府工作报告进一步要求,基本完成省市县政府机构改革,继续推进事业单位改革。建立统一的城乡居民基本养老保险制度,完善与职工养老保险的衔接办法,改革机关事业单位养老保险制度,鼓励发展企业年金、职业年金和商业保险。完善失业保险和工伤保险制度。这里值得琢磨的事,《决定》把机关事业单位放在一起,而不是像《社会保险法》中把二者分开来,表明:公务员的养老保险将不会独立于其他部门之外,单独设计。而且,政府工作报告把各类保障制度放在一起,更彰显了国家将进一步推进统一的社会保障制度的决心。当前,进一步推进事业单位养老保险制度改革需要做好以下几个方面的工作。

(二) 重新审视事业单位性质和特点

事业单位承担着公共服务职能,负责维护公共利益,这似乎没有什么异议。大多数国家或地区也有类似组织,只是名称叫法不同。相同的事,公共利益总是需要一定的机构去保护。公共利益复杂纷繁,实现公共利益的组织形态也多种多样,其中,以企业的方式介入公共服务的组织方式也不乏其例,如美国和我国的香港地区,有企业也承担着公共职能,例如水电、交通、道路、邮政等，通常是交给公司经营的，但不完全是竞争性经营，有些采取特许经营。《社会保险法》把国有企业和事业单位放在一起，主要还是考虑了它们都可以承担公共服务的责任，维护公共利益。如果不是限于长期形成的"事业单位思维"，而是跳出事业单位，从大公共服务的视野分析公共服务供给体系的改革，例如，以公共服务的性质确定机构的组成与运行，而不是仅仅局限于公益与非公益之间，可能问题会简单一些，关键是敢不敢进一步解放思想。

发达国家和地区的经验表明，在实现公共利益方面，以及提供公共服务，主要依据公共服务的类型确定机构的特点和性质，或者是非营利组织，或者是非竞争性企业。法定机构是工业革命和政府职能演变的结果。早在16世纪，英国政府通过立法建立类似机构，到20世纪初期，英国政府更是将大量的公共服务授权给一些独立的机构运作，此后，法定机构逐步扩展到世界其他国家和地区。香港法定机构可以追溯到英国工业革命初期。第二次世界大战以后，香港居民对于公共服务的需求激增，法定机构在香港应运而生。香港的法定机构是立法机构通过法律认可、专门为处理某些属于政府职能或与公共利益密切相关问题的机构。每个机构依据专门的法律建立，并按照相关法律履行职责，不能随意更改，且不以营利为最终目的。大部分法定机构的资金源于政府，部分法定机构可以实现自负盈亏，少数机构，例如证券及期货事务监察委员会可以实现长期盈余。还有的机构按照商业规则运营，如九广铁路公司。部分机构，如香港铁路有限公司和香港交易所等机构，虽由政府发起成立，但已经上市，政府只能依法持股份分红，不能以公共利益的名义干预企业运行，所以，也有人认为这类公司不能再视为法定机构。法定机构不以营利为目的，接受政府拨款，自负盈亏，一是接受政府拨款。香港机场管理局的最初资金来政府366亿港元注资，后退还66亿港元，剩余306亿港元作为政府股份。香港医院管理局每年都接受政府拨款。香港信保局是一家非营利机构，实行自负盈亏,由香港特别行政区政府全资拥有,它所签发保单数额,全部由政府保证承担。目前,法定最高负责额为港币 400 亿元。二是收取一定服务费用。香港职训局每年学生超过 25 万人,其中各类全日制学生约 5 万人。职训局经费部分来自整部拨款,也可以根据政府批准的标准收取一定学费,还可接受捐款。信保局成立之初,政府曾注资 2000 万港币,2012 年信保局退回注资,现在有保费收入 2.85 亿元港币,保单收入 520 万港币,投资收入 660 万元港币,或有事项储备金 14.77 亿元港币。贸发局 1000 多位员工每年的推广活动 800 余项,经费达 28 亿港元。

进一步深化事业单位改革,涉及公共服务体系的改革,恐怕要把事业单位,尤其是从事公益服务类的事业单位与非竞争性的国有企业一道考虑,某种程度上,它们的性质雷同,在国际上都可以划归到实现公共利益的机构中去,因为它们承担维护公共利益,实现公共目标,代替政府履行公共服务的职能,只是它们的运作方式和管理模式不同罢了。在这个意义上,事业单位和国有企业采用一样的社会保障制度模式似乎没有什么可以争议的。需要争议的是,我们自己对于公共利益、公共服务供给方式的认识,以及如何从传统的计划思维和思考问题的方式中解脱出来。

(三) 机关事业单位不必人为地画地为牢

在重视公共利益及其分类的基础上,把事业单位与国有企业的改革一同考量。事业单位与机关一道改革是可行的,不必把二者割裂开来。党的十八届三中全会决定和 2014 年政府工作报告,都明确要求加快机关事业单位的社会保障制度改革。

从国际经验来看,法定机构与政府都承担公共使命,运作方式不同。与政府比较,法定机构和政府一样,也承担公共使命,提供公共服务。与政府不同的是,法定机构可以更加灵活运用公共资源,有较大弹性吸引各种专业人才，更好地提升服务质量，但是，法定机构不具备政府所具有的政策制定职能。法定机构在日常运行过程中享有高度的自主权，接受公众问责，高度透明、公开。

政府可采取灵活的多种方式实现公共利益，事业单位也正是在这种意义下设计的。更好地发挥政府的作用，就是要更好地发挥在市场失灵条件下，政府维护公平正义，实现公共利益的作用。维护和实现公共利益，不仅需要政府自己去做，更需要政府通过制度安排，充分调动各方面的积极性和创造性去完成。当前，各地正在积极落实国务院关于政府购买公共服务的意见。政府不仅可以购买社会组织和企业的公共服务，也可以购买机构的公共服务，这里所谓的机构，一般是事业单位。必须进一步加快事业单位的改革，同时，要根据新形势下的公共需求，建立相应机构，凸现国家和社会重大利益，解决突出矛盾和问题，推动经济社会持续发展。

政府把本属自己的责任和职能通过立法的方式交给法定机构去实现，体现了政府由划桨者到掌舵人的角色转变。这个转变中，政府只负责制定政策，规定方向，法定机构则履行职能，执行政策。法定机构会本着自己的使命，在专业化、职业化上下更大工夫，通过内部治理机构的完善，提升服务效率，更好地维护公共利益，解决矛盾和问题。

人们之所以对事业单位社会保障问题关注，还因为我国的社会保险度碎片化严重，当前的情况是，机关事业单位养老保障制度迟迟没有改革，城镇职工养老保险、城镇居民和农村养老保险已经建立，缴费标准和待遇水平存在差异，社会反响强烈。社会保障内部的各类保险采取的方式不一样，有积累制的，也有半积累制的，还有其他的形式，积累制与个人的收入有很大的关系，每个人的收入又不尽相同，就自然造成养老金交费和待遇上的差异。一个时期以来，在城镇职工养老保险实施多年后，机关事业单位的养老险制度改革依然按兵不动，这不免给社会造成一种印象：机关事业单位特殊，甚至会有人认为，个别官员利用手中的公权力延误改革，或为自己谋利益。加之,这个部门长期在福利工资方面稳定,吸引了大批大学生考公务员,造成千百万大学生"走独木桥"的局面。从这个意义上,媒体抓热点,吸引眼球,也就不足为奇了。

加快机关事业单位的社会保障制度改革,就是对计划经济遗留下来的机关事业单位养老金改革。从这个意义上说,养老金的顶层设计就是在进一步完善增量改革的同时,深化存量改革,在改革过程中使二者逐步并轨,最后形成统一的养老金制度。当然,在这个过程中,也要看到公务员和事业单位的养老保险制度改革的复杂性,尤其是公务员,用俄罗斯总统普京的话说:"……如果一个人选择做公务员,他就选择了这些约束,选择了公众监督,选择了特殊要求,就像世界许多国家一样……。"同时,"建立相应的国家公务人员激励机制,用浮动工资、道德、物质、业务奖励等举措激励国家公务部门提高业务水平……"。① 继续探索公务员和事业单位的养老保险改革,努力打破双轨制,尤其是打破养老保险领域的"官本位"制度,必须改革机关事业单位一直游离于尽缴费义务之外的局面。解决这个问题的基本思路是"老人老办法,新人新办法"。事业单位养老金改革一直悬而未决,各地开始试点的公务员聘任制也许会成为一个突破口。要逐步实现企业职工、城乡居民、机关事业单位逐步参加社会保险,在形成统一的基本社会保障体制基础上,尽快解决建立公务员职业年金,最终形成基本社会保障制度上的统一,在年金和福利制度上有各具特色的社会保障制度。

三、依法理政之艰:吏治使公务员回归本色

明了政府和市场、政府与社会的关系,必须从具体的制度入手。时下,公务员成为社会热议的话题,特别是公务员的待遇、工资、福利引起

---

① 《普京文集(2012—2014)》,上海:华东师范大学出版社2014年版,第268—269页。

媒体高度关注，似乎成为一个问题。公务员到底该干什么，不该干什么？该得到什么，不该得到什么？这涉及到如何看待公务员制度。

（一）把公务员作为一种制度安排

在古代的雅典，市民聚集于市场处理公共事务，政府只是处理这些事务的一个过程，并不独立于市民之外。但是，今天很少有人认为政府是一个过程，事实上，它作为一种制度模式已经成为社会的角色之一。政府被认为是独立的实体，不仅是因为它成为一种制度形式，也因为它是作为某一群体的代表。为了正确理解治理，首先要意识到重视公众利益并不意味着要约束政府。但是政府应当与其他角色包括媒体、一些社会组织、军事组织、宗教组织以及商业组织分享共同利益，有时在公共问题上它们是一致的。

公务员制度，又称文官制度，是国家依法对政府行使行政权力、执行国家公务的工作人员进行管理的人事安排。每个国家的政治、历史和文化不同，公务员制度也不一样。

台湾学者李衍儒认为，"政府乃是一个劳力密集型的产业，行政机关所有活动皆赖公务人员推展，故公务人力资源如能有效管理，则政府各项使命则可顺利达成"[①]。说政府是一个产业，倒是有点不那么恰如其分，可能叫部门更加准确一些。劳动密集型就值得思考了。因为如果我们承认政府是劳动密集型的部门，那么我们就需要反思过去以往我们一直倡导的"小政府、大社会"的理念。这个理念是基于市场主义还是福利主义？这都需要深入研究。历史的经验已经证明，过去一百多年里，公共部门不断发展壮大，成为社会的重要部门。要充分认识公共部门的作用和角色，它不是可有可无，也不是经济部门附属物，它与经济部门是各自独立、相互

---

① 李衍儒：《中央与地方政府人事制度的视框冲突》，载《文官制度》，台湾考试院，2009年12月。

依存的。没有公共部门，经济部门就难以健康和可持续发展。公共部门在过去一百多年中的不断发展壮大就是市场体制机制的失灵的必然结果。地方政府职能变化会引起公共服务职能的变化，一般说来会直接导致地方政府雇员增加，尤其是在社会服务领域，需要劳动密集型的工作方式。

现代公务员制度始于18世纪英国。为适应大英帝国的经济发展和对外扩张，英国建立了工作部和海军部，当时，两个部门的工作人员或者通过介绍进入，或者干脆赤裸裸地购买。通过考试成为公务员的制度实行于1829年。许多人认为，英国的公务员考试制度是从中国学习来的。美国的公务员制度建立于1871年。美国联邦政府的公务员包括政府部门任命的行政、司法和立法人员，但不包括非正式部门的工作人员。美国大部分公务员必须通过竞争才能上岗，只有少数部门，诸如联邦调查局、国务院等可以例外。

美国州政府和地方政府的公务员与联邦类似。通常，国际上把创造地方政府的就业环境放在一个非常突出的位置。根据《世界地方政府自治宣言》第五条："地方政府雇员的雇佣和培训机会，应当确保地方政府的职位是具有吸引力前景的职业。中央政府和/或上级政府应鼓励和促进地方政府实行功绩制。《欧洲地方自治宪章》第六条要求，'地方政府雇员的任职资格条件，应确保根据品行和能力录用到高素质的人员；为实现这一目的，应提供充分的培训机会、报酬和职业前景'。"[①] 这就是说，要把地方公务人员的素质高放在首位，为此要充分考虑他们的培训、报酬和职业前景，使他们有信心来从事这项工作。

（二）各国和地区的形形色色公务员制度

在英国，只有中央政府的官员可以叫做公务员，在县镇政府或公共部

[①] 任进：《比较地方政府与制度》，北京：北京大学出版社2008年版，第323页。

门工作的则不被叫做公务员。因此，英国的公务员在范围上比较小，主要包括中央政府非选举产生和非政治任命的工作人员。英国公务员的工资水平属于中等，退休金还算丰厚，因此，在英国还是比较吸引人的职业。尤其是其福利待遇特殊，很多部门实行弹性工作制，可以在家处理公务，有相当的自由度和保障。英国公务员与普通老百姓一样，也参加国家基本养老金制度，除此之外，政府为公务员建立了职业年金，且比较丰厚，在缴费标准上低于大学教职人员，在待遇水平上则高于大学教职人员。

美国于1883年颁布《彭德尔顿法案》，奠定了美国公务员制度的基础。根据《彭德尔顿法案》，公务员必须政治中立，严禁腐败，公开竞争上岗。美国公务员退休金制度是一个独立于美国社会保障计划之外的社会保障制度。现行的联邦政府公务员养老金制度分为两种，一是公务员退休制度，一是联邦政府雇员退休金制度。公务员退休金制度适用于1983年以及以前参加工作的联邦政府雇员，联邦政府雇员退休金制度则覆盖1984年以后参加工作的所有联邦政府雇员，实行"老人老办法，新人新办法"，这点上，与中国没有什么不同。美国的公务员养老保险两套制度的设计理念不同，后者更多体现了市场化原则。如同美国整个养老保险计划，美国公务员的养老保险制度也是处在不断改革中。

2004年4月、2007年8月和2010年10月，为了使香港公务员的入职薪酬与私营部门大致相等，香港政府通过调查，调整了部分公务员的入职薪酬。2000年6月，香港政府为新聘员工制定了一套新的附带福利条件，包括修订假期福利待遇、度假旅费福利安排和提供实报实销的房屋津贴，等等。政府向公务员提供的附带福利的基本原则是，福利应该有足够的吸引力去吸纳、挽留和激励具有才干的公务员为市民提供优质的公共服务。这些福利应当大致按私营部门的做法和安排提供。例如，在日常门诊情况下，医院应考虑为公务员预留若干优先机会和安排，以便让公务员在健康许可的情况下，尽快返回工作岗位，维持政府部门正常运行。这种优先权仅限于现职公务员。2000年6月或以后入职的公务员实施公务员公积金制度作为退休福利制度，其要点包括，公积金计划下的正常退休年龄分别为55岁、57岁和60岁，财政负担的公积金保持在不超过薪酬开支的18%。

就世界范围看，没有一个统一的地方政府人事制度。各个国家或地区根据自己的历史和政治条件建立了不同类型的地方政府人事制度。美国有自己的人事体制，美国国会于1923年通过职务分类法，1949年修正为新的职位分类法，简化公务职位，由七大类减并为两大类，教育和医务人员也纳入公务职位范畴，其待遇和分级另行规定。① 在英国，地方政府一般行政人员由地方政府自行决定录用，他们的薪酬和服务条件也由地方政府与代表雇员的工会谈判协商决定，不属于公务员系列。法国则相反，地方政府雇员属于公务员系列，进一步可以分为公务员和合同制或临时雇员，按活动部门又分为行政职界、技术职界、文化职界、体育职界和安全职界等。德国则分成公务员、雇员和工勤人员三类。日本地方政府的所有职员均称为公务员，包括在地方政府机关、地方立法机关、地方法院和地方政府经营的企业、事业单位工作的人员。新加坡把医生、教师、工程师、律师等纳入专业公务员进行管理。"分权化的另一个指标是公务员在各级政府间的分配。从地方和地区政府的工资总额中可以明显地看出中央政府和地方政府在人员数量上的转换。中央政府供职的公务员人数在下降，而地方和地区政府的公务员人数在上升。北欧国家（芬兰23.4%，瑞典17.3%）和大部分联邦制国家（澳大利亚12.1%，德国11.5%，加拿大7.1%和美国13.5%）的中央政府都很小。可比利时是一个例外，占34.3%。而像法国（51.6%）、荷兰（74.2%）和意大利（57.9%）这样的单一制国家中央政府供职的公务员比例也相对比较高。2000年，新西兰约有90.9%的公务员在中央政府各部门任职"。

---

① 李和中：《比较公务员制度》，北京：中共中央党校出版社2003年版，第115页。

(三) 理性看待我国公务员及其制度安排

在我国,作为一种职业,公务员的优越性主要表现在工作稳定性、福利优厚性、社会声望高。公务员通常是财政供养的政府行政人员,还有一些称为公务人员,包括参照公务员管理的人员,科研、教育、卫生、文化等行政性事业单位工作人员。政府最为典型,处于核心圈,事业单位处于中间状态,而国有企业则处于最外围。我国有公务员约700多万人、事业单位员工3000多万人。2014年国家公务员考试,职位只有1.9万多个,报考人数却达到了111.9万人。有人把考入公务员和事业单位,甚至国有企业,视为进入"体制内"。

对于"体制内"和"体制外"应该历史地看待。中国的经济体制改革是从体制外开始的,先是农村实行联产承包责任制,等等。通过体制外的改革推动体制内的改革,也就形成了后来的所谓"双轨制",双轨制不仅表现在经济体制和市场体制上,也表现在行政体制和事业单位的体制上,也就是人们现在看到的"体制内"和"体制外"。如果当时不是采取这样的改革,像前苏联那样采取"休克疗法",中国也许走不到今天,这是我们必须看到和认识到的。但是,这并不表示我们认可了目前的"体制内"和"体制外"这种现状,而是要把改革进行到底。把改革进行到底,必须遵循习近平总书记要求的,对全面深化改革的艰巨性、复杂性、关联性、系统性有着充分的估计和认识。当前"体制内"的所谓工资稳定、"保障完备"、"劳动强度低"、"掌控更多资源"等说法,可以从几个方面来理解和解释:一是有些是计划经济体制留下来的,还没有改革。二是在过去36年的改革过程中,曾经有一个时期实行部门自己改革,结果导致部门利益膨胀,不断扩大自己的利益,导致"掌控更多资源"。三是社会上的一些片面认识,如"劳动强度低",其实,很多政府部门和机构是"五加二,白加黑",机关工作人员工作强度和压力巨大,非一般人可以理解。

对于公务员的工资福利待遇应当全面地看,正如我们前面介绍的其他国家和地区的情况一样。涉及到公务员和事业单位养老保险与其他养老保险,诸如城镇职工养老保险和城乡居民养老保险,议论较多的是所谓"双轨制",即公务员和事业单位退休金制度与其他养老保险"并轨",其核心理念出自"社会保障体系的公平性",这的确道出了当前我国社会公务员问题的症结。在这个问题上,一是必须把个别官员腐败与公务员制度本身区分开来,不要因为个别官员腐败而质疑公务员制度本身。二是要认真研究现阶段我国公务员制度的特点,从我国的公务员和事业单位的历史特点以及我国工资福利制度和社会保障建设的全局设计我国的公务员工资福利及社会保障制度。

对于公务员的行为应当客观历史地去看。这些年来,确实有不少公务员不争气,利用公权力吃拿卡要,贪污腐败,引起了人民群众的不满,成为社会关注的热点问题。而一些公务员,把利用公权力吃拿卡要,贪污腐败作为自己的基本追求,甚至习以为常,这种局面需要加以改变。要逐步把公务员作为一种与社会其他行业相同的职业,公务员本身要严格要求自己,不搞特殊化,社会成员也要以平常心看待公务员,让社会和公务员自己以一种淡定的心态来看待公务员和自己,使公务员回归自己的本色,使社会也回归自己的本色。

(本文为特邀撰写,系首次刊发)

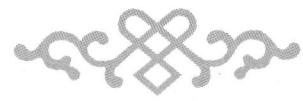

公平正义是改革发展的出发点和落脚点
——中国共产党公平正义观的形成及基本内容

吴忠民

（中共中央党校科社教研部）

一、对公平正义的认识与时俱进

中国的改革发展是在不断的探索中逐步推进的。习近平指出："我们中国共产党人干革命、搞建设、抓改革，从来都是为了解决中国的现实问题。可以说，改革是由问题倒逼而产生，又在不断解决问题中得以深化。"① 同样，我们党许多重要的理论认识也是适应着不断变化的新形势和新问题，基于实事求是的原则，在不断探索中逐渐深化、与时俱进的。就公平正义观的形成而言，就明显地说明了这一点。

---

① 习近平：《关于〈中共中央关于全面深化改革若干重大问题的决定〉的说明》，载《人民日报》，2013年11月16日。

20世纪90年代初,"效率优先,兼顾公平"的提法开始形成并对现实政策产生了不小的影响。这一观点的主要意思是,就效率和公平两者的关系而言,效率无疑是处于第一位、优先的位置,公平处于次要的位置;尽管两者各自的位置有所差别,但公平并非可有可无的事情,人们在考虑效率的同时,也应当"兼顾"公平问题。

应当说,"效率优先,兼顾公平"提法的形成有着特定的历史条件,有着特定的问题针对性。当时,真正意义上的现代化建设起步不久,市场经济因素刚刚出现,市场经济体制尚未形成;而且,计划经济体制以及与之相适应的绝对化平均主义观念根深蒂固,严重阻碍着改革开放的进一步推进。正是在这样的背景下,"效率优先,兼顾公平"的观点得以形成并对当时的现实政策产生了重要影响。可以这样说,在20世纪90年代初特定的历史条件下,"效率优先,兼顾公平"适应了历史发展趋势,它强调经济的极端重要性,强调经济在整个社会中的基础位置,强调经济的自主性而不是从属性,强调社会成员生活状态的差异性,强调每一个社会成员的具体所得必须与其对社会的实际贡献直接相关。这些,在当时对于消除计划经济体制和绝对化的平均主义观念产生了重要的甚至是难以替代的重大积极作用,有力地推动了市场经济体制的形成。由此可见,对于"效率优先,兼顾公平"这一提法在特定历史条件下的积极作用应当予以肯定,否则便不是一种历史的态度。

但同时需要看到的是,"效率优先,兼顾公平"毕竟只是一个特定时代的特定提法,有着明显的策略色彩,因而存在着一定的不足之处。这一提法的第一个不足之处在于,没有看到发展应当是以人为本的发展。经济基础对于社会发展、历史进步固然至关重要。没有经济基础,人类社会的一切均无从谈起。但是,经济对于人来说,尽管非常重要,但毕竟不是目的性的东西。发展的基本宗旨是为了人的发展,而不是其他。马克思指出,"任何一种解放都是把人的世界和人的关系还给人自己"①。经济是为

---

① 《马克思恩格斯全集》第1卷,北京:人民出版社1956年版,第443页。

人服务的，是实现发展的基本手段、基本途径，而不是发展的目的本身。"增长是达到目的的手段，而不是目的本身。目的本身包括消除贫困、文盲和疾病，拓宽人类选择的范围，增强人类控制自然环境的能力，从而增加自由。"① 第二个不足之处是，没有看到发展应当是整体化的发展。发展应当是经济建设、政治建设、文化建设和社会建设的协调并进、同步发展。对社会有机体来说，经济、政治、文化和社会等方面的因素缺一不可。单方面的经济发展是不可持续的。一旦缺少政治、文化和社会层面的相应发展，经济发展不仅仅会由于缺乏必要的支撑而停滞下来，而且还往往会引发大量的社会矛盾问题，进而损害社会的安全运行。第三个不足之处是，政府的定位有所偏差。在现代化和市场经济条件下，政府的一个重要职责就是维护公平正义，其基本定位应当是公共服务型政府。而这一提法认为政府应当"兼顾"公平正义，因而也就谈不上公共服务型政府问题。正是由于"效率优先，兼顾公平"的提法存在着这些不足之处，所以，随着社会经济的发展和时代条件的变化，对于这一提法理应进行必要的调整。

随着现代化和市场经济进程的推进，中国发生了巨大的变化。这种变化甚至可以用两个"始料不及"来概括。一个"始料不及"的是，中国的发展取得了举世公认的巨大成就。这种成就几乎是人类历史上的一个奇迹，对之进行怎样的肯定，都不算过分。另一个"始料不及"的是，由于社会建设滞后于经济发展，由于对社会公正的重视不够，中国也出现了大量的社会矛盾问题，而且这些社会矛盾问题日益凸显。正如胡锦涛所指出的那样："当代中国正经历着空前广泛的社会变革。这种变革在给我国发展进步带来巨大活力的同时，也必然带来这样那样的矛盾和问题。"② "在当前和今后相当长一段时间内，我国经济社会发展面临的矛盾和问题可能

---

① 〔美〕基思·格里芬：《可供选择的经济发展战略》，倪吉祥等译，北京：经济科学出版社1992年版，第211页。
② 胡锦涛：《在庆祝中国共产党成立90周年大会上的讲话》，载《人民日报》，2011年7月2日。

更复杂、更突出。"① 比如，中国现在的贫富差距过大，已经超出了合理的界限。根据国家统计局公布的数据，中国十年来的基尼系数分别为：2003年0.479，2004年0.473，2005年0.485，2006年0.487，2007年0.484，2008年0.491，2009年0.490，2010年0.481，2011年0.477，2012年0.474。② 而按照许多学者的测算，中国现在实际的基尼系数已经超过了0.5。可见，不论从哪种统计口径看，中国的贫富差距过大，已经明显超出合理的界限。社会不公现象的大量出现，已是一个不争的事实。习近平指出："在我国现有发展水平上，社会上还存在大量有违公平正义的现象。""特别是随着我国经济社会发展水平和人民生活水平不断提高，人民群众的公平意识、民主意识、权利意识不断增强，对社会不公问题反映越来越强烈。"③以社会不公问题为主要特征的社会矛盾问题对中国产生了日益增大的负面影响，已经影响到中国发展的大局。

  适应着新的历史条件的变化，面对着新出现的社会矛盾问题，我们党近十年来开始重视公平正义问题，强调应当将维护和促进公平正义放到一个"更加突出的位置"。胡锦涛指出，公平正义问题至关重要，"只有切实维护和实现社会公平和正义，人们的心情才能舒畅，各方面的社会关系才能协调，人们的积极性、主动性、创造性才能充分发挥出来"。所以，"维护和实现社会公平和正义，涉及最广大人民的根本利益，是我们党坚持立党为公、执政为民的必然要求，也是我国社会主义制度的本质要求"④。"实现社会公平正义是中国共产党人的一贯主张，是发展中国特色社会主义的重大任务。"要"做到发展为了人民、发展依靠人民、发展成果由人民共享"。"初次分配

---

① 胡锦涛：《在省部级主要领导干部提高构建社会主义和谐社会能力专题研讨班上的讲话》，载《人民日报》，2005年6月27日。
② 国家统计局综合司：《马建堂就2012年国民经济运行情况答记者问》，参见中华人民共和国国家统计局网站，http：//www.stats.gov.cn/tjgz/tjdt/201301/t20130118_17719.html，2013年1月18日。
③ 习近平：《切实把思想统一到党的十八届三中全会精神上来》，载《求是》，2014年第1期。
④ 胡锦涛：《在省部级主要领导干部提高构建社会主义和谐社会能力专题研讨班上的讲话》，载《人民日报》，2005年6月27日。

和再分配都要处理好效率和公平的关系,再分配更加注重公平。"① 重要的是,与日益重视公平正义问题的认识相适应,我们党近年来出台了一整套改善民生、缩小贫富差距、建设新农村等具体的政策并予以实施。

特别值得注意的是,党的"十八大"报告和十八届三中全会通过的《决定》更是将公平正义放到了一个前所未有的高度来看待。"十八大"报告将公平正义放到了社会主义核心价值观的位置,指出"公平正义是中国特色社会主义的内在要求",要"倡导自由、平等、公正、法治"。② 党的十八届三中全会通过的《中共中央关于全面深化改革若干重大问题的决定》更是把公平正义放到了改革发展的出发点和落脚点的位置,指出改革要"以促进社会公平正义、增进人民福祉为出发点和落脚点"③。习近平在2014年新年贺词中指出:"我们推进改革的根本目的,是要让国家变得更加富强、让社会变得更加公平正义、让人民生活得更加美好。"④ 这表明,以"十八大"报告和十八届三中全会通过的《决定》等为标志,中国共产党与改革开放相适应的、具有现代意义的公平正义观已基本形成。

二、公平正义观的基本内容

中国共产党公平正义观十分丰富。大致地看,包括以下主要内容:

(一)公平正义的基本价值取向

归纳起来看,我们党的公平正义观包括两个基本价值取向。第一个基

---

① 胡锦涛:《高举中国特色社会主义伟大旗帜为夺取全面建设小康社会新胜利而奋斗——在中国共产党第十七次全国代表大会上的报告》,载《人民日报》,2007年10月25日。
② 胡锦涛:《坚定不移沿着中国特色社会主义道路前进为全面建成小康社会而奋斗——在中国共产党第十八次全国代表大会上的报告》,载《人民日报》,2012年11月18日。
③ 《中共中央关于全面深化改革若干重大问题的决定》,载《人民日报》,2013年11月16日。
④ 《国家主席习近平发表二〇一四年新年贺词》,载《人民日报》,2014年1月1日。

本价值取向是,要让全体人民共享改革发展的成果。人民是改革发展的推动者,也是改革发展的受益者。所以,改革发展成果对于人民来说应当具有共享的性质。恩格斯指出,应当"把生产发展到能够满足所有人的需要的规模;结束牺牲一些人的利益来满足另一些人的需要的状况;彻底消灭阶级和阶级对立;通过消除旧的分工,通过产业教育、变换工种、所有人共同享受大家创造出来的福利,通过城乡的融合,使社会全体成员的才能得到全面发展"①。邓小平也指出:"社会主义的特点不是穷,而是富,但这种富是人民共同富裕。"②中国共产党继承了这些重要思想。"十八大"报告指出,"必须坚持走共同富裕道路。共同富裕是中国特色社会主义的根本原则",要"使发展成果更多更公平惠及全体人民,朝着共同富裕方向稳步前进"。③ 第二个基本价值取向是,要为每一个社会成员的自由发展提供充分的空间。马克思指出:"代替那存在着阶级和阶级对立的资产阶级旧社会的,将是这样一个联合体,在那里,每个人的自由发展是一切人的自由发展的条件。"④ 在现代社会和市场经济条件下,每一个社会成员都具有自主意识和独立选择权利。正因为如此,社会有责任鼓励、帮助每一个社会成员的自由发展。"要营造鼓励人们干事业、支持人们干成事业的社会氛围,放手让一切劳动、知识、技术、管理和资本的活力竞相迸发,让一切创造社会财富的源泉充分涌流,以造福于人民。"⑤

必须看到的是,对于社会的安全运行和健康发展来说,公平正义的这两个基本价值取向各有各的特有重要功能,缺一不可。公平正义第一方面的基本价值取向的主要功能在于"保底",即确保并不断提升全体社会成

---

① 《马克思恩格斯选集》第 2 版第 1 卷,北京:人民出版社 1995 年版,第 243 页。
② 《邓小平文选》第三卷,北京:人民出版社 1993 年版,第 265 页。
③ 胡锦涛:《坚定不移沿着中国特色社会主义道路前进为全面建成小康社会而奋斗——在中国共产党第十八次全国代表大会上的报告》,载《人民日报》,2012 年 11 月 18 日。
④ 《马克思恩格斯全集》第 39 卷,北京:人民出版社 1974 年版,第 189 页。
⑤ 习近平:《在第十八届中央纪律检查委员会第二次全体会议上的讲话》(2013 年 1 月 22 日),参见党建网,http://www.wenming.cn/djw/szxxpt/ywxj/201307/t20130711_1341579.shtml,2013 年 7 月 11 日。

员生存与发展的基本底线，以此最大限度地消除社会成员之间的隔离因素，使改革发展成为全体人民的共同事业，增强整个社会的团结合作，从而最终实现改革发展的目的。公平正义第二方面的基本价值取向的主要功能在于"不限高"，即把每个人自身的切身利益同对社会的具体贡献紧密地结合在一起，为每一个社会成员的自主追求和自由发展提供充分的空间，充分激发整个社会的创造活力。公平正义的这两项基本价值取向是一个有机整体，相辅相成，缺一不可。缺少其中的任何一项，公平正义便不具备完整的意义，就会走向不公正，就会对社会的运行和发展产生负面效应。

（二）公平正义的主要规则

所谓公平正义，就是指给每个人他（她）所应得的。但在不同的历史条件下，人们对于公平正义的主要规则往往有着不同的解释。基于现代化和市场经济的历史条件，我们党的公平正义观对公平正义的主要规则进行了概括。"十八大"报告提出，要"逐步建立以权利公平、机会公平、规则公平为主要内容的社会公平保障体系"。

权利公平是指，每一个社会成员都有着平等的基本权利，这些权利包括生存权、财产权、社会保障权、受教育权等。社会对社会成员的这些基本权利尤其是基础性的基本权利必须予以切实的保护。"要依法保障全体公民享有广泛的权利，保障公民的人身权、财产权、基本政治权利等各项权利不受侵犯，保证公民的经济、文化、社会等各方面权利得到落实。"[①]

机会公平是指，有着相同能力和相同意愿的社会成员应当有着大致相同的发展机会和发展前景。"如果升学、考公务员、办企业、上项目、晋级、买房子、找工作、演出、出国等各种机会都要靠关系、搞门道，有背景的就能得到更多照顾，没有背景的再有本事也无法出头，就会严重影响

[①] 习近平：《在首都各界纪念现行宪法公布施行30周年大会上的讲话》，载《人民日报》，2012年12月5日。

社会公平正义。"①

规则公平是指，制度和政策的形成必须经过严格、公正的程序。这个程序必须具有普惠性、公平对待、多方参与、公开性和科学性的特征。制度和政策的制定者不能将自己的利益倾向和偏好掺杂其中，不能"夹带私货"。

（三）公平正义覆盖了所有的重要领域

过去人们对于公平正义的理解往往有些偏颇，认为公平正义只是社会领域的事情，在经济领域应当是重视效率，在社会领域才是应当重视公平正义。实际则不然。社会领域固然离不开公平正义，比如，就业、扶贫、社会保障、教育、公共卫生、住房、社会治理等都是公平正义的应有之义。《中共中央关于全面深化改革若干重大问题的决定》指出，要"更好保障和改善民生、促进社会公平正义，深化社会体制改革"②。同样，经济领域也离不开公平正义。没有公平正义，就没有平等竞争的市场环境，也就没有效率。可见，即便是在经济领域，也必须强调公平正义。正因为如此，所以，"十八大"报告指出，要"保证各种所有制经济依法平等使用生产要素、公平参与市场竞争、同等受到法律保护"③。十八届三中全会的《决定》指出，"公有制经济财产权不可侵犯，非公有制经济财产权同样不可侵犯"。要"坚持权利平等、机会平等、规则平等，废除对非公有制经济各种形式的不合理规定，消除各种隐性壁垒"④。

同理，公平正义也是政治领域当中的头等大事。无论是民主化还是社

---

① 习近平：《在第十八届中央纪律检查委员会第二次全体会议上的讲话》（2013年1月22日），参见党建网，http://www.wenming.cn/djw/szxxpt/ywxj/201307/t20130711_1341579.shtml，2013年7月11日。
② 习近平：《关于〈中共中央关于全面深化改革若干重大问题的决定〉的说明》，载《人民日报》，2013年11月16日。
③ 胡锦涛：《坚定不移沿着中国特色社会主义道路前进为全面建成小康社会而奋斗——在中国共产党第十八次全国代表大会上的报告》，载《人民日报》，2012年11月18日。
④ 习近平：《关于〈中共中央关于全面深化改革若干重大问题的决定〉的说明》，载《人民日报》，2013年11月16日。

会成员平等权利的保障，均离不开公平正义。实际上，政治民主化和法治社会建设的过程，就是维护和促进公平正义的过程。"十八大"报告指出："要推进科学立法、严格执法、公正司法、全民守法，坚持法律面前人人平等。"① 十八届三中全会的《决定》也指出，要"坚持法律面前人人平等，任何组织或者个人都不得有超越宪法法律的特权，一切违反宪法法律的行为都必须予以追究"，"坚持用制度管权管事管人，让人民监督权力，让权力在阳光下运行，是把权力关进制度笼子的根本之策"。②

三、立足于公平正义推动改革开放

公平正义问题是解决中国改革发展所面临的重大矛盾问题的关键，是推动改革开放和实现社会安全运行和健康发展的关键。正如习近平所指出的那样："中央全面审视和科学分析我国经济社会发展现状和态势，认为这个问题不抓紧解决，不仅会影响人民群众对改革开放的信心，而且会影响社会和谐稳定。"③

（一）只有立足于公平正义，才能确保社会的安全运行

共享改革发展成果是社会认同的基础。社会是由"人"构成的，改革发展应当是以人为本的改革发展。尽管市场经济是必需的，但也不能让弱肉强食的"丛林法则"盛行于社会。一旦"丛林法则"盛行，那么必然会使大量社会成员失去最为基本的生活底线，进而失去基本的社会认同。如

---

① 胡锦涛：《坚定不移沿着中国特色社会主义道路前进为全面建成小康社会而奋斗——在中国共产党第十八次全国代表大会上的报告》，载《人民日报》，2012 年 11 月 18 日。
② 习近平：《关于〈中共中央关于全面深化改革若干重大问题的决定〉的说明》，载《人民日报》，2013 年 11 月 16 日。
③ 习近平：《切实把思想统一到党的十八届三中全会精神上来》，载《求是》，2014 年第 1 期。

此,社会则不可能安全。正是从这个意义上讲,共享改革发展成果的基本价值取向能够有效地防止"丛林法则"的弊端。只有让改革发展的成果为全体社会成员共同享有,只有使民众的基本生活能够随着改革发展的推进而得以大面积的持续改善,只有使民众的切身利益能够从改革开放过程中得以不断增进,在此基础之上,民众才会形成改革发展的共识,才会认同、支持改革开放,从而最大限度地消弭各种隔阂与不满。相反,"如果不能给老百姓带来实实在在的利益,如果不能创造更加公平的社会环境,甚至导致更多不公平,改革就失去意义,也不可能持续"①。

基于公平正义理念的制度安排是社会成员解决相互间纠纷的规则体系。罗尔斯指出:"正义的主要问题是社会的基本结构,或更准确地说,是社会主要制度分配基本权利和义务,决定由社会合作产生的利益之划分方式。"② 这种看法是有其合理之处的。由于社会各个群体利益诉求的多样性和复杂性以及人们观念的千差万别,社会成员之间、社会群体之间不可避免地会产生这样那样的一些纠纷和矛盾。如果这些纠纷和矛盾能够凭借着公正的制度和规则得到公正的解决,而不会按照某个强势群体的利益偏好来进行人为的处置,那么,不仅矛盾问题容易解决,而且社会成员和社会群体会觉得这个社会值得依靠,就会对社会产生一种认同和信任,相应地,这个社会的安全系数便会大幅度提高。

"两头小、中间大"的橄榄型的社会结构有利于社会的安全运行。橄榄型的社会结构在很大程度上反映了社会结构的公正性:它反映出一个社会的普遍受益、共享社会发展成果的具体状况;也反映出社会成员的实际能力与收入状况之间的合理对应,因为在一个社会当中能力强者和能力弱者均占少数,而能力居中者占多数。这样一个公正的橄榄型社会结构有利于社会的安全和稳定。一方面,有恒产者方有恒心。当人们一无所有的时

---

① 习近平:《切实把思想统一到党的十八届三中全会精神上来》,载《求是》,2014年第1期。
② 〔美〕约翰·罗尔斯:《正义论》,何怀宏、何包钢、廖申白译,北京:中国社会科学出版社1988年版,第5页。

候，就很难对社会有一个积极认同的态度，就很希望瓦解现有的社会而重新产生一个有利于自己的社会；但是，当人们普遍拥有了一份来之不易的、像样的家庭财产，有了一份稳定的职业，过上了比较"体面"的生活时，就会希望社会保持一种稳定的局面。另一方面，中等收入者是富人和贫困人口之间的有效缓冲带。在一个社会当中，富人群体和贫困群体之间相对来说最容易产生隔阂和冲突。而中等收入群体同这两个群体相对来说容易相安无事。因此，中等收入者的比重如果很大，那么，就可以比较有效地缓解富人群体和贫困群体之间的紧张关系。

（二）只有立足于公平正义，才能确保社会持续而健康的发展

公平正义能够激发社会的活力和创造力。保障社会成员的基本权利和机会平等，意味着要消除社会成员发展过程中所面临的种种障碍。这些障碍既包括横向的各个方面的障碍，如身份歧视、种族歧视、性别歧视、财富歧视等，也包括纵向的亦即"代际"方面的障碍，如"穷二代"、"富二代"、"官二代"现象等。十八届三中全会的《决定》指出，要"规范招人用人制度，消除城乡、行业、身份、性别等一切影响平等就业的制度障碍和就业歧视"[1]。习近平也指出，要"突破利益固化的藩篱，进一步解放和发展社会生产力，进一步激发和凝聚社会创造力"[2]。一旦消除了阻碍人们发展的障碍和藩篱，就会极大地拓展社会成员自我选择的空间，同时会使社会成员把自己的意愿与自己的切身利益有机地结合在一起。这样做的结果，必然会极大地激发社会成员创业和工作的主动性、热情和创造性，进而能够激发整个社会的活力和创造力。

---

[1] 习近平：《关于〈中共中央关于全面深化改革若干重大问题的决定〉的说明》，载《人民日报》，2013年11月16日。
[2] 《习近平在武汉召开部分省市负责人座谈会时强调 加强对改革重大问题调查研究 提高全面深化改革决策科学性》，载《人民日报》，2013年7月25日。

维护和促进公平正义,能够有效地提升中国消费内需拉动力。对于一个规模较大的国家来说,内需消费拉动是经济发展最为重要的动力。扩大消费内需,已经成为中国经济发展的"战略基点"。"要牢牢把握扩大内需这一战略基点,加快建立扩大消费需求长效机制,释放居民消费潜力。"① 但应当看到的是,中国目前的消费内需拉动明显不足。1978—1992年,中国的最终消费率(消费率)大致保持在60%以上,1993—2006年保持在50%—60%之间,自2007年开始跌破50%,2007年、2008年、2009年、2010年、2011年、2012年分别只有49.6%、48.6%、48.5%、48.2%、49.1%、49.5%。② 而中国目前消费内需拉动之所以明显不振,与大量社会不公现象的存在有着直接的相关性。中国目前的现实状况是,城乡居民收入的增幅长期低于GDP的增幅;中低收入者的比重过大;中等收入者的比重过小,只有23%;③ 社会保障体系不够完善,社会保障水准偏低。在这样的情况下,居民的普遍消费购买力只能是相对偏低,相应地,中国消费内需拉动力也只能是偏弱。显然,只有基于公平正义,才能破解这一困局。原因很简单。只有基于公平正义,才能大面积地改善民生,才能有效地减小贫富差距,才能有效地扩大中等收入者的比重,才能有效地建立起覆盖较大、水准日益提高的社会保障体系,进而能够有效提升消费内需拉动力。

(原载《当代世界与社会主义》,2014年第2期)

---

① 胡锦涛:《坚定不移沿着中国特色社会主义道路前进为全面建成小康社会而奋斗——在中国共产党第十八次全国代表大会上的报告》,载《人民日报》,2012年11月18日。
② 中华人民共和国国家统计局:《中国统计年鉴2013》,北京:中国统计出版社2013年版,第62页。
③ 陆学艺主编:《当代中国社会结构》,北京:社会科学文献出版社2010年版,第23页。

第三编 依法治国与中华文明

论"法治中国"的科学含义

汪习根

(武汉大学法学院)

"法治中国"[①]作为法治在当下中国的政治表达[②],而且正在从一个命题具体化为全面改革的行为逻辑,预示着中国法治史上的一次重大飞跃的来临,必将对中国的法治与社会发展产生重大影响。对"法治中国"作为学术概念,学界"出现了'法治中国'与'法治国家'同一论和'法治中国'是'法治国家'的升华与深化两种基本观点"[③]。对法治中国的逻辑构成,则有三种不同

[①] 在我国学术界,张文显先生最系统地深度解读与研究了法治中国的全景图,极其敏锐而深刻地提出:"十八大以来,习近平总书记就法治建设发表了一系列重要讲话,提出了许多新的科学观点、命题和论断,特别是十分明确地提出了建设'法治中国'。十八届三中全会《决定》进一步把'法治中国'作为法治建设的目标。'法治中国'这一概念的提出,是习近平同志在地方工作期间提出的'法治浙江'命题的合乎逻辑的延伸与发展。法治中国与富强中国、民主中国、公正中国、文明中国、和谐中国、美丽中国、平安中国等要素相辅相成,共同编织出'中国梦'。中国梦是雄壮而和谐的交响乐,在中国梦中加入法治中国篇,是极其必要和完美的。"(参见张文显:《全面推进法制改革,加快法治中国建设——十八届三中全会精神的法学解读》,载《法制与社会发展》,2014年第1期)

[②] 针对法治中国的概念演进,学者指出,"法治中国"经历了"从学术命题到政治命题"再到"宪法命题"的变化(韩大元:《简论法治中国与法治国家的关系》,载《法制与社会发展》,2013年第5期)。

[③] 刘红臻:《"法治中国建设理论与实践研讨会"综述》,载《法制与社会发展》,2013年第5期。

看法：一是"三要素说"，认为法治中国包括"国家法治、地方法治和行业法治"，或者"法治政党、法治政府和法治社会"三个部分；二是"四要素说"即法治中国由"法治国家、法治政党、法治政府、法治社会"四者构成；三是"五要素说"，即"法治中国"包括"法治经济、法治政治、法治文化、法治社会和法治生态文明"。① 可见，进一步厘清与阐释法治中国的科学含义与逻辑构成，对深化法治学术研究、加快中国的法治进程具有重大的现实意义。法治中国是一个有机统一的多维构造体，不能仅仅只看到治理的客体如国家、政府、社会等，也不能只是抽象地分析"中国"这一主体。主体性的强化与主客关系的优化是推进法治中国建设的核心，应当从马克思主义关于主客体二元互动论而非单纯的客体论或主体论出发来解读法治中国。法治中国是指法治主体在法治信念与法治精神的导引下，以法治思维和法治方式制约法治的客体，实现全体人民平等参与、平等发展的权利，通过提升中国在全球的法治竞争力实现国家发展的根本价值。法治中国是借鉴吸收了人类共同法治文化遗产的基础上结合中国现实国情民意进行创造性转换的产物，反映了法治发展规律、契合了法治普遍原理。基于此，本文将从一般法治原理与中国法治话语相结合的理论基点出发，从主体、客体、时空三个维度来研究法治中国这一主题的创新性逻辑理路与实践出路。

一、法治中国的主体维度

从主体上看，法治中国是主体法治素养生成与滋长的产物，也是防止法治主体异化为法治客体的必然。法律一旦被人类创制出来以后，似乎就变为一个外在于人自身的客体。其实，在主体的意识之中，法律信仰是影响法治成败的关键。然而，法治在中国的前现代一直是以一种外部性的方

---

① 黄文艺：《对"法治中国"概念的操作性解释》，载《法制与社会发展》，2013年第5期。

式而存在的,法治在实质上被退化为主体以外的异己力量。法治的主体性认同缺失是制约传统中国制度文明的重大障碍。所以,为了还原法治的真意、回归人的本质,法治中国的现实使命就是要进行主体的角色建构与意识内化,使法治从一种客观存在变为人的潜在素质的不可或缺的细胞。

主体性是主体实现自我意识、自我价值所表现出来的属性。"主体性正是关于人类知识进程的关键要素。哲学家的确是在努力将一种对象性的知识与技术体系看成是主体性能力的表现形式"[1]。而法治则是这种知识与技术能力的核心,因为制度创新是一切技术创新的源泉,而法治则是迄今为止最为理性的制度,对资源配置与分配正义具有最重要的功效。人的主体性是现代人最重要的属性之一,所谓自由和解放正是人的主体性的代名词。"在主体中自由才能得到实现,因为主体是自由的实现的真实的材料"[2]。在后现代主义看来,现代性导致"主体与客体均被消解"、"在主体和客体之间已不存在区别"、"事实上真正的主体性并不存在"[3]。其实,这种观点显然不是要彻底否定主体性,而是要摒弃那些基于人治、专制、反自由、平等与法治的主体性,这种"正在衰落的主体性,实际上是指以自我为中心的占有性个体主义、以统治自然为目标的人类中心说及不包含交互主体性的单独主体性"[4]。法治的主体性强调人民的主体地位与主体力量对法治的意义与功能。从价值论的层面讲,法治以主体的权利与自由为终极目标,人权是法治之发起、展开与进化的根本导引,是构成法治的起点和终点的本源性价值。"中国梦"是马克思主义关于人的全面自由发展理论在当代中国的生动表达,正如党的十八届三中全会决定所指出的要"让一切创造社会财富的源泉充分涌流,让发展成果更多更公平惠及全体

---

[1] 〔美〕乔治·F.麦克林:《多元文化社会中的宽容精神》,邹诗鹏译,载《求是学刊》,2005 年第 1 期。
[2] 〔德〕黑格尔:《法哲学原理》,范扬、张企泰译,北京:商务印书馆 1961 年版,第 111 页。
[3] 〔法〕让-弗·利奥塔等:《后现代主义》,北京:社会科学文献出版社 1999 年版,第 87、199、38 页。
[4] 郭湛:《正确认识人的主体性》,载《光明日报》,2001 年 4 月 10 日。

人民"①。为此，应该着力解决一个关键问题：法治中国的主体是谁？是人民大众还是公权力的执掌者？法治中国的主体是人民而非国家机关，尽管法治建设离不开立法、执法与司法机关的民主立法、严格执法和公正司法，但他们只是法治的执行主体而非本源性主体。只有人民才是法治的第一性的力量和主宰者。只有正确处理好了人民主体与国家主体之间的关系，才能正本清源，"加强对权力运行的制约和监督，把权力关进制度的笼子里，形成不敢腐的惩戒机制、不能腐的防范机制、不易腐的保障机制"②，切实防止将"法治中国"变为"法治百姓"。同时，也有助于将身居"高位"的法治下放给"社会"，具象化为生活中的法治和行动中的法治。

法治中国的主体性建构依赖于人民的法治自觉、法治自信和法治自立以及法治自强。具体来说：

1. 法治自觉。指社会主体对法治的认识达到一定的深度和应有的高度并从一种知识发展为内心的认同与自觉的接受，从而内化为自己的价值观、人生观与生活观，将法治同化为中国价值、中国精神的构成元素。"推进国家治理体系和治理能力现代化，要大力培育和弘扬社会主义核心价值体系和核心价值观，加快构建充分反映中国特色、民族特性、时代特征的价值体系。坚守我们的价值体系，坚守我们的核心价值观，必须发挥文化的作用"③。因为，"精神自觉是精神自信的前提和基础"④。走出了极度物质匮乏境地的当代中国，必须要进行价值与精神层面的协同提升，其关键是要进行"人性的锻造与刷新"，"清点我们的人性财富"⑤；而当我

---

① 《中共中央关于全面深化改革若干重大问题的决定》，载《人民日报》，2013 年 11 月 16 日。
② 习近平在十八届中央纪委二次全会上发表重要讲话强调，更加科学有效地防治腐败、坚定不移把反腐倡廉建设引向深入，提出了把权力关进制度的笼子里的著名论断。参见新华网，http://news.xinhuanet.com/politics/2013-01/22/c_114461056.htm，2013 年 1 月 22 日。
③ 《习近平在省部级主要领导干部学习贯彻十八届三中全会精神全面深化改革专题研讨班开班式上发表重要讲话》，见人民网，2014 年 2 月 18 日。
④ 李明泉、向荣、肖云：《中国精神：历史内涵与主体性建构》，载《中华文化论坛》，2012 年第 3 期。
⑤ 崔卫平：《我们的尊严在于拥有价值理想》，载《南方周末》，2007 年 1 月 22 日。

们研究梳理改革开放 30 多年"中国发展的精神因素"① 时,切不可忘记法治精神之于中国人精神生活与社会发展的意义。因为"法律只有在涉及价值的立场框架中才可能被理解"②,而法律价值与其说是主观主义的或纯粹客体主义的,还不如说是基于主客体相互关系的一种情景或质态,"任何完整的法律规范都是以实现特定的价值观为目的,评定特定的法益和行为方式"③。没有精神上的法治自觉,就没有法治中国的形成。其缘由在于,从一定意义上看,精神可分为三种形态:从兽类受冲动和环境支配中解脱出来的人格精神、超个人的共同精神即客观精神和客观化了的精神。而"客观化了的精神""作为第三个形态包含由精神从自身中'展现出来的'各种客观化:变成法典的法律,……人格精神和客观精神是活生生的精神,而客观化了的精神却不是活的东西"④。可见,唯有制度与法典显然是不够的,精神形态上的法治正如其他文明的精神一样,"慢慢地、静悄悄地向着它新的形态发展,一块一块地拆除了它旧有的世界结构"⑤。在中国特色社会主义法律体系已经建成的今天,塑造法治自觉精神贯穿于整个实体法治的链条,无论是对执法、司法还是对守法、护法都至关重要。当然,必须明确,中国法治精神必须是自身独特价值的反映。应当"努力实现中华传统美德的创造性转化、创新性发展,把跨越时空、超越国度、富有永恒魅力、具有当代价值的文化精神弘扬起来,把继承优秀传统文化又弘扬时代精神、立足本国又面向世界的当代中国文化创新成果传播出去。只要中华民族一代接着一代追求美好崇高的道德境界,我们的民族就永远充满希望"⑥。可见,民族的先进的法治精神对于法治之重要性更为持久。

---

① 童世骏、何锡蓉:《中国发展的精神因素》,上海:上海人民出版社 2008 年版。
② 〔德〕古斯塔夫·拉德布鲁赫:《法哲学》,王朴译,北京:法律出版社 2005 年版,第 4 页。
③ 〔德〕伯恩·魏德士:《法理学》,丁小春、吴越译,北京:法律出版社 2003 年版,第 54—55 页。
④ 〔德〕施太格缪勒:《当代哲学主流》上卷,王炳文等译,北京:商务印书馆 2000 年版,第 297—301 页。
⑤ 〔德〕黑格尔:《精神现象学》,贺麟译,北京:商务印书馆 1997 年版,第 2 页。
⑥ 《习近平在省部级主要领导干部学习贯彻十八届三中全会精神全面深化改革专题研讨班开班式上发表重要讲话》,见人民网,2014 年 2 月 18 日。

2. 法治自信。指人们对法律的信仰、信心与信守，是植根于主体内心深处的一种法治体认与文化认同而非仅仅是对规则的外在服从。① 从广义上讲，法治自信包括对法治的道路自信、理论自信和制度自信。为此，应当在正向上提升法治思维方式的运用能力，同时克服现实中在一定程度上存在的对法治信心不足甚至失去信心的社会心态，深入挖掘、分析、识别与消除同法治背道而驰尤其是那些似是而非、掩人耳目的非法治思维方式：一是父母官思维。此所谓"恺悌君子，民之父母"②。这种"父权家长制"所"追求的是实质的查明真理"③，而具有一种反形式的性质，在这里，"福利关怀的行政管理接近于'灵魂关怀'的性质。法和习俗之间的界限、法律强制和父辈的告诫之间的界限、立法的动机和目的与法律技术手段之间的界限，通通被摧毁的荡然无存"④。二是运动式思维。"中国运动式治理模式，在一定程度上促进公民参与民主政治过程的同时，又严重削弱了民主法治建设的进程，呈现出民主进程中的二律背反，以'大民主'的方式来追求'小民主'的实现，以'政治动员'来消除'政治运动'的影响，实现了政府治理短期目标，却损害了人民民主主权的合法性。"⑤ 这一思维模式在今天的翻版值得警醒。⑥ 三是指标性思维。必须破除单纯盲目地

---

① 从文化意义理解与认同法和法治，较之于规则与制度，对国人而言意义更为深远。据中国法文化权威学者张伟仁先生分析："法文化则除了法制以外还涉及许多与它相关的问题，例如：（一）法律以外的许多社会规范；（二）施行这些规范的制度和实践；（三）思想家有关各种社会规范和社会权威的理论；（四）一般民众的是非善恶观念；（五）他们对规范和权威的看法和态度；（六）产生这些法律、制度、理论、观念、态度和实践的社会情势及其变迁；（七）社会中各色人等希望利用这些规范和制度去追寻的目标；（八）这些人们大致共同的对于一个理想社会的憧憬。"（张伟仁：《中国法文化的起源、发展和特点（上）》，载《中外法学》，2010年第6期。）
② 《吕氏春秋·不屈》。
③ 〔德〕马克斯·韦伯：《经济与社会》下卷，林荣远译，北京：商务印书馆1997年版，第169页。
④ 〔德〕马克斯·韦伯：《经济与社会》下卷，林荣远译，北京：商务印书馆1997年版，第171页。
⑤ 冯志峰：《中国政治发展：从运动中的民主到民主中的运动———项对110次中国运动式治理的研究报告》，载《甘肃理论学刊》，2010年第1期，第23页。
⑥ 例如贵州大学生参与拆迁的事件。据报道，"贵阳观山湖区于2013年10月12日组织2671人，对金华镇上铺村空山坝51栋7.2万平方米违法建筑依法实施拆除。在参加拆违行动的2671人中，有当地大学生837人。由学生参与'拆违'几乎成为贵阳大规模拆违常态。一位女学生介绍，从今年5月份至今，她和她的同学们参与了6次政府组织的拆除违建的行动，包括10月12日的行动。在今年的7月6日，她们学院约有100人参与了一次类似行动"（周清树：《贵阳查实837学生参与拆违》，载《新京报》，2013年10月18日）。

追求经济指标、命案必破的指标、罚没款数额、零上访率等的思维方式。四是无为型思维。克服不求法律求"大师"①的错误观念，不仅要以法治精神修身，更要依法治国平天下。五是情理型思维。消解传统礼治、德治与仁治之局限，因为"凡是不凭感情因素治事的统治者总比感情用事的人们较为优良。法律恰正是全没有感情的；人类的本性（灵魂）便谁都难免有感情"②。六是维稳型思维。不能违背法治的精神谋求秩序③，树立维稳的前提是维权、维稳的基础是公平、维稳的手段是法律、维稳的程序要合法的科学法治观。

3. 法治自立。国无法不治、民无法不立。"立人"是中国在与世界列强竞争中立于不败之地的精神资本，"其首在立人，人立而后凡事举；若其道术，乃必尊个性而张精神"④。精神张，则人立，人立则凡事举。法治的精神得以弘扬，则作为法治主体的人才能得以自立。法治自立即依据法律进行独立的思考、公正的判断，使法治演进为一种常态化的思维方式、常设化的行为模式和常规化的生活态度。关于中国精神自立与中国发展的内在关系，正如一个美国学者所说："欧盟正在千方百计地试图将4.5亿人聚拢在一起，可是中国可以毫不费力地享有13亿人的民族忠诚和民族认同感——这个数字占去了全世界五分之一的人口！"⑤ 当然，我们需要的是基于理性与制度的忠诚而非对皇权与人治的崇拜，就法治精神而言，这种全民族的认同与信守对法治中国的跨越式发展又是何等重要！事实雄辩地证明，"从古老的阿契美尼德波斯帝国到现今世界的美国，经由罗马帝国，唐王朝和西班牙，荷兰帝国，以及大英帝国"，任何大国的兴起，都离不

---

① 白靖利、侯文坤：《不问苍生问"鬼神"——官场"风水"现象扫描》，载《人民日报》，2013年8月10日，第4版。
② 〔古希腊〕亚里士多德：《政治学》，吴寿彭译，北京：商务印书馆1981年版，第163页。
③ 烨泉：《克服手段崇拜才能体现维稳真谛》，载《法制日报》，2013年8月7日。
④ 鲁迅：《鲁迅杂文全集·坟·文化偏至论》，郑州：河南人民出版社1994年版，第14页。
⑤ 〔美〕艾米·蔡：《大国兴亡录》，刘海青等译，北京：新世界出版社2010年版，第十章。

开"宽容"、"道德"与法治"文化"。①

4. 法治自强。就是通过法治实现国富民强,使法治成为推动发展、激发活力、鼓励创新的最有效手段。古人云:"国无常强,无常弱。奉法者强,则国强;奉法者弱,则国弱。"② 同理,"明法者强,慢法者弱"③。而时至今日,诺贝尔经济学奖得主米勒对中国发展开出的药方是"中国不需要更多的经济学,而是更多的法律"④。中国市场化改革与经济发展所面临的挑战已经不是经济学能够解决的,还要靠法治。"法治是中国的强国途径,法治强国是中国的战略目标"⑤。法治对国家富强的内在机制包括:激励机制即通过蕴含善德价值的法律制度刺激科技创新,以赢得核心竞争力;约束机制即以普遍性调整代替个别性调整、减少治理的制度成本和交易成本,提升经济与社会效益;引导机制即为社会设定行为模式与判断标准,对社会关系进行超前导向,减少社会失范与无序;保障机制即为经济稳健运行供给社会安全阀;救济机制即以法治之手遏制市场之手的恣意妄为。因此,法学研究不仅要关注正义与秩序,更应该聚焦效率与市场,法学是正义之学、更是"强国之学"⑥,为实现通过法治的经济富强、社会创新与民生小康功能服务。总之,法治中国旨在让中国梦、强国梦、法治梦三位一体,相得益彰。

二、法治中国的客体维度

法治中国是从依法治权与依法维权的二元对立转向互信、和谐的权利

---

① "艾米·蔡给我们讲述了世界超级大国的故事——这些帝国中的佼佼者在它们的全盛时期,也几乎是无法做到平等。不仅所有人都会被她精辟的理论所说服——种族宽容政策是全球统治地位的必要条件,而且文化'粘性'的缓慢溶解剂将帝国紧紧的团结一起"(参见 Nail Ferguson, Laurence A. Tisch,关于《大国兴亡录》的书评,见〔美〕艾米·蔡:《大国兴亡录》,刘海青等译,北京:新世界出版社 2010 年版)。
② 《韩非子·有度》。
③ 《韩非子·饰邪》。
④ 转引自卢现祥:《西方新制度经济学》,北京:中国发展出版社 1996 年版,第 266 页。
⑤ 胡建淼:《走向法治强国》,载《国家行政学院学报》,2012 年第 1 期。
⑥ 李龙、汪习根主编:《法理学》,武汉:武汉大学出版社 2011 年版,第 5 页。

和权力关系模式与治理格局的必由之路。

　　法治之所"治"即法治中国的客体,其关键在于公共权力而非人民权利。法治中国以对国家权力的制约与监督为手段,以实现人的全面自由发展为依归。为此,要依法保障"全体公民平等参与和平等发展的权利"①。1986年联合国通过的《发展权利宣言》明确指出,所有国家有义务和责任采取法律、政策措施确保全体人民和每一个公民公平地享有参与发展、促进发展和享受发展成果的机会与自由。② 所以,如何理顺权利与权力、公务员与公民、国家机关与社会组织之间的关系,一直是摆在法治中国建设面前的重大议题。这个问题在表面上看似解决,但实际上还存在理论和实践上的深层次困惑,集中表现在:从理论上讲,"法不禁止即自由"与"法无授权即无权"之间的关系尚不甚明晰,甚至存在法不禁止亦无授权的"空白地带"与"权利真空";从实践上看,中国现在进入到了经济发展的重要战略机遇期,同时也是社会矛盾的凸显、多发、高发期。在所有的社会矛盾中,较为突出的是贫与富、管理者与被管理者以及官与民之间的矛盾,其中的官、民矛盾一度成为主要矛盾之一。③ 法治中国建设就是要以法治方式化解官民矛盾、创新社会管理、促进社会建设,为大国崛起构建一个安定和谐的法治大环境。具体来说,需要通过依法执政、依法行政、依法执法、依法司法,不断形成与固化以下三种治理关系:

　　一是友爱的党民关系。通过依法执政,实现党的领导、人民当家作主和依法治国三者的完美结合,形成人民爱党,党全心全意地代表和维护人民合法权益的和谐关系。如何使依法执政从一个原则和口号转化为法律制

---

① 党的"十七大"和"十八大"报告连续宣告中国发展的目标是要实现"全体公民平等参与和平等发展的权利"。对此,应当进行及时的理论与制度回应。
② 联合国:《发展权利宣言》第一条,联合国大会一九八六年十二月四日第41/128号决议通过。
③ 参见杨军:《官民矛盾步入显化期》,载《决策探索(上半月)》,2009年第1期;吴忠民:《中国现阶段社会矛盾特征分析》,载《教学与研究》,2010年第3期;邓伟志:《论社会矛盾》,载《上海大学学报(社会科学版)》,2009年第4期;邹焕聪:《法治文化视角下官民矛盾的预防化解之道》,载《求实》,2013年第8期等等。

度与法律行为，是制约法治中国建设的一大症结。为此，应该解决三个实践问题：其一，党法关系。其实质是党的领导地位与法律权威的关系。党的十八届三中全会在"法治中国建设"中确认了法律至上，指出要"维护宪法法律权威。宪法是保证党和国家兴旺发达、长治久安的根本法，具有最高权威"；《中央党内法规制定工作五年规划纲要（2013—2017年）》提出的基本要求是"宪法为上、党章为本"。这就明确了党内法规与国家法律的总关系。当然，不可回避的是，应该理清党内法规文件在国家法律体系中的定性与效力位阶问题。不能简单地对"法规"一词作狭义的理解，否则，宪法以及人大的法律就成为党内法规文件的上位渊源。如果说宪法权威高于其他一切权威已成定论，那么，法律与法规的一般关系原理则难以适用于对党内法规文件的分析。其二，党法与政策的可审查性。三中全会强调要"完善规范性文件、重大决策合法性审查机制"，这一审查机制是否包括对党内法规文件的审查，其内在机理与法律实践程序何在，这些问题都值得深入研究。其三，法治评价与政绩考核的关系。三中全会强调要"建立科学的法治建设指标体系和考核标准"，并将之作为重要内容纳入"维护宪法法律权威"之中。所以，有必要建立一个"法治GDP"指标评价体系，树立科学的法律发展观。

二是友善的政民关系。善治是现代法治的必然要求，然而，对政府与人民的关系即政府在治理中的定位依然存在争议，在学术界有"主导论"、"补位论"和"折中论"三种不同观点。其实，不可片面而论，"不宜简单地讲补缺地位或主导地位"[①]。我们认为，要科学回答这个问题，首先应当在法理上澄清一对基本的法律价值——自由与平等的关系。无论是何种形式的正义论都离不开对作为正义基础资源如何分配的问题，正如罗尔斯所言，"每个人都有同样的权利享有一组完全适当的平等的基本自由，而不影响其他任何人享有同样一组基本自由"；"两种情况下允许存在社会与

---

① 江必新：《推进国家治理体系和治理能力的现代化》，载《光明日报》，2013年11月15日。

经济不平等：首先，在机会均等的情况下，由官职与地位造成的不平等；其次，这种不平等能给社会中境况最差的成员带来好处"。① 尽管阿玛蒂亚·森、托马斯·博格等著名学者对罗尔斯正义论提出了种种挑战与修改②，但无论如何，自由与平等始终是分析的圆心。为了求得自由与平等的最大交集，"最大限度平等下的自由"（Greatest equal liberties）是政府应该解决的最大难题。在现代市场经济与法治理念下，由于市场在资源配置中起决定性作用，全能政府早已让位于有限政府与有效政府，其高度集合的人治型权力应当被一分为二："自由"归还给市场与公民，"平等"则留作政府的义务与职责。于是，自由便具有了私益的性质，而平等则更多地被赋予公益的属性。可见，法治视野下政府与公民的关系是多元而非简单同一的，就市场经济而言，政府应该让权给市场、退权到社会、还权于人民，此时，政府应当退居到补充、协调的地位上；而在谋求公平正义、全面建成小康社会上，政府则责无旁贷。责任政府作为法治的要义，不只是从正向增进社会福利总量，而重在从反向抑制与消除社会不公、社会矛盾。基于这一理路，在实践上，应当将科学的法治标准融入政绩考核体制，防止与法治思维背道而驰的下述三种现象：一是唯 GDP 至上的政绩观。它使政府热衷于招商引资、直接参与甚至主导市场竞争，导致民众与社会对政府公权的过度与不正常依赖，其结果最终必然是既伤害了自由又不利于平等。"无论从哪个入口梳理地方经济社会发展的弊病，结论都可以在 GDP 问题上殊途同归，而权力的过度集中、不受约束和缺乏制衡，则实际上为 GDP 冲动提供了载体。"③ 二是国家与社会的二分法。将政治国家与市民社

---

① John Rawls, *Political Liberalism*, Columbia University Press, 1993, p. 291.
② 阿玛蒂亚·森认为罗尔斯的制度正义范围太窄，其实，在不考虑制度的情况下也可以探讨正义的分配与自由的实现，并与托马斯博格等共同将罗尔斯的正义从一个国家共同体内部拓展到世界范围，致力于"全球正义"的实现（参见〔印〕阿玛蒂亚·森：《正义的理念》，王磊、李航译，北京：中国人民大学出版社2012年版；〔美〕托马斯·博格：《康德、罗尔斯与全球正义》，刘莘、徐向东译，上海：上海译文出版社2010年版；〔美〕托马斯·博格：《何为全球正义？》，李小科译，载《世界哲学》，2004年第2期；Tomas Pogge, *The World Poverty and Human Rights*, Cambridge, Polity, 2002）。
③ 刘白：《规范权力运行，GDP 冲动才无出口》，载《光明日报》，2013年12月11日。

会对立开来或完全同化看待都是极端片面的。不可盲目模仿西方的做法，西方现代社会的法律与民众之关系型构与以前大不相同，"随着西方国家进入福利社会阶段，日益严重的市场经济和代议制民主政治的双重失灵，进一步加剧了社会分裂，出现了在生存权和发展权的实现与保护方面处于不利境地的弱势群体，他们的利益诉求不能够通过民主政治渠道变成法律意志和国家意志。于是，解决市场竞争造成的社会两极分化问题和疏通政治渠道问题的压力，促进了政治国家与市民社会在分离基础上的良性互动，推动了自治型法向回应型法的历史演变"①。中国当下面临的社会挑战不可能仅仅凭靠张扬所谓的相互回应的"主体间性"②，这是一种中间状态，在自上而下主导的法治模式下，如欲突破发展瓶颈，就必须实现政府与社会的双向强势构建，既要在本体论上强调人民主权的国家与社会观，又要重视其形式要件与实践方式。应该依法改革行政体制、限缩行政审批，推进社会自治、强化社会组织结构与运行机制的法律化、有效化。三是社会责任弱化。生存权与发展权是两项基本人权，其中的发展权不仅是经济的发展自由，还包括政治、社会、文化、生态全面协调可持续发展的权利。有权力必有责任、有权利必有救济，这是基本的法治原则。但对后者，由于受新型人权不可司法性③观点的影响，往往难以究责，更难以实现司法救济。而实际上，面对社会矛盾与社会管理，"政府负责"是一个

---

① 季金华：《司法公信力的概念分析》，见 http://www.chinalaw.org.cn/lgxd/2607.html#_ftn1（访问日期：2013年12月19日）。
② Gillespie, A. & Cornish, F., "Intersubjectivity: Towards a Dialogical Analysis", *Journal for the Theory of Social Behaviour*, (2010)40, pp.19-46; Scheff, Thomas et al., *Goffman Unbound!: A New Paradigm for Social Science (The Sociological Imagination)*, Paradigm Publishers, 2006. 主体间性论的两面性，学界已有研究，国内有学者解析了西方哲学典型的主体间性理论各自所具有的限度，积极地倡导整合性的主体间性理论思路（参见王晓东：《西方哲学主体间性理论批判：一种形态学视野》，北京：中国社会科学出版社2004年版）。
③ "如果说有一个问题支配了关于经济、社会、文化权利的辩论，这个问题就是，那些权利在国内法的层次上是否具有可司法性"（Herry J. Steiner, Philip Alston & Ryan Goodman, *International Human Rights in Context: Law, Politics, Morals*, Oxford and New York: Oxford University Press, 2007, p. 298）。国内学者的研究成果主要参见：柳华文：《经济、社会和文化权利可诉性研究》，北京：中国社会科学出版社2008年版；黄金荣：《司法保障人权的限度：经济和社会权利可诉性问题研究》，北京：社会科学文献出版社2009年版；孙萌：《经济、社会和文化权利的可诉性：标准与实践》，北京：知识产权出版社2011年版。

基本要求。"治理的着力点是法治方式。法治是治理的基本方式"①。法治呼唤良法善治,政府对社会的治理必须导入善德价值准则,而善治的本质在于政府与公民通过法治实现对公共生活的合作治理,政府以服务为基本要求,奉行以人为本的法律观。所以,回归到治理价值与法治理念的始点去处理政府与人民的关系是法治中国的必然选择。应当在主体上建立政府与社会、民众多元对话的法律平台与法律程序,消除法上的强制效力缺失或不足的弊端;在依据上发挥正式制度和非正式制度的双向调节功能,让官方法与民间法交相辉映;在路径上跳出命令与服从单一垂直的权力关系窠臼,在对话与沟通的基础上不断调适、形成共识。

三是友好的法民关系。法律能否以及在多大程度上可以内化为民众的主体意识与潜在素养,是法治的生命力之所在。"公民美德"对法治在当代的意义发掘应当成为法治体系的一大支柱。人民或其代表通过充分互动能够使他们以公民身份避开私利而谋求公益,产生"公民美德"。所以,面对专制与滥权,应当不断呼吁公民美德,培植公民美德原则。② 除了制度之于法治不可或缺外,"以'公民参与'为导向的'公民美德'的理论与实践,对法治秩序的建构而言,也是一个极其重要的、可能的资源"③。因为,法治中国的认识论基础在历史上是相当脆弱的。19世纪初,黑格尔曾指出,"我们不能够说中国有一种宪法……,所以我们只能谈谈中国的行政";"它的行政管理和社会约法,是道德的,同时又是完全不含诗意的——就是理智的、没有自由的'理性'和'想象'"④。20世纪初,马克斯·韦伯断言,儒家伦理缺乏资本主义发展的有力动因。而到70年代,昂

---

① 江必新:《推进国家治理体系和治理能力的现代化》,载《光明日报》,2013年11月15日。
② 参见〔美〕卡斯·R.森斯坦:《共和主义的永久遗产》,见〔美〕斯蒂芬·L.埃尔金、卡罗尔·爱德华·索乌坦:《新宪政论——为美好的社会设计政治制度》,周叶谦译,北京:生活·读书·新知三联书店1997年版,第214页。
③ 李龙、汪习根:《宪政规律论》,载《中国法学》,1999年第4期;程波:《论法治秩序中的"公民美德"》,载《北方法学》,2009年第2期。
④ 〔德〕黑格尔:《历史哲学》,王造时译,上海:上海书店出版社2001年版,第124页。

格尔针对传统中国为什么没有产生出法治精神并走上法治之路这一问题进行了分析,发现其"主要原因在于缺乏形成现代型法治秩序的历史条件——集团多元主义、自然法理论及其超越性宗教的基础"①。这些域外法哲学家对中国问题的持续关注,的确有其合理之处,但是,其共同的缺陷在于没有看到,在前现代的中国,法治之不可能的关键不只是在制度上没有宪法和法制,也不只是在于没有超越规范法的法理念,而在于仅有"臣民"没有"公民"意识、所谓的"公民美德"被代之以黑格尔式的"臣民的精神"。更进一步分析,公民的法治美德在意识与能力两个层面都出现了严重的断裂,延续至今的是"司法公信力"②的不够、"信访不信法"③的怪象。事实上,由于"信任网络降低了交易成本,增强了契约的安全性"④,并且,"权威关系、信任关系以及规范,都是社会资本的特定形式"⑤,因此,必须破除法民如何互信这一横亘在"法治"与"中国"之间的桎梏,从自然自治迈向"回应型法"⑥,获得"通过协商而定的,而非通过服从而赢得的"秩序⑦。对此,学界从法的回应性开始转向思考"回应型司法"⑧,但对相关路径与方式的设计上缺乏自足性。本文认为,

---

① 参见季卫东:《法治秩序的建构》,北京:中国政法大学出版社1999年版,第316页。
② 党的"十八大"报告指出:"司法公信力不断提高,人权得到切实尊重和保障。"(胡锦涛:《坚定不移沿着中国特色社会主义道路前进为全面建成小康社会而奋斗》,载《人民日报》,2012年11月8日)三中全会决定指出:"深化司法体制改革,加快建设公正高效权威的社会主义司法制度,维护人民权益,让人民群众在每一个司法案件中都感受到公平正义。"(参见《中共中央关于全面深化改革若干重大问题的决定》,载《人民日报》,2013年11月16日)
③ "近几年来,随着越来越多的社会矛盾以案件形式进入诉讼渠道,也出现了诉讼与信访交织、法内处理与法外解决并存的状况,导致少数群众'信访不信法'甚至'弃法转访'、'以访压法'等问题比较突出。导致国家难以形成权威的裁判机制、难以形成公认的判断是非曲直的标准。"(参见彭波:《中央司法体制改革领导小组办公室答记者问——积极稳妥推进深化司法体制改革各项任务》,载《人民日报》,2013年12月2日)
④ 〔美〕查尔斯·蒂利:《信任与统治》,胡位均译,上海:上海人民出版社2010年版,第16页。
⑤ 〔美〕科尔曼:《社会理论的基础》,邓方译,北京:社会科学文献出版社1999年版,第352页。
⑥ 〔美〕诺内特、塞尔兹尼克:《转变中的法律与社会:迈向回应型法》,北京:中国政法大学出版社2004年版,第143页。
⑦ 〔美〕诺内特、塞尔兹尼克:《转变中的法律与社会:迈向回应型法》,北京:中国政法大学出版社2004年版,第105页。
⑧ 郝艳兵、吴如巧:《提升司法公信力迈向回应型司法》,载《光明日报》,2013年3月28日;王旭:《"回应型司法"更能粘合民心》,载《人民日报》,2013年9月27日。

作为互信之法民关系的"回应",应当包括三种模式:外部的实质回应、内在的技术回应以及连接前两者的程序回应。其中,外部的实质回应是一种法社会学意义上的回应,其内核是法律尤其是司法对民意的回应以及民意对法的反制,情理与司法的关系是一个主要表现形态,应当类型化与技术化其间的关系,从"情轻法重"、"情重法轻"、"情是法非"、"情非法是"这四个层面加以解构。① 因为,就法治的生存土壤而言,在"围绕情、理、法、权、术、势的交涉动态和偶然结局中,推行法治必须从交涉的有序化、偶然的非随机化开始,否则一切都无从谈起"②。内在的技术回应是基于法律逻辑学对如何打开法民关系之结的思考,增强裁判文书说理性被反复呼吁,但值得深思的是,应当及时补上微观操作上的法律方法论运用这一课,克服说理所招致的不利后果③,科学把握在缺失判例法④传统模式下说理的深度与广度。程序性回应作为关节点,既适于内部性回应,也应用于外部性回应,特别是要依此实现外部回应的内部化。司法公信力源于司法的自律、公平与理性,而赋予人民以外部监督和内在的民主参与司法活动的权利,并实现这种权利的程序化和制度化,则是实现司法公信的根本出路。为此,要克服外部监督有余、内部参与不足的缺陷,可以借鉴东亚各国司法民主化社会化的一些合理做法,改革现有的陪审制度、消除陪而不审的弊端,使民意通过转化为司法内部的程序性参与而克服任性与冲动;强化听证制度,对听证的范围、程序、效力与效果进行法律的规制,让民众在亲历亲为中形成知法、信法、尚法的法律信仰。所以,建议制定整合性的《陪审法》和《听证法》,以高位阶的立法切实提升回应的法治

---

① 参见汪习根、王康敏:《论情理法关系的法律整合机制》,见陈起行、江玉林、今井弘道、郑泰旭主编:《后继受时代的东亚法文化》,台湾元照出版公司2012年版,第231页。
② 季卫东:《法治中国的可能性——兼论对中国文化传统的解读和反思》,载《战略与管理》,2001年第5期。
③ 对河南种子案中李慧娟式的说理,以司法权侵犯立法权的观点,学界多有评说(参见胡锦光:《2008年中国十大宪法事例评析》,北京:法律出版社2009年版)。
④ 我国实施的判例指导制度,是为弥补判例法缺失之不足、统一法治所作出的贡献,但该制度对增强裁判文书的规范性与说理度所起的示范效应,尚待进一步发掘与扩散。

含量,从而实现规制公权、彰显公信、维护民权的价值。

三、法治中国的时空维度

(一) 时间维度

从时间维度看,法治中国不能割断历史,但也并非表征着从古至今中国法治的全部内涵,而是在人类法制史发展到了当今特定情境下的现实产物。否定法治中国与神话法治中国的做法都是不符合唯物史观的。从时间序列上分析法治中国问题,有助于明确中国法治的当下关切、现实焦点和路径选择。从历史上看,各国的法治发展是相当不平衡的,路径亦差异较大。德国法治经历了康德基于自由、福利的实质"法治国"到法律实证主义的形式"法律国",再到希特勒的法西斯主义法律主治,最后方才进化为当代的"社会法治国"模式。[①] 美国与英国崇尚程序权利和遵循先例的法治理念不同,开创了宪法至上、宪法司法为主的法治模式,而"在英国的法治理念中没有许多德国式的书卷气和超验色彩及由此带来的学术孤独感,也不像法国那样激进,而是充满了生活的气息、机智与技巧"[②]。

中国的法治如果意欲成为真实的法治,便不可能完全指望从历史上的法治样本中寻求现成答案。法治中国是以法治文化遗产为源泉和养分并通过创造性转换而对未来中国法治蓝图的总体勾画,呈现出两个基本特征:一是多元性。法治中国是吸收了古今中外一切优秀的法治文明成果并进行创造性地转换而来的,无论是古希腊的"法治优于一人之治"的思想还是近代西方"法律的统治"的理念,无论是古代中国"以法治国"、"事断于法"还是近代中国民主立宪、自由平等的传统,特别是现代中国社会主

[①] 邵建东:《从形式法治到实质法治——德国"法治国家"的经验教训及启示》,载《南京法律评论》,2004年秋季号。
[②] 郑永流:《法治四章:英德渊源、国际标准和中国问题》,北京:中国政法大学出版社2002年版,第79页。

义民主法制的宝贵精神财富，都构成当今法治中国建设的价值渊源，而社会主义核心法律价值观则是法治中国的最重要的精神支柱。二是开放性。法治中国的提出本身就体现了我们对法治的开放态度，从"法律"到"法制"再到"法治"、从"依法办事"到"依法治国"再到"法治国家"直到"法治中国"，一次次境界的升华、价值的提升，无一不彰显出法治的开放性。但是，时至今日，抽象地讨论历史知识已经毫无意义。法治中国应当在治理情境、治理导向、治理目标、治理难题诸方面契合实际。坚持"任务导向，以服务小康社会建设和民族复兴任务为导向；问题导向，以解决转型中国亟待解决的中国问题为导向；条件导向，从中国现实国情出发；历史文化导向，受中国历史传统和文明样式影响"①。法治中国所欲解决的问题，首当其冲的便是通过制度革新与重构为经济社会发展提供强大的合力。透过法治解决好贫富、城乡、经济与社会、人与环境、国际与国内发展这五大不协调关系，需要的是政治智慧，更是法治智识。

（二）空间维度

从空间维度看，法治中国是从封闭的本土法治走向开放的全球法治、为单一的中国语境引入国际视野的产物。如果依法治国的提出，为治国方略的选择带来了革命性的飞跃，那么，法治中国的构建，必将有助于在根本上改变中国在世界上的传统形象，以独有的法治竞争力增强自身的综合实力。而只有通过拓展依法治国的范围与空间，在比较中甄别、在甄别中选择，才能实现法治的中国元素与人类共性的有机整合，最终强化自身的治理能力。可见，法治中国在空间上不仅是中国的，也是世界的，凸显出浓厚的全球价值色彩。其价值目标具体表现在：

---

① 中国法学会：《建设法治中国》，载《百名法学家百场报告会法治宣讲活动学习参考材料》（内部印行），2013年版，第6页。

其一,法治话语权。法治中国体现了工具性力量与目的性价值的统一。从工具性上看,法治中国昭示我们,必须谋求中国法治的世界性意义,建构与强化法治的中国声音,学会运用并牢固掌握中国的国际法治话语权。而从目的性上讲,法治中国的终极关怀不会囿于法治自身以及世人对中国的法治评价上,而是法治的外部性关联即对中国的发展究竟发生了何种性质与程度的价值功能。所以,工具性的法治话语权和目的性的法治发展权的有机结合是全球大背景下法治中国的应有之义。法治"精神的本质是自由,它在艰难的自我实现过程中不断追求自足、自主和自治。中国精神要对当下以及未来中华民族的历史、文化和生存、生活等发挥其引领性、感召力、影响力等,就必须找到按其本性成为自己的恰当方式。这种方式形成的标志,就是话语资质和话语权"①。正如法国后现代派代表福柯所言:"人类的一切知识都是通过话语而获得的。任何脱离话语的事物都不存在,人与世界的关系是一种话语关系。"② 对国际事务、双边和多边关系包括经济政治文化等方面的关系,应当具备通过法律的方式发表意见、表达诉求、维护权利的能力。"像枪和金钱一样,话语是一种具有其自身特征的社会力量。话语的结构提供了一个词汇表,包括比如自由、权利、男人、公民这样的一些术语。——围绕话语的斗争涉及到容许收入词汇表的术语,以及使用它们的方法、时间和场合"③。可见,话语权是以自由为表征的权利和以命令为特征的权力的统一体。在法理上,话语权是一种消极权,也是一种积极权。法治话语权不仅赋予主体自己支配自己的自由权利,还让其享有积极作为以对外界进行干预、调整与控制的能力。法治中国不仅仅停留在国内法的层面,也非单纯的国际法层面,还应当从跨国

---

① 袁祖社:《"中国精神"的文化—实践自觉》,载《北京大学学报(哲学社会科学版)》,2012 年第 5 期。
② 〔法〕米歇尔·福柯:《话语的秩序》,见许宝强、袁伟编:《语言与翻译的政治》,北京:中央编译出版社 2001 年版,第 58 页。
③ 〔美〕塞缪尔·鲍尔斯、赫伯特·金蒂斯:《民主和资本主义》,韩水法译,北京:商务印书馆 2003 年版,第 210 页。

法、国家间法律的意义上来理解与实践，从而实现国际与国内法在主权原则下的高度统合。为此，有必要在实践中逐步改变过于注重外交、军事、政策之类的非法律方式处理国际关系的做法，更多地依靠法治思维与法治方式来分析国际问题、化解世界矛盾、推进全球文明，增强国际事务处理中的知情权、表达权、参与权与定义权。

其二，法治治理权。法治中国展示了法治的宏大叙事与微观分析的一致性。就治理而言，法治是一切善治的根本依据和保障。尽管国际社会奉行多元化的治理模式，但法治始终是不同治理模式所通用的治理手段。如果不懂游戏规则、不知法律技巧、没有自己公认权威的国际裁判机构，就不可能在国际纷争的解决中占据主动地位；而如果没有国际游戏规则的制定权与主导权，那么势必会输在起跑线上。在所有的话语权与竞赛活动中，对话的实力至关重要，它既包括硬实力，也包括软实力，还有巧实力。正如哈佛大学肯尼迪政府学院原院长约瑟夫·奈教授所言："巧实力"（Smart Power），即如何运用硬实力（Hard Power）和软实力（Soft Power）①，以提高其在国际行动的合法性，巩固国家的全球领导地位。其中，规则具有举足轻重的地位，"如果一国能够建立与其社会一致的国际规范，它就有可能更少改变自己，而且无需使用强制性的硬权力从而降低自己的代价"②。而从法理上讲，规则本身就是权力的象征与表现，一切法律规范都是由国家强制力保障实施的以权利义务为基本内容的行为规范。规则作为一种特殊的权力，是一种提升国际话语权与发展总实力的最重要战略性资源。

其三，法治管理权。如果说全球治理是从宏观视角进行的阐释，那么，经济管理与市场竞争则是在微观上对法治中国主体素养与法治能力进行的分析。近年来，中国实施"走出去"战略，鼓励中国企业海外投资，

---

① 〔美〕约瑟夫·奈：《软力量——世界政坛成功之道》，吴晓辉、钱程译，北京：东方出版社2005年版，第36页。
② 〔美〕约瑟夫·奈：《硬权力与软权力》，门洪华译，北京：北京大学出版社2005年版，第118页。

取得了应有的成就①；但也出现了较为严重的"水土不服"。据统计，"1986年至2006年期间，多达60%的中国境外投资项目以失败告终"②。从投资领域和区域看，71.5%分布在亚洲，13%在拉丁美洲，而在北美和欧洲分别仅占2.1%和3.5%③，可见，中国的境外投资主要分布在法治欠发达或不发达地区。究其原因，"中国自身的监管制度、中外文化差异、必要管理经验的匮乏，国外市场潜在的和实际的透明度缺失是最主要的难题"④。而在所有制约因素中，与法治直接相关的因素包括法律制度、法律文化的差异特别是依法办事的意识和能力多个方面。除了技术和国力背景外，投资者利用法律规则进行管理的权能不够甚至缺失是导致失败的一个关键变量。而从根本上看，"中西方文化的差异加深了中国境外投资者投资的困难，于是中国企业倾向于在亚洲国家进行投资活动"⑤。其实，文化尤其是法律文化的物化功能应该引起高度重视。新近的研究表明，法律文化不仅是扁平的静态的观念，更是流动的立体的结构，"通过历史传袭而来的社会公平、社会正义等理念，型塑出法律制度的废改立或变迁的法学思想；从而推动和牵引了法律制度的更新，并推行其得到社会实现"⑥。而且，这一基于文化型构出来的法律制度所具有的外部价值远远大于其本身。面对全球自由市场，在"经济人"的身份之上打上深深的"法律人"烙印已经刻不容缓。因为，在市场竞争中，所谓理性的"经济人"实际上是不存在的，只存在有限理性而不可能存在无限理性。正如诺贝尔经济学奖得主西蒙所言，有关决策的合理性理论必须考虑人的基本生理限制以及由此而引起的认知限制、动机限制及其相互影响的限制。从而所探讨的应

---

① 〔德〕邬枫主编：《中国境外投资实务指南》，沈陵译，北京：中国财政经济出版社2012年版，第3页。
② 〔德〕邬枫主编：《中国境外投资实务指南》，沈陵译，北京：中国财政经济出版社2012年版，第5页。
③ MOFCOM/NBS/SAFE 2009, pp. 11-17.
④ Benesch, et al., "China Goes Global: Examining China's Outbound Investment", *China Insights*, January 2010, p. 2; Economist Intelligence Unit, "A Brave New World: The Climate of Chinese M&A Abroad", *Economist*, 2010, pp. 17-24.
⑤ 〔德〕邬枫主编：《中国境外投资实务指南》，沈陵译，北京：中国财政经济出版社2012年版，第4—5页。
⑥ 陈晓枫：《法律文化：显型、隐型及结构析论》，载《河南财经政法大学学报》，2013年第6期。

当是有限的理性，而不是全知全能的理性；应当是过程合理性，而不是本质合理性；所考虑的人类选择机制应当是有限理性的适应机制，而不是完全理性的最优机制。① 因此，如果要以法治之手遏制市场的恣意并获得竞争优势，就必须营造浓厚的法治文化、树立国民的法律信仰、提升国际竞争的法治主导能力。

其四，法治发展权。法治话语权作为一种工具性影响力与支配力，其本身并非最终目的，而应当以法治的实质价值为归属。② 通过法律的发展是后发达国家发展战略的重要组成部分，尽管法律与发展运动在西方的掌控下曾经归于失败，但是只要进行科学的法律借鉴，结合本土特色达到全球化与地方化的对立统一，在法治的导航与护航下实现国家的发展、民族的兴盛就会梦想成真。唯有法治才能最终为实现基于全球正义的分配公平奠定坚实的基础。和平与发展是当今世界的两大主题，在相对和平的年代，发展问题成为最为紧迫的现实任务。1986年联合国通过的《发展权利宣言》开宗明义地宣示："发展权利是一项不可剥夺的人权，由于这种权利，每个人和所有各国人民均有权参与、促进并享受经济、社会、文化和政治发展，在这种发展中，所有人权和基本自由都能获得充分实现。"③ 但是直到今天，依然"继续存在着阻碍发展和彻底实现所有个人和各国人民愿望的严重障碍"。就世界而言，"30%以上的人仍生活在多维贫困状态下，该多维贫困指数用于衡量在健康、教育和生活水平方面的叠加剥夺的

---

① 参见〔美〕赫伯特·西蒙：《人类的认知——思维的信息加工理论》，荆其诚、张厚粲译，北京：科学出版社1986年版。
② 福柯在《话语的秩序》一文中指出，话语就是人们斗争的手段和目的。话语是权力，人通过话语赋予自己以权力；话语不仅是思维符号、是交际工具，而且既是手段，也是目的，并能直接体现为权力（参见〔法〕米歇尔·福柯：《话语的秩序》，见许宝强、袁伟编：《语言与翻译的政治》，北京：中央编译出版社2001年版）。本文认为，这一结论较为深刻地揭示了话语权的功能和本质，但似有过于武断与极端之嫌。因为，话语与话语权不同，它是话语权的载体与手段，而话语权在一定语境下由目的转变为了手段，换言之，话语权在根本上不是一个目的，而是为了获得某种实体利益的一种工具。所以，法治上的话语权是为实现法治的实质价值服务的。
③ 联合国：《发展权利宣言》第一条，联合国大会一九八六年十二月四日第41/128号决议通过。

数量和程度"。[①] 而中国的 GDP 居于全球第二，但"人类发展指数"排名却是 101[②]。因此，社会公平、全球平等发展依然是全体人类共同面临的最大难题。现实残酷地告诉我们，面对如此急迫的情势，基于伦理道德的援助、慈善捐赠等实在是苍白无力，基于公共政策的对话、谈判等也难以奏效。在所有可以解决这一问题的方式中，最具有价值合理性和强制效力的是法治制度。通过法治路径和机制重塑国际政治经济秩序，使人类关系在理性化基础上实现规则化和制度化，是人类公平发展的必由之路。庞德的"世界法"似乎是一种想象，但不可回避其必要性与合理性。不过，应当充分考虑其价值优化与理性进化的质性与限度。否则，在法治之下的全球公平发展便始终难以实现。中国作为世界上最大的发展中国家，有理由也必须最大限度地让法治功能在重构国际秩序中得到最有效的释放。

（原载《中国法学》，2014 年第 2 期）

[①] "对于许多处于快速增长中的南方国家而言，其多维贫困人口的人数已经超过收入贫困人口。同时在许多国家收入不平等现象正在呈上升趋势。根据我们在 2012 年对 132 个国家进行的不平等调整后人类发展指数计算的结果，不平等使人类发展指数平均降低了近四分之一（23%）。"（参见 UNDP：《2013 年人类发展报告——南方的崛起：多元化世界中的人类进步》，联合国开发计划署 2013 年版，第 14 页）

[②] UNDP：《2013 年人类发展报告——南方的崛起：多元化世界中的人类进步》，联合国开发计划署 2013 年版。

"法治中国"建设的战略转向与法治价值观重建

马长山

(华东政法大学公民社会与法治发展比较研究中心)

当前,通过"全面推进依法治国"、建设"法治中国",来巩固改革开放成果、突破"深水区"改革难关、化解社会转型风险,已然成为一种社会共识。但如何反省既有的法治建设局限、实现"法治中国"建设的战略转向、并重建新时期的法治价值观,则是亟待解决的重大问题。

一、"法治中国"建设的战略转向

"依法治国、建设社会主义法治国家"方略的提出和实施,无疑使中国大踏步地迈向了法治建设的新时代,其进步意义和推进效果不容置疑。然而,当改革进入"深水区"后,一些变革不到位、策略偏差、矛盾淤积,以及时代发展新形势所带来的法治建设问题、局限与挑战也逐渐凸显出来。为此,党和国家适时作出了"全面推进依法治国"、建设"法治中国"的重大决策,它绝不是一个简单的口号替换,而是意味着深刻的法治建设战略转向。

(一) 从"工具性"操作走向"正义性"建构

如果立足于当下的深化改革视角,我们就不难发现既有的法治建设进程中还有很多不足,出现了一些不良倾向和瓶颈问题。这主要表现在:

其一,法条主义倾向。完备的法律体系无疑是法治的基本前提,并且会提升法治建设速度、降低成本,而"中国特色社会主义法律体系已经形成"也确实"有法可依"了。但另一方面却也出现了某种法条主义倾向,也即构建法律体系本身似乎已成了目的甚至变成一种政绩的指标。而这种大量快速、形式化立法的背后,却又存在着地方保护和部门利益法律化、权力扩张法律化、既得利益的法律固化等问题。特别是当具体行政行为具有被诉风险和阻力之时,一些地方政府便以立法这种抽象行政行为的方式,实现了"一箭三雕":一来规避了行政诉讼当"被告",二来增强了权力扩张的合法性、强制性,三来也打造了"依法治理"的政绩。很多地方政府纷纷将拆迁政策上升为条例、将截访政策上升为"非正常信访"处理规定就是例证。事实上,在立法的正义价值供给不足的情况下,过度追求法条主义很容易带来"法律专制主义"。其直接后果就是,法律难以变成生活中实际运行和被遵守的规则,甚至变成消极抵制的对象,社会失序也就在所难免了。

其二,国家主义倾向。在后发现代化国家和社会转型期来推进法治,国家的主导作用无疑是必要的,它为法治建设提供了难以替代的动力、效率、秩序保证。近年来,无论是我国的法律体系构建、司法改革,还是法治国家方略、法治政府建设,也正是以国家为主导的,取得了显著成效。但到法治建设进程中期、并步入治理机制之后,法治也就越来越趋向于限制公权、保障私权,此时国家主义法治进路的固有局限性则日渐显露出来。比如,很多立法都是由所属公权力部门草拟并提交立法草案的,一些国家主义的立法偏好就自然蕴含其中,而在立法草案民主讨论不足、专业人士参与不够的情况下,就难免导致立法上对"公共利益"的设定过宽、对公权力职权的赋权范围过大、公权与私权明显不平衡等问题。甚至某些公权力部门还会与既得利益集团达成共谋,而日渐崛起的民众参与诉求却未能有效地得以吸纳,这无疑会加剧"体制内"与"体制外"的摩擦和张力,出现法律信仰危机。

  其三,工具主义倾向。法律"工具主义"是把法律当成简单的统治工具、管制社会的利器,它既缺少对公权力自身的约束,也怠于对公民自由和权利的保障。其理论根源在于对"统治阶级意志"论和"统治阶级工具"论的法本质观的片面理解、僵化套用,其体制根源是长期以来形成的长官意志性的集权化管理模式,其文化根源则是官僚专断主义的封建传统遗传基因,它在"文革"中十分兴盛,时至今日也会或隐或显地出现。尽管从党的"十五大"提出"依法治国"方略伊始,就站在"是党领导人民治理国家的基本方略,是发展社会主义市场经济的客观需要,是社会文明进步的重要标志,是国家长治久安的重要保障"这样的高度来定位和阐释,但各地、各部门在具体落实这一治国方略的实践过程中,则出现了"依法治省"、"依法治市"……"依法治村",或者"依法治企"、"依法治路"、"依法治水"、"依法治矿"等的简单套用。尤其是很多地方和部门并不是意在保障民众权利,而是力图通过立法、执法和司法来保障其公权力的运行和决策实施,于是,部门化立法、选择性执法、运动化司法等现象频频出现,截访劳教、强制拆迁、跨省追捕、高压维稳等现象频发,从而就把法治建设实践变异为"工具性"操作。事实也表明,在周永康主持政法工作的十年间,曾反复要求司法机关要"讲政治"、服从"绝对"领导和保持"忠诚",而这种表面高调的"政治正确"背后,却大大加剧了司法的不独立和行政化,也使得司法机关成为长官意志的"御用"工具、变成为"大棒"维稳的利器,甚至还遮盖着"周薄案"那样的贪腐内幕,其危害后果极其严重。

纵观这些问题,固然有其各种历史和现实的诱因,但实质则都是权力本位和"工具性"的法治实践路径,它们通过对"依法治国"的简单套用,把"依法治理"视为手段性、工具性、策略性的管理举措来操作运行,这与当下的全面深化改革要求和治理能力现代化的建设目标明显相悖,而"全面推进依法治国"和"法治中国"建设,则意味着我国法治建设的战略升级与时代转向。首先,"法治中国"建设包括"依法治国、依法执政、依法行政"等多个层级和维度,要求进行"法治国家、法治政府、法治社会"的一体化建设,这样,就从一种国家层面的宏观治国策略,提升为一项贯穿国家、社会与行政运行体系的立体化系统工程;其次,"法治中国"建设必将牢固确立宪法的至上权威,将公权力和私权利同步、同等地纳入治理机制和规范框架之中,覆盖着法治理念、法治思维、法治方式、法治机制、法治秩序等诸多法治要素,体现着对政府"法无授权不可为"、对社会"法不禁止即自由"和人权保障等时代精神,从而为政府与市场的新型关系提供公平正义的价值尺度和司法保障;再次,"法治中国"是实现中华民族复兴的一个重要标志,它并不仅限于"依法治国"的治国方略意义,更展现着国家与社会的合力互动、多元参与、促进公平秩序的治理能力现代化指向。因此,它必然要抑制以往一些地方对"依法治国"的简单套用、曲解,摒弃"工具性"的法治实践,走向"正义性"的法治建构。

(二) 从单元"管理"秩序走向多元"治理"秩序

纵观当今时代,正处在一个从"统治"(government)走向"治理"(governance)的世界性浪潮中。它不仅是一场伟大而深刻的管理方式变革,也反映着全球化时代的民主化、法治化潮流,其主旨在于从国家主导、纵向规制的强力性秩序,转型为多元互动、横向参与的自主性秩序,因而"既包括政府机制,同时也包括非正式、非政府的机制"①。

尽管社会主义制度从建立至今已有近80年的历史,中国社会主义制度的建立也已近60年,但却充满了坎坷和风险。其中很重要的一个问题,就是过于注重在理论上、意识形态上对制度优越性的论证与捍卫,却往往忽略了制度运行中的合理性、科学性的验证与变革。为此,理论上是人民民主和优越制度,但现实中却演绎了国家主义、整体主义、独断主义的运行机制,导致了中央集权和权贵等级化,形成了只有"统治"、没有"治理"的局面,最终酿成了苏东剧变那样的悲剧。为此,习近平总书记深刻指出:"纵观社会主义从诞生到现在的历史过程,怎样治理社会主义这样的全新社会,在以往的世界社会主义实践中没有解决得很好。"

由此反观30多年我国法治建设中的"工具性"倾向,它无疑是为垂直性、单元性的管理秩序来"保驾护航"的。这种法治建设实践虽然能够在一定时期内快速地构建起规则秩序,但却很难长久地维持,特别是难以塑造富有活力的社会机制、也难以适应市场经济发展的要求。在"全面深化改革"新时期,核心任务就是要建立国家与民间并行、体制内与体制外互动的双重治理机制,实现从国家主宰、垂直控制、单元规划的"统治"运行模式,向官民互动、横向协作、多元参与的"治理"运行模式。而席

---

① 〔美〕詹姆斯·N.罗西瑙主编:《没有政府的治理》,张胜军、刘小林等译,南昌:江西人民出版社2001年版,第5页。

卷全球的"治理"的首要含义,就是"公民安全得到保障,法律得到尊重,特别是这一切都须通过司法独立、亦即法治来实现"①。因此,要"全面推进依法治国",就必然要摒弃为单元"统治"保驾护航的思维惯性和"工具性"立场,适时确立为多元"治理"提供制度框架、正当程序和秩序机制的法治信念与精神,这也是"法治中国"建设的根本目标和必然要求。

(三) 从"高压"维稳策略走向风险控制机制

在 30 多年来的改革开放进程中,前十年基本是一路凯歌、民心所向的和谐时代,但从 20 世纪 80 年代末 90 年代初起,各种社会矛盾和问题便开始日益凸显,改革发展与维护稳定也就成为党和国家决策的"两手"关键支点。加之普遍性的"转型陷阱"在中国出现了某种征兆,公权滥用和腐败愈演愈烈,群体性事件频发,官民对立情绪也随之不断放大。于是,一些地方官员和政府部门则基于政绩、特权、腐败利益甚至"封口"摆平的考量,采取了"高压"维稳的策略。于是,中国就陷入了一种"法治—稳定悖论"之中,不仅司法权威受到直接削弱,也出现了法律的民粹化倾向。② 花样翻新的截访、劳教、"学习班"等不一而足,甚至把上访民众关进精神病院、设立"黑监狱"予以囚禁。这种"高压维稳"策略并不能消灭矛盾,反而会激化矛盾,产生对公权力不信任、不合作和对立抵触情绪,并在社会上蔓延和传播,进而一遇突发事件就会在瞬间产生过激的反抗行为和对社会的疯狂报复。近年来,每年因各种社会矛盾而发生的群体

---

① 〔法〕玛丽-克劳德·斯莫茨:《治理在国际关系中的正确应用》,肖孝毛译,见俞可平主编:《治理与善治》,北京:社会科学文献出版社 2000 年版,第 268 页。
② 参见杨鸣宇:《哥大教授:中国的"法治—稳定悖论"》,载《青年参考》,2014 年 4 月 16 日第 3 版。

性事件多达数万起甚至十余万起①，这些事件中迅速蔓延为打、砸、抢、烧，不能不说是这种过激情绪和报复心理的一种行为映射。正是由于一些地方政府和官员陷入了"高压维稳"的误区，就造成了"一边点火（权力滥用制造矛盾）、一边灭火（权力维稳策略）"的恶性循环，而事实表明，诸多矛盾冲突事件背后，往往是利益表达机制的缺失。从这个角度看，"维权就是维稳，维权才能维稳"。② 更主要的是，要看到社会不稳定的根源并非是老百姓不听话、不服管了，而是我们的制度滞后、公权腐败、司法不公、贫富分化等等诸多体制性问题，让人们不堪忍受。"不去解决民众提出来的问题，而是解决提出问题的民众"，这无疑是制造祸端、摧毁政权的扬汤止沸之举，而一旦"被制造出来的风险扩张的时候，风险也变得危险重重"。③

事实上，当今世界已经进入了一个风险社会，而它并"不仅仅是个环境问题和单单的涉及政治制度的环境问题，而是涉及安全与生存的制度化了的基本权利问题"④。它所带来的风险并不是单元"统治"下的"高压"维稳所能控制的，而只能以多元"治理"和法治机制来进行防范和规制。因此，"法治中国"建设必然要彻底摒弃过去那种扬汤止沸的"高压"维稳套路，转换到以法治思维、法治方式、法治机制来进行风险控制的轨道上来。也只有这样，才能建立起稳固的法治秩序，也才能长治久安。

二、法治价值观的两重性

"法治中国"建设的战略转向，必然要求从制度体系到司法机制、法

---

① 《社会蓝皮书：每年各种群体性事件多达数万起》，见人民网，http://society.people.com.cn/n/2012/1218/c1008-19933666.html。
② 人民日报评论部：《倾听哪些"沉没的声音"》，载《人民日报》，2011年6月3日。
③ 〔英〕安东尼·吉登斯：《失控的世界：风险社会的肇始》，周红云编译，见薛晓源、周战超主编：《全球化与风险社会》，北京：社会科学文献出版社2005年版，第50—51页。
④ 〔德〕乌尔里希·贝克：《关于风险社会的对话》，路国林编译，见薛晓源、周战超主编：《全球化与风险社会》，北京：社会科学文献出版社2005年版，第14页。

治价值、职业伦理等诸多方面的系统性变革。其中，法治价值观的重建则至关重要，它作为法治建设的灵魂，决定着"法治中国"建设的品格与走向。然而，在当今全球化时代，法治价值观并不是单一的、平面的，而是具有共同兼容与民族特色的两重性。

（一）法治多样性、法治底线与法治共识

纵观几百年来的世界法治进程，并不存在一个确定的、通用的法治模式，不仅大陆法系与英美法系之间差别巨大，就是文化同源的英美之间也显著不同，更不用说后发现代化国家了。恰恰相反，法治乃是一个多样性、动态性的进程，这在当今全球化时代尤为明显，以至于"西方本身已经开始怀疑传统法律幻想的普遍有效性，尤其是它对非西方文化的有效性"①。但另一方面，世界法治进程又孕育了共同的法治精神和底线原则，即"作为最低标准，法治要求建立一个使政府和人民都平等地受到法律的有效约束的体制。在这种体制中法律是根据预先确定的制度制定的并且是普遍的和公开的"②。同时，人的核心基本权利（人权）应该受到尊重和保护，"只有被治者基本上是自由的，'法治'才有意义"③。这就表明，不管人们对法治有多少种理解和认识、也不管现实中有多少种法治模式和形态，但都离不开它们共同的核心要素和底线原则——公权力与民众要接受法律的同等约束、公民的权利和自由能够得到平等而有效的法律保障。只有坚守这一核心要素和底线原则，才能够称得上是法治，也才能在此基础上开辟多样化的法治道路。因此，我们在新时期全面推进依法治国，就既

---

① 〔美〕伯尔曼：《法律与革命——西方法律传统的形成》，贺卫方等译，北京：中国大百科全书出版社1993年版，第39页。
② 〔澳〕切丽尔·桑德斯：《普遍性和法治：全球化的挑战》，毕小青译，见夏勇、李林、丽狄娅·芭斯塔·弗莱纳主编：《法治与21世纪》，北京：社会科学文献出版社2004年版，第273页。
③ 〔德〕埃尔哈特·丹尼格：《新世纪初期的法治：关键问题、主要趋势与未来发展》，李忠译，见夏勇、李林、丽狄娅·芭斯塔·弗莱纳主编：《法治与21世纪》，北京：社会科学文献出版社2004年版，第292页。

要坚持走自己的"法治中国"之路,又必须坚守共同的法治底线,特别是要通过限制公权力、保障公民权利、严格依法办事,来实现国家治理能力的现代化,承担起时代赋予的重要使命。

同样,不同的法治发展形态下,自然会有不同的法治价值观,英美国家、东亚国家、中东国家、拉美国家的法治价值观也会千差万别。然而,作为对法治目标的共同追求,自然会有相应的价值共识。2008年,来自亚洲、欧洲、美洲及世界银行的法律专家,就研究制定了一套具有广泛国际共识的《法院卓越业绩国际框架标准》,确立了各国法院普遍认可的司法核心价值观,设计了法院工作考评标准和程序,在不少国家产生了一定影响。[①] 因此,"法治中国"建设,一方面要坚持自己的法治价值观,这不仅是铸造中国法治建设灵魂的需要,也是立足法治本土根基的必然要求;但另一方面,也要充分借鉴世界法治建设的共通经验,尊重全球法治的规律性共识,并为人类法治文明作出应有的贡献。当然,即便是这种规律性共识,也不太可能是完全相同的,而是会伴有不同民族、不同文化、不同历史传统、不同国情之下的差异性需求与理解。因此,这种规律性共识,很多时候则表现为不同民族、传统与文化的兼容性建构。由此看来,"法治中国"建设进程中的法治价值观重建,就既要确立那些尊重全球法治建设共同规律的兼容性价值观,也要确立扎根本土国情、反映制度属性的特色性价值观,从而为"全面推进依法治国"提供核心动力和根本支撑。

(二)"法治中国"建设中的两重法治价值观

回首近十年来的法治建设进程,我们也曾对法治价值观进行了一定的探索和建设。然而,由于受当时政法工作主政者的影响,很多时候是把

[①] 这些法律专家和有关研究机构在深入调研的基础上,把最重要的司法核心价值观概括为以下十项:法律面前人人平等;公平;中立;独立审判;胜任职责;清正廉洁;公开透明;便捷亲民;及时快捷;确定性。

"依法治国"简单地视为一种实用的施政手段和管制工具,法律变成了进行秩序控制的利器,也为权力扩张法律化提供了正当形式和合法渠道,加剧了权力蛮横贪腐和"大棒"维稳。而"依法治国、执法为民、公平正义、服务大局、党的领导"等社会主义法治理念的提出,虽然有其当时的历史背景和环境,但却更多地带有行政或者政治理念的色彩。同样,当时倡导的"三个至上"、"三个效果"、"七个始终"等①,在总体上也是司法规律和法治精神反映不足,而政治化、行政化倾向有余。这种过多的法外政治因素的考量,无疑会带来各种不当干预、影响司法公正。② 事实上,法治建设不能脱离政治基础,但它必须回归法治规律本身、回归法律至上精神。为此,习近平总书记在纪念现行宪法公布施行 30 周年大会讲话中就深刻指出:"维护宪法权威,就是维护党和人民共同意志的权威。捍卫宪法尊严,就是捍卫党和人民共同意志的尊严。"这无疑就澄清了对这一问题的认识,"法治中国"建设也就要适应全面深化改革的要求,对兼容性的法治价值观和特色化的法治价值观进行积极重建。

1. 兼容性的法治价值观

兼容性法治价值观主要是反映全球法治建设的基本规律、核心追求和底线原则的那部分价值观。如果不遵守和贯彻这些价值观,就不仅难以参与世界各国的法治建设交流与对话,也难以融入全球性的法治建设进程,甚至是否能称得上法治都可能成为一个问题了。因此,它是"法治中国"建设不可或缺的价值基础,反映着世界共通价值与中国化需求的兼容性建构。

---

① "三个至上"即党的事业至上、人民利益至上、宪法法律之上;"三个效果"即法律效果、政治效果、社会效果;"七个始终"即始终坚持党的领导,始终坚持中国特色社会主义方向,始终坚持从我国国情出发,始终坚持群众路线,始终坚持统筹协调,始终坚持依法推进改革,始终坚持遵循司法工作的客观规律。
② 参见马长山:《法外"政治合法性"对司法过程的影响及其克服——以李国和案为例》,载《法商研究》,2013 年第 5 期。

其一，权力制约。制约权力、保障权利，一直是现代法治的运行基础和根本指向，只是在不同国家、不同制度下的表现有所差异而已。可以说，权力制约机制的优与劣，就直接决定着法治建设的成色；虽然中国不能实行西方式的"三权分立"，但却必须确立必要的权力制约信念与机制。在当前"全面推进依法治国"的新形势下，"法治中国"建设的一个核心的任务就是要真正地把权力关进制度的笼子里，实现治理能力的现代化。这样，就必须在权力制约的体制机制上实现重大突破：一方面，是横向的权力分工制约，如强化人大对"一府两院"的有效监督和实质性约束，促进司法权与行政权的相互独立、并建立对行政权的司法审查机制等，使公权力由集中变分散、相互制约；另一方面，是纵向的权力分解，如通过权力清单、负面清单、责任清单等，简政放权、还权于民，进而把释放出来的改革红利尽可能地转化成民众的自主权利，使公权力由大变小、分解为私权利并受私权利的监督制约。只有框定了公权力作为的尺度、束缚住公权力活动的范围，把它关进制度的笼子里才成为可能，"法治中国"建设目标也才会最终实现。因此，权力制约必然是法治建设的重要价值指向。

其二，法律至上。以法治代替人治，是人类文明的一个重大进步和时代要求，其根本标志就是"法律的统治"、一切依既定的法律规则办事。因此，它要求任何组织和个人，都必须服从法律，尤其是公权力首先要尊重和服从法律。在我们国家，党领导人民制定法律、并把人民整体意志和党的政策主张上升为法律，因此，严格遵守法律，就是在贯彻党的领导；确立法律至上，就是在巩固执政之基。反之，如果不承认法律至上，甚至或隐或现地设置凌驾于法律之上的政治标准或者权力，就不仅会大大冲击法律权威，损害党的威信和失去民心，也会造成一些党政首长和公权力部门在法外操作的空间，进而是把法律"工具化"而公器私用，这自然就会加剧各种司法不公、权力滥用、贪污腐败等现象的发生，不仅会使"法治中国"建设化为泡影，也会给党的执政基础带来致命威胁。因此，要建设

"法治中国",就必须贯彻法律至上精神与价值原则,任何组织或者个人,都不得有超越宪法和法律的特权。一切违反宪法和法律的行为,都必须予以追究。

其三,公平正义。法治之所以能够成为人类文明的一个重要标志,就在于它秉持多元包容的原则,尊重人们的不同价值追求,肯定人们的自主权利主张,并按照"最大公约数"的正义原则来建立法律框架,促进自由与平等的规则秩序。事实上,近代的自由主义法治模式、福利国家法治模式和程序主义法治模式等不同形态,都没能离开政府干预与自由市场、权利公平分配、自由与平等这样一些主题。改革开放30多年来,中国已进入了一个多元化时代,"文革"中的个人崇拜、传统中的政治动员和僵化的宣传灌输都已无法立足,而真正能让人们信服、认同的,就是对公权力与私权利的合理配置、社会利益与权利的公平分配、自由与平等的保障。为此,习近平总书记指出:"理国要道,在于公平正直";而社会公平正义正是我们党的一贯主张,也是中国特色社会主义的内在要求。这样,"法治中国"建设就必须反映民众的公平正义诉求,切实贯彻当代的正义价值准则,从而建立起人们能够自觉认同与服从的规则秩序。

其四,独立司法。司法权的独立行使与运行,是现代法治国家的基本特征和必然要求。只有确保司法机关能够独立行使职权,才能做到排除干扰、公正司法,也才能真正成为维护社会公平正义的最后一道防线。在我国,固然不宜采取西方的司法独立标准与机制,但必须通过司法改革来实现司法权的合理配置和独立运行。事实表明,近十年来过度强调对司法的政治领导,其结果却是党政干预司法屡见不鲜,司法公信急剧降低,涉法信访案件大量涌现,民众怨气不断累积,严重危及社会稳定和社会秩序。为此,党和国家才启动了新一轮司法改革,并以确保司法机关独立公正地行使检察权审判权为目标。这诚如习近平总书记指出的:"我们要依法公正对待人民群众的诉求,努力让人民群众在每一个司法案件中都能感受到公平正义，决不能让不公正的审判伤害人民群众感情、损害人民群众权益。"因此，独立司法必然成为"法治中国"建设的重要价值目标。

其五，正当程序。正当程序源于1215年的《大宪章》，其本意是，未经法律的正当程序，不得剥夺生命、财产、监禁和限制其他权利。它如今已成为扼制权力肆意擅断、进行程序控权、保障法律公正实施的重要屏障，因而也在世界各国的法治建设进程中获得了广泛认同。在我国，正当程序并没有得到应有的、足够的重视，也会时常爆出"大三长"定案、政法委协调定案等违法违规操作内幕，引发了公众质疑和司法公信危机。而随着法治进程的不断推进，诸如"湖北佘祥林案"、"浙江叔侄强奸案"、"福建念斌案"等冤案则不断暴露出来并获得平反，但"亡者归来"、"真凶浮现"的平冤方式也引起了民众的一片质疑之声，建立正当程序机制也就迫在眉睫。因此，需要修改刑事诉讼法和加强司法人权保障，建立非法证据排除、禁止刑讯逼供等制度，促进正当程序的建立和完善，这必然是"法治中国"建设的应有之义。

其六，人权保障。从启蒙时期的契约论和天赋人权开始，人权就逐渐成为一种普世追求，它意味着人人自由、平等地生存和发展的权利，人的生命、自由和财产必须受到法律的尊重和保护。马克思也明确反对"国家万能"和"权力拜物教"，强调"不是人为法律而存在，而是法律为人而存在"，"法典是人民自由的圣经"。[①] 时至今日，人权保障已成为世界法治进程的一个核心目标。近年来，虽然我国的法治进程和人权保障也取得了很大成就，但法律制度仍不健全，侵犯人权事件也时有发生。对此，习近平总书记指出："我们要保障公民的人身权、财产权、基本政治权利等各项权利不受侵犯，保证公民的经济、文化、社会等各方面权利得到落实，努力维护最广大人民根本利益，保障人民群众对美好生活的向往和追求。"而十八届三中全会《决定》，也再次要求加强司法的人权保障，这也正是

---

① 参见《马克思恩格斯全集》第1卷，北京：人民出版社1956年版，第281、71页。

"法治中国"建设的重要使命。

2. 特色化法治价值观

除了上述兼容性法治价值观之外,"法治中国"建设还需立足本土国情和社会主义制度属性,坚守自己的特色化法治价值观。

其一,依宪执政。之所以把依宪执政作为特色化的法治价值观,主要是由于我国的社会主义制度属性和党的长期执政现实所决定的。面临新时期的重大挑战与机遇,党中央充分认识到自身长期执政的历史使命,充分认识到只有把法治作为治国理政的根本方式,才能确保长治久安。而推进"法治中国"建设,就必须依宪治国、依宪执政,"真正做到党领导立法、保证执法、带头守法"。否则,就无法带领全国人民进行"法治中国"建设,也难以克服"深水区"改革难关、实现治理能力现代化的宏伟目标,公正合理的法治秩序也就难以建立起来。因此,依宪执政是新时期"法治中国"建设必须坚持的价值准则。

其二,和谐秩序。如果说依宪执政是基于政治体制因素而需坚持的法治价值观的话,那么,和谐秩序则是基于本土国情和文化传统而需坚持的法治价值观。无疑,现代法治是以保障私权利、抑制公权力,促进公平秩序为主旨的规则之治,但它在各国的发展却又体现了不同的民族文化。东亚法治与西方法治的一个很大不同,就是儒法文化与和谐精神的潜在影响,无论是日本、新加坡、韩国,还是台湾地区,都是如此。因此,在"法治中国"建设进程中,就不能简单复制那种立足于个人主义、自由主义精神基础上的建设路径,而是要考虑在团体本位文化中注入现代主体意识和人权观念,在和谐观念中注入正义、自由、平等和民主价值;在权力与权利合作关系中,确立现代多元权利对权力的制约、监督和平衡机制;把义理人情的合理性纳入契约意识、利益意识和法律意识框架之中等等。总之,其基调是关照传统的和谐与平衡精神,但又需要符合法治建设规律、坚守法治建设的目标和底线，走出一条中国化的法治发展道路。

三、法治价值观的重建策略

基于"法治中国"建设的战略转向和法治价值观重建的迫切需要，我们就应加大改革力度，采取恰当的建设策略，积极进行法治价值观的塑造与重建。

其一，摒弃错误思想与观念，积极倡导新时期的法治价值观。党的"十八大"后，国家对社会主义核心价值观进行了新的凝练和界定。同样，在"全面推进依法治国"、建设"法治中国"的新形势下，我们一方面应深刻反省既往法治价值观建设中的不足与问题，清理周永康主导司法工作十年间的错误思想与观念；另一方面，应在尊重多元价值的基础上来凝练法治共识，并按照法治建设自身的规律和逻辑，来重构和倡导新时期的法治价值观，充分弘扬权力制约、法律至上、公平正义、独立司法、正当程序、人权保障等法治价值，使之成为"法治中国"建设的精神动力和方向指引。

其二，注入新的法治价值观，构筑健全的良法体系。没有健全完善的法律体系，"法治中国"建设无疑就是一种空谈。经过30多年来的建设，有中国特色的社会主义法律体系已经形成。然而，由于受国家主义、法条主义和工具主义倾向的影响，使得已经形成的这个法律体系并不是十分理想化的，特别是当改革进入"深水区"后，一些诸如妨碍市场统一公平竞争的陈旧规范、权力本位的制度设计、人权保障不到位的具体条款等问题也随之显现出来。因此，在法律修订与完善的过程中，就需要注入新时期的法治价值观，从而打造良法制度体系，为"深水区"改革与发展提供必要的保障，促进"法治中国"建设。

其三，努力打造法治政府，推动法治价值观的实践转化。建设"法治中国",意味着全社会都需按法治的要求和规则来运行。能否做到这一点,关键在于公权力是否首先遵章守法、是否按照法治方式和法治思维来施政。因此,公权力贯彻和遵行法治价值观的程度如何,就对法治国家、法治社会的建设步伐具有决定性影响。可见,重建法治价值观,推进"法治中国"建设,就必须打造法治政府,推动法治价值观的实践转化。而这种实践转化,又反过来强化人们对法治价值观的信仰和内化,从而形成良性互动的法治建设氛围。

其四,构建独立公正的司法体系,贯彻和弘扬法治价值观念。目前,正在进行新一轮司法改革,其核心取向就是保障司法机关依法独立公正地行使检察权审判权。而只有构建起独立公正的司法体系,新时期的法治价值观也才有了常规性、机制性载体和展现平台,并变成人们在个案中能够看得见、摸得着的实践体验。当前,应从以下几方面入手来推进司法改革:一是改善党对司法的领导方式,以推进立法、加强党纪监督等为主要形式,进行宏观性、方向性、制度性的"抽象"领导,不进行个案审理或者司法过程的"具体"指挥;二是通过去行政化、去地方化改革,克服行政权对司法的干预和影响,同时修改行政诉讼法,将抽象行政行为纳入诉讼受案范围,强化司法权对行政权的审查监督;三是防止司法机关系统内的垂直管理和自我行政化,促进审级独立和审判独立;四是合理界定人大、政协等权力机关、议事机关与司法机关的关系,既保证这些机关对司法的必要监督,又要保证司法权的依法独立行使。这样,一方面司法体系就能够按照新时期的法治价值观进行独立公正地运行,另一方面又通过这种体系化运行而有效地弘扬和传播了法治价值观,并在社会上扎根,推动法治秩序的生成。

其五,塑造公民意识,培养法治精神。改革开放30多年来,我们一直致力于构筑适应社会主义市场经济的法律体系,但公民文化建设却没有得到应有的重视,而是"人民群众"和"主人"意识一直处于主导地位。事实上,"人民群众"、"主人"等概念和角色更多地反映着政治生活的逻辑,是整体性的、注重政治安排的、体现"当家作主"权力的价值取向;而公民概念和角色则更多地反映着法治生活的逻辑,是个体性的、注重法治框架的、体现权利义务一致性的价值取向。在"全面推进依法治国"、努力建设"法治中国"的今天,法治思维、法治方式将成为国家和社会生活的主导,因此,除了在政治关系中要重视"人民群众"、"主人"等概念和角色外,在大量的法治生活中则应高度重视公民概念和角色,积极倡导公民意识。只有确立起全社会的公民意识,才能更有效地传播法治价值观念,并内化为普遍的法治信仰,"法治中国"的建设目标才能真正实现。

(本文为特邀撰写,系首次刊发)

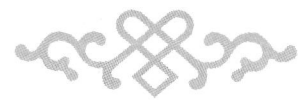

以法治国与中华文明的自我突破

任剑涛

(中国人民大学国际关系学院)

随着中共十八届四中全会确定依法治国的主题，人们聚焦性地思考一系列关乎中国改革开放走势的重大问题。诚然，确定依法治国的主题，大大开拓了人们观察中国今后发展态势的视野。这不仅有利于人们看清楚中国走向现代文明的大趋势，也有利于人们了解清楚，这将对中国文明的既定结构形态带来决定性的重塑作用。一个长期浸润在德治（人治、礼治）文明社会氛围中的中国社会，必须走上法治文明的发展轨道。如此，才足以真正奠立国家治理的现代体系，保障国家治理能力的提升。这是中华文明的一次历史性突破，是人类文明史上最为壮观和惊心动魄的重大变迁。

一、以法治国与中国的文明形态抉择

分析中国确定以法治国大政方针内涵的意义，可以从两个角度着手。一个角度是中国改革开放的现实处境与既定出路,另一个角度是从中国文明形态的变迁这一大历史视角。

从前一个角度看,落定以法治国的国策,三个重要的宣告就此作出:

一是中国的改革开放,已经不再限定在经济领域中,而进入法政领域的深层次改革。中国的改革开放,长期限定在经济领域,围绕 GDP 增长的需要,不断地对 GDP 增长产生不利影响的诸观念和制度因素进行微调。但这种微调的选项,日益接近短缺状态,左支右绌。人们常常以为,这样的手段短缺,是由于经济领域改革的勇气不足导致的。因此,人们习惯于在经济领域中以鼓劲儿的方式,尝试推动改革。其实,这哪是经济体制改革勇气的问题,而是法政体制严格限定了改革施展空间所必然引发的改革开放颓势。尤其是人们习惯于以政治家的勇气来推行改革开放的定势,让人们完全无法跳出政治家勇气的思维模式,来思考中国改革在纵深地带有效施展的大问题。人们有必要严肃地思考一个问题,在现代世界历史上,有哪个国家是在不讲法治,仅凭政治家意志就实现了现代化建国目标的?循此一问,人们就可以明白从 GDP 增长导向的改革,走向法政体制改革的必要性与重要性。

二是中国的法政体制改革,不再是小修小补的改良,而是在治国理政机制上的全方位革命。在改革开放中,中国不是没有相应的法政体制在支撑改革。人们完全无法设想一个法政体制缺席的经济体制顺畅运作的状况。只不过,与中国疾速发展的市场经济相伴随的,是一个在革命时代定型的法政体制。这一体制,适应于风雷激荡的革命形势需要,有利于执政党实行高度服从性的命令化控制。但在中国推行市场经济 30 余年的过程中,既定法政体制的掣肘,早已经为人瞩目。这一体制,也在市场经济发展的过程中,进行过种种技术性的改良,俾使它不至于拖累市场经济的发展。但从总体上讲,由于人治体制的局限、不依法办事的潜规则约束、谨行法定规则的严重不足,市场经济明显受制于官僚意志、人情逻辑和随意裁量。很显然，不建立起现代的法政体制，就不足以持续推进中国的经济发展，也不足以有效推动中国国家治理的现代转变。这是法政体制全方位改革最直接的动力，是中国走向法治的现实需要。一个完全依法办事的体制，肯定是最有效推动中国可持续发展的强大支撑力量。

三是中国的法政体制改革，已然明确落定在现代法治文明的平台上，不再在人治与法治之间踌躇徘徊。中国的改革开放，一直是在人治与法治之间寻找最有利于推进改革的体制资源。这是一种中国历史的悠久积淀与现实变革所注定的妥协状态。但是，当改革开放进入深水区的时候，就必须断然切割人治传统与法治抉择之间若隐若现、剪不断理还乱的瓜葛。须知，人治与法治是两种截然不同的国家治理体系，一切兼得两种体系优势的想象，都属于幼稚的幻想：要么法制臣服于人治，要么法治约束人治。从现代世界治理史来看，没有任何一个国家将法治与人治（德治、礼治）提升到同样的治理高度，并将之作为治国理政的基本方略。现代法治的根本精神，就是法律主治。① 这样的国家治理体系，承诺一个基本的治国原则，那就是任何个人与组织，都在法律之下活动。一旦任何个人与组织逾越到法律之上，假法律之名对国家进行统治，那都是与现代法治背道而驰的传统人治或专制。在这样的国家治理体系中，人们绝对不会提出法大还是人大、法律是否横空出世这类旨在颠覆法治的可笑问题。

从后一个角度看，以法治国主题的确立，涉及中国古典德治文明形态的现代转变问题。中国有五千年文明史。所谓"文明"史，也就是中华民族在人文精神上出现了人的自觉，在经济上发现了稳定维持人类生活需要的物质生产方式，在政治上凸显了依照规则治理国家的模式。文明，是与

---

① 论者指出："法治的基本原理，即法律优先于政治。政客希望执行的目标从政治角度来看是合适的，但是必须维持在法律界限之内，即使有时候这样做很不方便。……法律作为法治国家基本原则的首要性意味着在政治问题上斗争的人应该支持法律，不应干涉法律。法律也规定了政客可以通过法律程序自由修改法律，但是他们的权利仅限于此。"〔德〕约瑟夫·夏辛等编：《法治》，阿登纳基金会译，北京：法律出版社2005年版，第13—14页。

野蛮相对而言的一个重要词汇。这一词汇用以表明，人类脱离了动物式的相处方式，超越了丛林规则作用机制的野蛮状态，步入了以人为约定性的规则治理国家的境地。

中国在春秋战国时期，大致落定了古典国家的治理形态。这一文明形态，是一种以人的道德觉醒为标志，建立起以稳定为追求的皇权专制制度与行政官僚治理体系相结合的大一统制度，以国家统治权维持精英社会秩序，以自然秩序的自发作用维护乡村秩序的精巧结构。这是中国古人社会政治智慧的表现。尽管这样的社会政治智慧在进入近代的初期，遭到人们的痛彻批判和无情抛弃。但回过头去看，人们会理性地确认，这是中华民族古代先贤伟大的政治创造。它是中华文明得以长期绵延的重要支柱。在人的道德觉醒中，儒家的仁学，对中华民族凸显人的尊严、走上人治文明，具有重要的精神导向作用。而儒道互补的精神建构，则塑造了中国人的心灵世界。在制度文明上，儒法互补结构，对中国既重视法律、官僚体制在国家治理中的作用；又重视德性、人的自我节制在权力作用过程中的意义，发挥了打造有效制度体系的效果。皇权与相权的长期互动，前者对后者的高压管制，后者对前者的有效过滤，对中国古代国家的治理绩效，提供了基本的保障。

但不能不承认的是，近代以来，中国的国家治理体系受到了空前的挑战。而且，这一挑战在既定的文明体系自身中，已经难以寻找到应对挑战的丰厚资源。在今天，人们尽可展开自己的想象，认为当时中国并不缺乏应对挑战的精神与制度资源，只是时势之故，导致中国应对现代挑战的败局。这是一种富有意义的反历史姿态。不过，这样的假设，并不改变晚明以来中国历史的基本走势，进而不能改变中国古典文明遭遇现代文明挑战之后出现的窘迫局势。而且，这样的走势与局势，迄今未变。

近代以来中国古典文明所处的尴尬状态，不只是现代文明的侵略性所导致的结局，也是中国古典文明逐渐耗竭自身动力的结果。出现这样的态势,关键的问题就是,古典文明遭遇到现代文明,都得应对一个古今之变的难题。这是全球共同面临的处境。差异只是,西方国家先行一步,早于世界其他地区而成功应对了古今之变的挑战,建立起了具有示范性的现代国家结构与运行机制。市场经济、法治政治与多元文化的建制,迄今处在活性变动的状态中,但是,其基本轮廓由英格兰人在16世纪完成。17世纪开始,这一模式在欧洲大陆与旧制度进行较量,开始呈现其强大的"实力"。18世纪,终于引发欧洲大陆势不可挡的现代转变,1789年的法国大革命,宣告了旧制度的彻底衰败,现代国家体制的全面胜利。从此,现代国家体制冲破欧洲旧制度的束缚,开始乘胜向世界其他地区推进。

现代国家体制的诞生,一向被部分中国学人看做是欧洲历史毫无起伏演化的结果,因此,一个铁板一块的古今欧洲之无缝隙的对接,凸显了现代欧洲的整全体系。这是一种极为严重的误解。文明的古今之变,至今还在西方思想界掀起巨大的思想风暴,让站在古典世界和现代世界不同立场发言的学者,几乎处在势不两立的对峙状态。按照安东尼·吉登斯的说法,西方现代的诞生,其实是西方文化发展历史性断裂的结果。[①] 一旦这样的断裂出现了,加之它借助于国家暴力推向非西方世界,人们便普遍地误解了这一现代国家体制得以诞生的艰难困苦。可以想象,它之进入世界其他地区,势必引发双重的历史断裂:承继它在西方的历史断裂,它还要引发更为剧烈的非西方世界自身的历史断裂。就此而言,中国之体会到近代以来接引现代的异常艰难性质,就是因为文明形态的双重断裂,是人们很难适应的剧烈转型状态。

但中国不得不经受古典文明向现代文明转变的剧烈震荡。伟大的中华民族承受了不知多少的苦难,终于应接了现代市场经济这一为国人颇为陌生的经济形式。众所周知,中华民族为之付出了沉重的代价。从小农经济、伪计划经济转变为市场经济,中华民族充分展现了自己应接现代经济

[①] 参见〔英〕安东尼·吉登斯:《现代性的后果》,田禾译,南京:译林出版社2000年版,第4—6页。

文明形式的才能与智慧。但市场经济绝对不可能与古典观念、传统政制和谐相处。这不是人们愿意还是不愿意的问题，而是现代文明的整体机制与古典文明的整体机制的冲突结构所注定的事情。中外睿智之士一直在构想传统与现代顺接的种种方案，但那不过是一厢情愿的文化虚构而已。人类社会突破家庭基本建构以来，就处在一个应对陌生人社会的人为规则建构的紧张状态中。因此，如何超越熟人社会、血缘亲情基础上的古典社会建制，也就成为普遍的现代难题。这不是唯一针对中国凸显的难题，而是针对所有以大规模社会崛起的政治实体的。英格兰率先突破了家庭血缘关系对一般社会规则的约束，确立了法治的现代社会政治文明规则。因此，英格兰以及创造性模仿英格兰的国家，总是为现代世界垂范。这是意料之中的事情。

中华民族在经济文明形态成功地转变之后，要应对更为艰难的政治文明形态转变挑战。如何在破除四处流行的"太子党"这类血缘性、反规则的古代政治习性的基础上，走向现代的法治文明，已经成为中华民族创制现代文明至关重要的主题。恰当此时，中国明确了以法治国的国家治理基调，显示出中华民族在社会政治文明上与时并进的决断能力。

二、以法治国与中国文明形态的转变

中华民族在社会政治文明上，并不是一直都处在接受外来文明示范，以至于必须悉心模仿、努力创新的被动状态。在人类的古代历史上，中华民族有所贡献于人类社会的，不仅有农业文明时代相对稳定的物质产出机制，有利于文明绵延的精神观念与社会机制，而且有政治控制机制上的庞大官僚体制。只不过在进入现代世界历史的关键时刻，中华民族的反应慢了下来，以至于只能处在跟随性发展的状态。

这是一段必须重新缕述的复杂历史。这段历史，本来并不复杂。但进入现代社会以后，中国人为了应接现代西方的社会政治运作模式，几乎完全重新建构了自己的古代历史与近代处境。由此形成了极其顽固的古代史意识形态和近代史意识形态。古代史意识形态的关节点在于，强调中国古代就是一种落后的封建专制主义机制：作为古典意识形态的儒家，是反动落后的奴隶主阶级和封建地主阶级的精神观念，是为封建专制政治服务的政治思想。作为古典制度建构，是一套服从于皇权专制、缺乏任何现代性含义的反动统治体系。而农村基层社会，完全受制于血缘亲情的制约，由宗法关系控制的僵化社会机制。由于这一套古代史意识形态的建构，让人们得出一个不易撼动的结论，那就是中国只有等待西方打上门来，才会启动从传统向现代转变的历史进程。在西方先行的现代转变面前，中国是事事不如人、处处显落后。唯有依照西方激进主义的规划，中国经由封建主义向资本主义、再向社会主义的转变，才能走出落后挨打的被动状态，走向现代世界的蓬勃发展境地。这样的古代史意识形态，由于受到马克思晚年关于东方社会现代发展理论的制约，促使信从者一直设想一种跨越卡夫丁峡谷的发展道路。结果，当然是严重损害了中国从传统向现代转变的健康机制，阻碍了中国的现代发展。因此，必须打破古代史意识形态的影响与制约，中国才能轻装上阵，实现现代转变。

与此同时，近代史意识形态对中国的现代转变，也发挥着极为消极的影响。所谓近代史意识形态，就是一种落后的中国古代封建主义传统，遭遇先进的西方资本主义体系，从而陷入落后挨打状态的悲情观念。这种观念，强化了古代史意识形态矮化中国的思维定势。一方面，将人们观察中国现代转变的思路，固化在先进与落后、打人与挨打、悲情与激越的二元对立状态之中。另一方面，又将中国的现代转变确定为西化的唯一路径。这一路径，清晰地呈现为两条线索：一条线索是，沿循某一个值得中国效仿的西方国家发展路径，制定中国的现代转变方案，诸如中国究竟是适合走英美道路，还是应当走德法道路的争论，便是这一思路下的产物；另一条线索是，沿循后发先至的社会主义国家革命方式，直接跨越卡夫丁峡谷，进入超越资本主义的社会主义新阶段。从而像孙中山指望的那样，实现政治革命与社会革命目标，也就是资本主义发展生产力与社会主义平均分配的双重目标，"毕其功于一役"①。显然，后者完胜前者，成为中国现代转变的主调，并成功建构起旨在实现这一目标的社会政治体系。

无论是古代史意识形态，还是近代史意识形态，都在中国的历史演进中被证伪了。就古代史意识形态来讲，中国的封建含义，与此前古代史意识形态建构的中国封建社会，完全是两码事。而且，中国的改革开放强调的补生产力发展的课，也宣告了超越历史阶段的跨越卡夫丁峡谷之论破产了。就近代史意识形态而言，一种落后挨打的社会达尔文主义意识早就必须超越。而中国改革开放后的迅速崛起，也证明只要中国人不以无所作为、只能挨打之后才觉醒的历史悲情支配自己的群体行动，中国人的聪敏才智，足以让中国实现其现代转变的伟大目标。

但需要指出的是，对古代史意识形态和近代史意识形态的证伪，并不等于可以翻转过来指认历史。也即是将中国一直落后的断言反过来讲，中国从来就领先于世界，从来没有落后于世界演进的步伐，反而一直为人类垂范。如果说在古代史上各个民族相对独立发展的阶段，中国曾经取得过相当辉煌的世界文明成就，那么，近古以来，中国逐渐丧失了文明发展的先导优势，拘守文明发展的既定格局。结果便可想而知。承认中国近代的落后，不等于说否定中国古代文明的辉煌，当然也不等于说要咬定中国文明一直辉煌。这是两种形异实同的思维陷阱。一个具有文化自信力的民族，既要敢于肯定自己对人类文明发展所作出的贡献，也要敢于承认自己与其他民族相比而言显现出来的不足。这个民族，因此才能保持自己的群体活力和文化生机。

---

① 孙中山：《〈民报〉发刊词》，见广东省社会科学院历史研究室等编：《孙中山全集》，北京：中华书局1981年版，第289页。

对中国发展较为负责的姿态是，既合理肯定中国古代文明对人类文明所作出的突出贡献，又承认中国古代文明内蕴的严重不足，从而为中国文明的现代转进和发展打开一片开阔的天地。就前者言，中国古代文明不仅为人类贡献了农业经济的形式、稳定的社会机制，更为重要的是，中国人为世界贡献了高超的政治技艺，从而为人类政治文明作出了突出贡献。有论者指出，人类之形成现代优良的政治秩序，全在于治理国家的稳定官僚体制、法治和负责任政府的建制。这是现代政治秩序的三大支柱。而中国为这样的现代化国家建构贡献的正是稳定的文官体制。中国古代之所以在朝代更迭中一直保持国家的统一与强盛，就是因为它有着高度稳定的政治秩序供给能力。这种能力的核心，就是强大的国家官僚机制，以及建立在这一基础上的共同政治文化。

就第一方面即国家官僚机制来看，"中国国家早熟的现代化，使之成为社会中最强大的社会组织。即使中央国家崩溃了，它的许多继承者在自己边界内，仍尽量复制汉朝的中央集权制度，仍尽量追求在自己领导之下完成统一大业。合法性最终来自天命的继承，而不在于偏安一隅。那些继承国家在边界内复制汉朝机构，从而防止进一步的分崩离析。所以，没有在中国出现像欧洲那样的一再分封"[①]。这正是一直为中国政治史的研究者所津津乐道的、"汉承秦制"这一制度的强大绵延力，它成为中国古代政治智慧的集中体现。

就第二方面即共同政治文化来看，"中国在秦汉时期所创造的，除了强大国家，还有共同文化。这种文化不能算所谓的现代民族主义的基础，因为它仅存在于中国统治阶级的精英阶层，而不存在于广大老百姓。但产生一种很强烈的感情：中国的定义就是共同的书面语、经典著作、官僚机构的传统、共同的历史、全国范围的教育制度、在政治和社会的层次主宰

---

① 〔美〕弗朗西斯·福山：《政治秩序的起源：从前人类时代到法国大革命》，毛俊杰译，桂林：广西师范大学出版社2012年版，第144页。

精英行为的价值观。即使在国家消失时,这种统一文化的意识仍然炽烈"①。这正是稳定的官僚机制能够长期维持其作用机制,构成中国古代稳定的政治文化机制的根柢。

但不能不承认,中国古代没有能够挣脱宗法血缘关系的羁绊,从而未能建构起法治,也就此未能建立起责任制政府。为人类政治秩序建构作出突出贡献的中国古人,未能在政治秩序建构的后续进程中继续处在领先的位置,而是逐渐陷入停顿的状态,以至于至今还没有能够实现文明的突破,建构起法治和责任制政府,促使国家真正成为完整和严格意义上的现代国家。"中国是创造现代国家的第一个世界文明。但这个国家不受法治限制,也不受负责制机构的限制,中国制度中唯一的责任只是道德上的。没有法治和负责制的强大国家,无疑是一个专制国家,越是现代和制度化,它的专制就越是有效。"② 这可谓中肯之论。正如前述,当代中国仍然受困于血缘亲情关系造成的政治难题,仍然将国家权力方面的责任安置在纯粹道德的平台上。法治与责任制政府的机制,远未建立起来。这对中国现代国家的建构,造成了极大的困扰,带来了极大的阻力。这正是当代中国在坐实市场经济体制的艰难进程中,不得不予以承诺的制度建设要务。

可见,在市场经济的现代物化文明建设机制坐实之际,需要法治和责任制政府的制度文明对之进一步夯实。否则,已经取得的经济体制改革成果,也可能毁于一旦。多年来,市场经济与人治和道德责任机制之间的摩擦、冲突与耗损,已经为人们所观察和认识。但是,在一个熟人社会中建立法治政治和责任制政府,谈何容易。中经各种曲折,已经毋庸细数。直到中共十八届四中全会确定法治中国建设的主题之时,才为人治与法治的决断骤然打下句号。物化文明的持续发展,需要更为深层的法治文明为之

---

① 弗朗西斯·福山:《政治秩序的起源:从前人类时代到法国大革命》,毛俊杰译,桂林:广西师范大学出版社2012年版,第144页。
② 弗朗西斯·福山:《政治秩序的起源:从前人类时代到法国大革命》,毛俊杰译,桂林:广西师范大学出版社2012年版,第145页。

鸣锣开道、保驾护航。否则，权钱勾结、权贵资本机制的落定，一定会断送中国市场经济改革的前途，毁弃市场经济发展所取得的成就。将一切个人与组织约束在宪法与法律之下，才有可能打破约束中国千年之久的血缘亲情机制，才能对共和国所有成员的自由予以有力保护，才能焕发一个古来民族的深沉活力，才能激活一个民族被专制权力强控的想象力和创造力。唯有如此，市场经济走向权贵资本主义的危机才有可能避免，而中华文明的现代转变才可能深入一个层次，进入法政制度的现代建构境地。

简而言之，以法治国是中国建构现代国家，突破已经取得的稳定国家机制的既有成就，成功建构现代国家的法治与责任制政府两根支柱的必须。这是中华文明依赖法治中国建构，寻求文明自我突破的重要契机，也是决定中华文明前途与命运的重大事务。

三、以法治国与文明形态转变的挑战与前景

中国致力建构以法治国的机制，方向与目标是明确的。其对中华文明自我突破所具有的决定性意义，也是毋庸多言的。但是，要在依法治国（rule by law）与以法治国（rule of law）之间进行决断，还是一件完成起来异常艰难的文明形态转变任务。

之所以说完成这一任务是异常艰难的，是因为它要求国人完成观念的转变、制度的重建和生活习性的再造。这岂是轻松自在的历史进程，就可以顺理成章坐实的事宜。如果说一套行之有效的官僚机器及其政治文化，不仅是中国古代长期稳定、乱中重建的重要资源和动力所寄，那么，它对中国确定市场经济导向的改革，也发挥了引人瞩目的积极功用。对中国发展奇迹采取的所谓官僚锦标主义解释，就是对之的一个很好说明。尽管这一解释不完全，甚至不准确，但至少抓住了官员为了自己的晋升，而拼命投入工作、发挥经济发展的引导作用的部分事实。不过毋庸讳言的是，官

员们这样的行为方式，多少还与他们"封妻荫子"的冲动有关，也多少与他们道德上的责任感有联系。这正是中国市场经济一直在与官僚集团和新生经济权贵艰难纠缠，甚至由此生成了权贵资本主义机制的缘由。为此，有必要打破支撑权贵资本主义体系的血缘亲情瓜葛，打破基于道德责任而非法律—社会责任的高尚自励机制，这样才能真正夯实市场经济的社会根基和观念基石。

这是一件完成起来何等艰难的任务。市场经济的驱动，由于与官宦集团的利益紧密相关，他们可以在高尚或卑鄙的理由下，展开相关的经济活动。一旦这样的利益观念与行动方式的关联机制被打破，转变为依法驱动、禁止利益驱动的新机制，权钱勾结的机制，就很难再发挥出推动市场经济发展的效果。本来，从利益驱动机制上，已经很难将道德感打扮起来的利益追求机制，转变为受责任制约、依法条驱动的非利益机制。国人总是对旨在兜底的法治抱以一种怀疑的态度，认为缺乏高尚的道德动机，一个人与一个组织，都不可能完成利他的社会行动。这是一种基于德性文明传统的思维定势。如果说中国致力发展市场经济，寻求可持续的发展结果，一定要打破血缘与扩展性关系的驱动机制，确立超越血缘亲情关系的法定规则，才能指望坐实可持续发展目标的话，那么，最为艰难的事情，不是一般的利益调节，而是改变相关利益调节背后的政治游戏规则、文明基本理念。

经济游戏规则背后隐藏着的政治游戏规则，直接影响甚至制约经济活动绩效、成果分配方式。而政治游戏规则背后的文明基本理念，就更是对人们的社会活动方式发挥着制导的效用。中华文明的现代转轨，当下涉及到的正是现代经济文明背后的政治文明，也就是法治文明建构。法治文明，在中国古代有局部意义上的奠基。但从总体上讲，中国古代不是法治文明，而是人治文明。这种政治文明主要依托于皇帝与官宦集团的德性觉醒、道德修养和德行践履。其责任感不可谓不强，但其规则性则不可谓不弱：能够抵达最高道德境界的皇帝与官员，成为万世楷模；流于自我放纵的皇帝与官员，则遗臭万年。但国家治理的兜底规则，并没有借助法律、法规得到维持。这正是所谓儒法互补的中国古代国家治理结构的精巧所在，也是其缺陷的体现。这一结构呈现的"德主刑辅"特质，正是中国古代得到当时情况下的善治的动力，但那也是阻止中国现代顺畅转变为法治的观念与历史障碍。

> 儒家思想以伦常为中心，所讲在贵贱、尊卑、长幼、亲疏有别，欲达到有别的境地，所以制定有差别性的行为规范。"名位不同，礼亦异数"。贵贱、尊卑、长幼、亲疏各有不同。此种富于差别性的规范即儒家所谓礼，亦即儒家治平之具。……反对有别。认为亲亲爱私则乱，所以以同一性的行为规范——法——为治国工具，使人人遵守，不因人而异其法。太史公论六家要旨所谓"不别亲疏，不殊贵贱，一断之于法"者也。此种思想正与儒家所标榜的亲亲尊贤之道相反，为儒家所深恶痛绝，认为"亲亲之恩绝矣，严而少恩"。所谓儒法之争主体上是礼治、法治之争，更具体言之，亦即差别性行为规范及同一性行为规范之争。①

儒法互补的中国古代治理结构，与儒道互补的中国古代心灵结构，构成中国古代的精神与社会基本结构。后者不是本文关注的中心，暂不申论。仅就前者言，儒法的互补，在中国古代发挥过相当积极的作用，它是一种适应非流动的农业社会、乡土社会的控制体系。这一体系，为中国古代供给了政治心灵秩序和政治控制秩序，对中国古代的长期稳定发展、战乱后的修复提供了大思路。不过，一旦中国进入工商社会，社会广泛流动，这样的控制机制就会遭遇挑战。更为关键的是，儒法互补的内在紧

---

① 瞿同祖：《中国法律与中国社会》，北京：中华书局2003年版，第355—356页。

张，也会导致政治控制机制的失调。尤其是儒法互补结构中的一个面向，也就是法家得势后儒家不懈努力实现的法律儒家化，加剧了法律运作的混乱性。

> 所谓法律儒家化表面上为明刑弼教，骨子里则为以礼入法，怎样将礼的精神和内容窜入法家所拟订的法律里的问题。换一句话来说，也就是怎样使同一性的法律成为有差别性的法律的问题。①

就此而言，儒法互补，就是一个德化之教与明刑之法混合的事务，也就是一个将差别性信条融入同一性法律的事宜。在汉代开启的这一儒法互补进程，隋唐后成为中国法律的正统。② 对中国法律的这一融汇及其政治后果进行估价，不能不佩服中国古代先贤的法律政治智慧，他们为了提供更加有效的法政控制体系，竟然能够将迥异其趣的儒法两家的控制方略有机融合起来。这样的融合，对中国古代国家既调控人心秩序，又控制政治秩序，发挥了极为重要的积极作用。

但其内在紧张，以及这种紧张随着中国社会演进，迈进现代状态时的爆发性呈现，构成中国突破其古代政治文明发展成就，突进现代法治和责任制政府状态的极大阻碍。这类阻碍作用，既呈现为儒家的差别性控制机制对同一性控制机制的干扰，造成法律形式化作用机制的难以形成，因此诱发国家控制体系对付不了血缘亲情带来的政治难题；也呈现为人治对法制、进而对法治的严重困扰，因为差别性控制机制需要掌控国家权力的人士以自由裁量来实现有效控制。但这样的自由裁量，依赖于活泛的德性修养，高不成低不就、参差不齐，就势所难免，法律的严谨性与一致性权威也就建立不起来。这对中国彻底突破血缘性文明，既夯实行之有效的行政

---

① 瞿同祖：《中国法律与中国社会》，北京：中华书局2003年版，第356页。
② 参见瞿同祖：《中国法律与中国社会》，北京：中华书局2003年版，第373—374页。

管理体系，又建构起法治体系和规则性责任制政府，是一个重要瓶颈。

因此，当中国确立以法治国的主题，确认任何个人与组织都必须在宪法之下活动的法治基调①，确信国家必须在现代国家建构上既承继古典文明成就，又致力突破这一成就的宥限，突进法治与责任制政府的新境地，这也就等于向人们庄严宣告，中国有能力实现文明演进的自我突破，有能力建构起规范意义上的现代国家，并为人类供给心灵秩序与政治秩序提供新鲜的经验。

确立以法治国的基调，需要切入以法治国的进程，才能坐实以法治国的实效。这是三个相互关联在一起的以法治国面向。第一点是大政方针，第二点是政策推进，第三点是施政绩效。三点一线，才能将以法治国的整个过程连贯起来。很显然，这对中国未来的发展来讲，是一个极为严峻的挑战。这一挑战，体现为三个艰难的突破：一是在观念上对道德与政治、法律的分流的挑战。人们常常会以旺盛的道德热情，替代冷静的政治、法律决断，并以为这样才是对国家、民族、人民负责任的态度。殊不知这样恰恰最不利于建构以法治国的现代国家体制。必须有效切割现代国家的诸构成要素，将政治的还给政治、法律的交还法律、道德的留给道德，但绝对不应将政法要素混进德性要素之中。这是一种显见的、需要突破的古典政治思维。不是说在现代国家治理中，就不讲道德。道德、伦理，始终是牵引国家治理的最有力度的规范力量。但它不是一切社会要素的总成，而只是一种诱导性的社会因素。有必要在治国理政的过程中，分清楚这一点。

二是在国家运行制度的建构上，必须着力于建构具体法治的完整制度体系，而不流于法治的德性吁求状态。以宪法、行政法对国家公权进行有效的限定、规范和约束，是一个国家能否实现以法治国的关键所在。以宪

---

① 中国共产党的两任总书记，胡锦涛与习近平，在纪念1982年宪法颁布20周年和30周年庆典上，都庄严宣告依宪执政、以宪治国。在2014年纪念中国人民代表大会制度建立60周年的纪念大会上，习近平更加明确地强调，实现宪法对治国理政的极端重要性。

治国、依宪行政，首先是将国家权力关进制度的笼子里，而不是将民众约束在法律的圈套里。所有部门法，都是在发挥保护性功能，强于其发挥惩戒性功能的前提条件下，得到民众的衷心认同和潜心践履的。法治，作为法律主治的现代国家治理方式，是要让国家的所有成员安心、舒心、放心，而不是要造就一种高度紧张的政治状态，使民众谨小慎微地遵守国家强加的各种清规戒律。这是一种有违现代法治精神的统治理念。中国必须突破法律即刑律的传统，建构法律即保护的机制。这样，民众对法律的心悦诚服，就成为以法治国最强有力的心理动力和最深厚的社会基础。

三是在国家运行的具体机制上，让政治限定性地作用于国家权力范围，让法律规则性地作用于国家—社会关系的调节和国家与公民关系的理顺，让道德主要在社会层面发挥引导作用。杜绝那种将道德提高到调控一切社会要素的绝对高度，使之似乎无所不能、却实际上又无能为力的做派。在现代国家中，有效规范国家权力体系的力量，来自两个方面：一方面是社会力量，一方面是法律力量。就前者言，社会依靠强大的道德约束能力，对国家权力发挥强有力的限定性作用。小看道德的社会效用，一直是中国古代文明的一个缺失。人们总是习惯于将道德提升到直接限制国家权力的高度，以为这样就可以收到直接规范国家权力的效用。这是一种幻想。必须将社会对国家权力的直接道德约束，转变为对国家权力的法律约束，而将道德作用强大的社会背景条件，在法律直接约束国家权力之外，以氛围力量强化约束国家权力，国家权力的随意妄为才可以受到限制，才能有效限定在法律和道德的范围内。

> 法治国家（Rechtsstaat），即法治下的民主国家，由法律控制、约束其所有活动，最重要的是约束政府权威以保护个人自由。因此，法律植根于法治国家中并用于授予合法性。在此程度上，法律的思想远远超越了仅是程序上的范围。法律思想是设计民主政治体制的原则之

一。如果是这样,法治的作用同时对政治文化和民主舆论施加必要的影响。达到这样的程度,法律表现为政府制度化的一套规则和规章,目的是指导并影响个人的行为。在实际构造上,法治基于两个原则,法律的首要性和公正的道德概念。①

由此可见,以法治国是一个系统工程。这样的治国体系,其实是一套体现现代文明旨趣的体制。这对中国悠久的固有文明来讲,绝对是结构性的突破。中共十八届四中全会对依法治国主题的确定,就此呈现出一种中国对自己文明传统自我突破的特质。这是值得高度肯定的。

(本文为特邀撰写,系首次刊发)

---

① 〔德〕约瑟夫·夏辛等编译:《法治》,阿登纳基金会,北京:法律出版社2005年版,第6页。

第四编 依法治国与国家治理

国家治理现代化的关键在于法治化

胡建淼

(国家行政学院法学教研部)

一

《中共中央关于全面深化改革若干重大问题的决定》提出:"全面深化改革的总目标是完善和发展中国特色社会主义制度,推进国家治理体系和治理能力现代化。"这表明,党中央将推进国家治理现代化确立为中国全面深化改革的总目标。

推进国家治理现代化,是完善和发展中国特色社会主义制度的主要内容和主要落脚点。这一全新政治理念的提出,极大地丰富、完善和发展了中国特色社会主义制度目标的内涵和要求,是我们党对马克思主义国家理论的重大创新,对于中国未来的政治发展乃至整个中国的社会主义现代化事业来说,具有重大而深远的理论意义和实践意义。

提出和推进"国家治理现代化",是继"四个现代化"(即实现工业、农业、国防和科学技术现代化)之后,我们党提出的又一个"现代化"战略目标。上世纪的现代化和本世纪的现代化构成了中国特色社会主义现代化的完整体系,它们不可分割,相辅相成。如果说上一世纪提出的"四个现代化"是解决"硬件"现代化问题,那么,本世纪提出的推进"国家治理体系和治理能力的现代化",则是解决"软件"现代化问题。如果没有国家治理的现代化,我们就不足以保持工业、农业、国防和科学技术的现代化。

推进国家治理现代化,是完善和发展中国特色社会主义制度的必然要求。它表明了我们党对社会政治发展规律有了全新的认识,标志着我们党从一个革命党真正转变为执政党。治理是管理的高级形式。我们党领导人民从管理走向治理,符合人类的历史发展规律,更是以中国具体国情为基础的中国特色社会主义发展的内在要求。

地球上出现了人才有社会,社会发展到一定的阶段便出现了国家。学术界一般认为,古猿转变为人类始祖的时间在 700 万年前,人类的起源,至少可以追溯到 440 万年前。人类的共同生活,需要协作,自然形成了经历母系氏族和父系氏族等主要形态的社会。社会需要协调关系、裁决纠纷、抵抗外来侵略,人类便组建了政府和国家。在人类历史上,最早出现的国家机构可以追溯到公元前 4—3 世纪古埃及国王美尼斯所创建的第一王朝。在中国历史上最早的政府,可能是公元前 2100 多年前的夏政权。国家形成后,它自然担当起管理个人和社会的职责,成为社会管理的主要角色。

国家形成以后,它对社会的管理大体经历了军事阶段、建设阶段和管理阶段,而治理是管理的高级形态。虽然各国的历史和国情千差万别,但从军事阶段、建设阶段、管理阶段,直至走向治理形态,乃是人类的自身管理从自在到自为、从低级到高级、从恶治到善治、从原始到现代的文明进步轨迹。

在军事阶段，国家不同政治主体和军事力量以夺取政权为主要任务，整个国家和社会实行军事化管理，对国家的管理以军事思维和军事手段为主要模式，各类管理工作大多被演化为"战役"。政权取得并稳定之后，国家都会进入以解决国民温饱、促进经济发展为主要任务的建设阶段。在这个阶段，国家的管理都以经济发展为主轴，以军事思维和军事手段为主导的管理模式悄然淡出，取而代之的则是工程思维和工程方法，国家的各类管理和任务常常被外化为"项目"和"工程"。国家解决了国民的温饱，并且经济发展到一定的程度，社会成员便从经济上、生活上的需求转向精神上和政治上的需求，社会管理的重心从物质层面转向精神层面，从而标志着国家进入到管理阶段。这一阶段，国家的工作虽然还不能放弃经济建设，但以平衡各社会成员的利益关系和利益需求为重任，法治思维和法治方式将被重视并日益发挥重要作用。在军事阶段，我们看到的是到处是"战场"；在建设阶段，我们看到的是到处是"工地"，尘土飞扬；在管理阶段，"这里的黎明静悄悄"……一切都稳定下来了。

国家的管理成熟到一定的程度，便转化为"治理"。治理是管理的高级形态和高级形式，它与管理的最大区别是，主体上从甲乙双方的管理方与被管理方转变为共同的管理主体，手段上从以强制命令为主导转变为以合作和协商为主导，法治思维和法治方式将被真正确立。

当下的中国总体上是处于从建设阶段向管理阶段的过渡期，党中央提出国家治理现代化，是向我们的管理工作提出了更高的要求。如果能在军事阶段提前讲建设，能在建设阶段提前讲管理，能在管理阶段提前讲治理，可以使我们少走弯路。

我国经济发展，但管理滞后。管理上的碎片化、非常态化，强烈的人治色彩，短期行为、政出多门，部门主义和地方主义，只讲政治不讲法治、只讲任务不讲成本、只讲目标不讲程序、只讲快速不讲质量，假大空、形式主义、浮躁作风，领导管理机构重叠、工作重复、人浮于事，而一线执法人员明显不足……这些国家管理上的低弱表现，如果不予解决，势必影响中国梦的实现。推进国家治理体系和治理能力的现代化，已成为我们党和政府的一项迫切任务。

党中央确立的"两个一百年"目标是实现中国梦的标志和内容。2013年12月31日，习近平在2014年新年贺词中说："我们推进改革的根本目的，是要让国家变得更加富强、让社会变得更加公平正义、让人民生活得更加美好。"只有推进国家治理的现代化，才能推进和实现中国梦，才能真正达到全面深化改革的目的。

二

国家治理是一个事关国家功能的"政治"范畴。美国19世纪的政治学家弗兰克·J.古德诺（Frank J. Goodnow, 1859—1939）在其《政治与行政》一书中，将国家功能划分为两种，一种是国家意志的表达，另一种是国家意志的执行；前者就是政治，后者就是行政。① 在这一分类中，国家治理主要是指"行政"的范畴。而在中国，作为国家功能的"政治"，常被作为两个概念的结合体来解读。孙中山认为"政治"本身就由"政"与"治"组成，"政是众人之事，治是管理众人之事"。② 他还认为，"政治"中的"政"是"政权"，"治"是"治权"；政治就由政权与治权组成。政权解决国家权力的归属，治权解决国家权力的运行。为解决政权问题，他设计国民代表大会选举国家领导人，为解决治权问题，他主张设立五院（立法院、行政院、司法院、考试院、监察院）。

我们对孙中山的"五权宪法"不作评说，但认为将"政治"划分为

---

① 见〔美〕弗兰克·J.古德诺：《政治与行政》，王元译、杨百揆校，北京：华夏出版社1987年版，第12页。
② 孙中山：《三民主义》，北京：九州出版社2011年版，第143页。

"政权"与"治权"不是没有道理。在这一划分中，国家治理应当属于治权范畴。在中国，政权表现为"坚持党的领导"和"人民当家作主"，这两条是不可动摇的根本原则，不存在改革的问题。而党如何改进领导方式，国家机关如何运行职权，这是"治权"问题，这方面还有很大的提升空间。如果我们读懂了国家治理是一个"治权"而不是"政权"范畴，那么我们才算读懂了三中全会。

国家治理是在扬弃国家统治和国家管理基础上形成的，是现代国家所特有的一个概念。它是指国家各类组织和社会各类成员自主协同规范社会关系的活动状态。国家治理包括国家治理体系和治理能力。前者指主体结构，后者指行为结构。国家治理体系，作为一个制度体系，包括了政党制度、立法制度、行政制度、司法制度、军事制度、社会制度等各类制度，旨在处理政党与国家、国家与社会、政府与市场、公权与私权、中央与地方等各种关系。国家治理能力，则是指在一定制度体系之下，有关主体共同协调社会关系，管理经济社会事务的能力，它表现为行为理念、行为模式和行为方法。国家治理体系的现代化，为国家治理能力的现代化奠定制度基础；国家治理能力的现代化，又为现代国家治理体系的运行目标提供现实支持。

现代化系指人类以现阶段为基础，努力形成符合人类更高级的发展方向的社会制度和文化制度及状态。根据马格纳雷拉的定义，现代化是发展中的社会为了获得发达的工业社会所具有的一些特点，而经历的文化与社会变迁的，包容一切的全球性过程。

国家治理的现代化，主要表现为政治上的民主化、经济上的市场化和文化上的多元化。政治上的民主化是为了保持"人民性"，"要防止人民形式上有权实际无权"[1]；经济上的市场化是为了阻却"垄断性"，激发市场主体的活力；文化上的"多元化"旨在解决人类文化的"融合性"，让我

---

[1] 见习近平在庆祝全国人民代表大会成立60周年大会上的讲话，2014年9月5日。

们大胆地接受人类的文明成果，超越现有文明成果，再造人类文明的新成果。为了实现政治上的民主化、经济上的市场化和文化上的多元化，我们又必须坚持科学化、法治化和文明化。科学化要求我们尊重"客观性"，尊重客观规律；法治化要求我们坚守"公正性"，"让社会变得更加公平正义"①，特别要"努力让人民群众在每一个司法案件中都感受到公平正义"②；文明化要求我们在管理中体现"人性"，尊重人权，坚持以人为本、文明执法和人性执法，彰显真善美，实现善治。

三

国家治理的现代化，包含了国家治理的民主化、市场化、多元化、科学化、法治化和文明化，而在这"六化"之中，法治化是国家治理现代化的主要内容，法治化是衡量国家治理现代化的主要标准，因而法治化是实现国家治理现代化的关键。法治化与国家治理现代化具有同步性。国家治理现代化的过程本身就是法治化的过程。一个远离法治的国家，绝对不是一个治理现代化的国家。

法治与民主。民主可以划分为"政权"层面上的民主与"治权"层面上的民主。就前一层面而言，民主是法治的基础，在专制土壤上不会有真正的法治；就后一层面而言，法治恰恰是民主的基础，没有法治的民主将会是混乱的民主，泰国的局势正在验证这一点。所以，法治必须为民主铺路。

法治与市场。市场经济是法治经济这是不争的定律。没有法治不可能有真正的市场经济。市场与法治拥有重合的灵魂。契约与诚信，这既是市场经济的纽带，更是法治的精神。法为市场设定了规则，使得市场主体的

---

① 见习近平同志 2014 年新年贺词。
② 见习近平同志于 2013 年 2 月 23 日主持中共中央政治局关于全面推进依法治国的第四次集体学习中的讲话。

设立和市场活动的交易在法定轨道中有序进行；法又为违规经营者设定了责任，赋予受害一方据此向违法者主张侵权责任和违约责任，同时为执法机关对市场的监管和对违法者的责任追究提供了依据、设定了职责。法治让投资者的权益得到保障，不用担心"招商引资、关门打狗"。特别在政府与市场的关系上，严格奉行市场主体"法无禁止即可为"、政府"法无授权不可为"，并阻却政府既当运动员又当裁判员。只有法治才让市场变成市场，将市场还给市场。

法治与文化。文化是人类通过劳动而创造形成的器物、制度和观念等的总和。文化是人类的共同财富。一个国家一个民族如果不愿了解、不愿学习、不愿接受一种新的文化，那就不可能成为一个先进的国家和民族。人类的文化有它的共性，也有它的差异。人类在共性中寻找差异，在差异中追求趋同。人类文化永远在共性与个性的矛盾关系中演进。法治为多元的文化设置共同体，相互依存，和谐发展。

法治与科学。科学化是国家治理现代化的要求和标志之一。不符合人类社会发展规律的制度终将被淘汰，不尊重客观规律的一切做法终将受到自然和社会的惩罚。没有法治，科学就无法正常地成长。没有法治的环境，科学曾被定为犯罪，中世纪的伽利略在宗教裁判所面前无法逃脱这一厄运。没有法治的环境，就没有真正的科学决策。没有法定的决策规则，决策就很难以科学为标准，只能以领导人个人意见为标杆。

法治与文明。文明化同样是国家治理现代化的要求和标志之一。文明化体现"人性"，尊重人权。文明是善治的内涵，法治是文明的载体。文明通过法治得以彰显并渗透到我们生活的方方面面。不通过法治引导和固化文明，人类会在愚昧、野蛮、暴力中徘徊，远离真善美。法治引导文明、表达文明、保障文明成果。走向法治等于走向善治，走向法治才能走向善治。

四

要真正认识国家治理现代化的关键在于法治化，还有赖于真正认识法治，从而真正重视法治。法治不仅仅是依法办事的问题，也不仅仅是防止违法犯罪问题。这些都是狭义上的法治解释。法治是一种制度，是一种理念，是一种状态，是一种境界。法治应当成为人们的一种信仰和生活方式。

法治是公正之治。法治的价值核心是公平正义。没有法治，社会无法走向公平正义。没有正义的社会，将是怨气四溢的社会。法治化主要是让法治精神渗透到我们的管理中去，"让社会变得更加公平正义"[①]。法治化是让"公平正义"的价值核心外化为管理制度和管理方法。

法治是规则之治。一个国家没有预设、明确、稳定的规则，人们对自己的行为后果就没有预期性，从而导致无序，同时使人们无安全感。无规矩不成方圆。凡事要立法先行，立法先导，法不溯及既往。要从会议先导、领导人讲话先导、行政文件先导向立法先导转变。要学会先铺铁轨后开火车而不是相反。没有规则比没有理想的规则更可怕。哪怕有一项不成熟的规则也比没有规则要好。

法治是程序之治。任何主体的行为都是通过一定的程序完成的。世界上不存在程序以外的实体，同样也不存在无实体内容的程序。只讲实体不讲程序是不符合法治精神的。要坚持程序法定，坚持程序的正当性。让正当程序与法定程序高度统一。正当程序的基本要求是：重大决定要经过听证；不利决定要事先告知，听取当事人意见；不得偏私，不得自己做自己的法官；裁决纠纷不能终裁不终，等等。没有正当程序的国家不可能是法

[①] 2013年12月31日，习近平同志在2014年的新年贺词中说："我们推进改革的根本目的，是要让国家变得更加富强、让社会变得更加公平正义、让人民生活得更加美好。"

治国家。

在法治状态下,一个国家已建成了完备的法制,明确、稳定的规则已普遍预设,人们可以预期自己的行为后果。法治让人不想犯错时无法犯错,因为法治为你设置了严密的轨道,你沿着规定的通道无法上错航班。

在法治状态下,这个国家真正能做到"法比天大"①,宪法和法律成为所有人唯一而最高的"上司"。这个时候,讲法治就是讲政治,坚持法治就是坚持党性,法治真正成了人们的信仰。

在法治状态下,权力被关进制度的笼子,受到有效监督。法律面前人人平等。任何人不用担心因反对领导而成为"现行反革命",你在大街上高喊"打倒总统"不会被抓走,一个检察官执意依法追诉领导人而不会被调离岗位或者免职。

在法治状态下,公权与私权才有清晰的界线,政府坚守"公权力法不授权便无权,私权利法不禁止便自由",政府不会自己既做运动员又做裁判员。

在法治状态下,行政诉讼不会变成畸形,民才可以大胆告官,而不至于出现庭上"被告抓原告"。行政诉讼立案难、判决难、执行难彻底得到解决。

在法治状态下,受契约和诚信精神的照耀,投资者不用担心政府会事后毁约,外商不用担心"招商引资、关门打狗",不用担心投资款成为"肉包子打狗,有去无回"。

在法治状态下,决策进入法定轨道,国家才能真正实现决策的科学化、民主化,有效避免个别领导的主观决策。类似"人民公社大食堂"、"全民大炼钢铁"等荒唐决策不会重演,任何人再要发动一场"文化大革命"或者"类似的文化大革命"已不再可能。

---

① 2008 年"五四"青年节,时任中共中央政治局常委、国务院总理温家宝应学生们热情邀请,来到中国政法大学,与大家一起共度青年节。在中国政法大学法学图书馆二层阅览室,温总理与学生们围绕依法治国亲切交谈。温家宝说,"法治天下"就是"法比天大"。(载《法制日报》,2009 年 12 月 4 日)

在法治状态下，公民的合法权利得到切实保障，人权得到切实尊重。没有法律依据，不经过司法机关的决定，任何人不受任何形式的关押。不允许有司法以外的司法。以所谓的"教育措施"代替事实上的处罚措施，以所谓的"学习班"代替事实上的非法限制人身自由，这种现象不再存在。

在法治状态下，每个人的住宅权受到切实保护。你哪怕住在一间四面漏风的小茅房内，"风可进，雨可进，千军万马的铁蹄不得进"。不经严格的法律程序，任何执法机关、任何执法人员都无权检查和搜查你的住宅。

在法治状态下，言论自由得到保障。在观点对立的双方，你会对反对者说，"我反对你的观点，但我誓死捍卫你讲话的权利"[①]。这种环境下，人人都敢于讲真话，人人都会讲真话。

在法治状态下，律师的地位和权利得到法律保障，他们可以大胆地为任何被告辩护，而不用担心法律以外的风险。

在法治状态下，全民守法确已变成现实。公民有理无理都依赖法律途径解决，"凡事靠闹"，"大闹大解决、小闹小解决、不闹不解决"的现象已不复存在。不再有人强闯红灯，不再有人规避法律……。

五

实现国家治理的法治化，我们有太多的事情要做。

首先要认识到位。我们一方面欣慰地看到，中国的法治在短短的三十几年来取得了伟大成效，另一方面必须遗憾地承认个别地方还存在着：法治一方面讲得越来越响，另一方面做得越来越差，甚至以法治的口号推进人治。法治做得不到位，是因为态度不到位；态度不到位，是因为认识不

[①] 1766年伏尔泰在为卡拉斯辩护案中说："我反对你说的每一句话，但我誓死捍卫你说话的权利。"转引自尹晋华主编：《法律的追求——与给执法者的书（二）》，北京：中国检察出版社2010年版，第338页。

到位。我们要切实认识到，中国如果不真正地坚持法治，中国的"天"迟早会塌下来。

其次要态度到位。要真正奉行法治，信仰法治。不要嘴上讲法治，行为搞人治；不要对人讲法治，对已讲人治。不要将法治庸俗化，从依法治国、依法治省、依法治市、依法治县、依法治乡，直至依法治家；从依法治路、依法治水、依法治税、依法治土地，直至依法打狗（打野狗）……。不要用法治形式主义代替法治实质主义。我们要善待法治！

再次要理论到位。我们要从思想理论上厘清"三关系"：一是法治与改革。改革也必须在法治轨道内进行，改革必须于法有据；二是法治与效率。法治是最有效的治理方式，以"花钱买平安"，或者侵犯人权的"高压手段"无法实现长治久安；三是法治与德治。坚持法治与德治并举，它们相互补充，相不排斥，但法治无法替代德治，同样德治也无法代替法治，即便人人都是雷锋也需要法治，因为好人做好事也需要规则。

我们在行为上要坚守"一个底线两个原则"。要守住合法性底线，凡事从是否合法出发，一切创新的做法都必须在合法的基础上进行。坚持立法先导原则，重大制度和重大举措的推出应当先立法再行为。坚持正当程序原则，在作出对相对人不利的决定之前，必须事先告知并听取意见，重大的决定必须经过听证，避免自己做自己的法官，任何纠纷应当由第三方裁决，任何权利都有获得救济的机会，必须为相对人享受权利和履行义务留足合理的时间，通过正当程序实现社会的公平正义。

我们在管理方法上必须走出"四大误区"：要走出"运动论"，坚持"制度论"；走出"专项论"，坚持"常态论"；走出"特事论"，坚持"规则论"；走出"结果论"，坚持"因果论"。

在现状上要改变"三种现象"：一是"全面立法、普遍违法、选择执法"；二是"三高一低"，即守法、执法、维权成本高，违法成本低；三是"信访不信法"，"大闹大解决、小闹小解决、不闹不解决"。

我们还要坚持四个"不要":对公民权利不要"一放就乱、一收就死";不要"罚"字当头、"限"字当头,要真正解决问题;不要"一人生病、全家吃药";不要用违法违纪方法惩罚违法违纪行为。

总之,我们要坚持走中国特色的社会主义法治道路,坚持党的领导、人民当家作主和依法治国的有机统一。

(本文为特邀撰写,系首次刊发)

以民主法治推进国家治理现代化
——重温邓小平有关制度建设的重要思想

胡 伟

（上海交通大学国际与公共事务学院）

中共十八届三中全会把"完善和发展中国特色社会主义制度，推进国家治理体系和治理能力现代化"作为全面深化改革的总目标，这与邓小平理论尤其是其中关于社会主义现代化建设的战略构想以及制度建设的重要思想是高度一致的。虽然邓小平并没有使用过"国家治理现代化"这一概念，但其深邃的理论洞见恰恰构成了当前我国推进国家治理体系和治理能力现代化的宝贵思想财富，至今读来仍感微言大义、字句珠玑、博大精深。在我国进入全面深化改革的关键时期，重温这位改革开放总设计师的有关民主法治和制度建设的重要论断，对当前澄清各种认识误区、推进国家治理现代化具有十分重要的理论指导意义。

把民主和法制纳入现代化建设重要议程

在有些人看来,邓小平关于我国改革开放和社会主义现代化建设的思想,主要是在经济建设领域,而政治建设方面则没有多少论述。实际情况并非如此。早在改革开放之初的1979年3月,邓小平就明确提出:"没有民主就没有社会主义,就没有社会主义现代化。""民主化和现代化一样,也要一步一步地前进。社会主义愈发展,民主也愈发展。"[①] 1980年8月,邓小平又进一步指出:"我们进行社会主义现代化建设,是要在经济上赶上发达的资本主义国家,在政治上创造比资本主义国家的民主更高更切实的民主,并且造就比这些国家更多更优秀的人才。达到上述三个要求,时间有的可以短些,有的要长些,但是作为一个社会主义大国,我们能够也必须达到。"[②]

邓小平的这一论断,不仅言之凿凿把民主政治作为社会主义和社会主义现代化的题中之义,而且高屋建瓴地把我国的社会主义现代化建设的目标从经济、政治和人才三个方面进行了全面的界定,把民主政治建设提上我国现代化建设的重要议事日程,意义极为重大。随着改革开放的深入,邓小平在1985年又进一步概括道:"在总结经验的基础上,党的十一届三中全会提出一系列新的政策。就国内政策而言,最重大的有两条,一条是政治上发展民主,一条是经济上进行改革,同时相应地进行社会其他领域的改革。"[③] 相比于目前海内外有些人刻意论证中国发展的目标不是建设"democracy"(民主政治),而是要实现"meritocracy"(贤能政治),邓小平30多年前有关我国现代化建设的战略构想,无疑给予了响亮的回答,可谓震耳发聩,余音绕梁。实际上,只有民主政治才能造就千千万万的优秀

[①] 《邓小平文选》第二卷,北京:人民出版社1994年版,第168页。
[②] 《邓小平文选》第二卷,北京:人民出版社1994年,第322—323页。
[③] 《邓小平文选》第三卷,北京:人民出版社1993年版,第115页。

人才，也才能让千千万万的优秀人才脱颖而出。从根本上说，离开民主政治就不可能有真正的贤能体制，只能是"少数人在少数人中选少数人"，甚至是"一朝天子一朝臣"、"一人得道，鸡犬升天"。所以，邓小平把民主问题和人才问题相提并论，放到与经济建设同等重要的地位，并提出"党和国家的各种制度究竟好不好，完善不完善，必须用是否有利于实现这三条来检验"。① 这些论断，至今都是富有理论指导意义的。

邓小平不仅把民主政治提上了我国现代化的议程，而且把民主和法制有机统一起来，指出"为了保障人民民主，必须加强法制。必须使民主制度化、法律化，使这种制度和法律不因领导人的改变而改变，不因领导人看法和注意力的改变而改变"②。不言而喻，民主和法制都是推进国家治理体系和治理能力的现代化的重要杠杆，两者密不可分。没有法制，民主就没有保障；没有民主，法制就会迷失方向。目前有些人认为，中国应当先搞法制（或法治）再搞民主，甚至只要法制（或法治）而不要民主，这与邓小平理论是不相符的。邓小平说得很清楚："民主和法制，这两个方面都应该加强，过去我们都不足。""民主要坚持下去，法制要坚持下去。这好像两只手，任何一只手削弱都不行。"③ 在现代民主理论中，法治是民主政治的要素之一，不存在没有法治的民主。没有法治，只能是多数人的暴政、民粹主义或无政府主义，而不是现代意义上的民主政治。反过来说，没有民主的法治，只能是中国历史上法家所主张的"法治"，即法、术、势三位一体，法治与权术相辅相成，施行"重刑少赏"，以法为教，以吏为师，甚至是"弱民"、愚民，把民众变成法的奴仆，所谓"法治"实际上就是君主的个人专断亦即"人治"，成为专制主义的工具。因此，就政治发展的一般进程而论，民主相对于法治具有目标上的逻辑优先性。④

---

① 《邓小平文选》第二卷，北京：人民出版社1994年版，第323页。
② 《邓小平文选》第二卷，北京：人民出版社1994年版，第146页。
③ 《邓小平文选》第二卷，北京：人民出版社1994年版，第189页。
④ 胡伟：《新世纪中国民主政治发展与政治学的使命》，载《浙江学刊》，2004年第1期。

后来，党中央进一步提出"依法治国"的方略，把建设社会主义法治国家提上重要议事日程，并申明"发展社会主义民主政治是我们党始终不渝的奋斗目标"，十八届三中全会又提出"使市场在资源配置中起决定性作用"，着眼于实现社会主义市场经济、民主政治、法治国家的良性互动，这不啻是对邓小平同志的最好纪念。

用现代民主法治构建好的制度

邓小平把民主政治提上了我国现代化的重要议程，并强调必须使民主制度化、法律化，这是他总结国际共产主义运动的经验教训、总结我国建国以来特别是"文化大革命"的经验教训所得出的真知灼见。作为中国共产党第一代领导集体的重要成员和第二代领导集体的核心，邓小平经历了革命、建设和改革的全过程，经受了三落三起的极为复杂的严酷政治考验，不仅熟知我们党的历史，亲历和参与了许多重大事件和决策过程，有治党治国治军的全面经验，而且有着不同寻常的宽广的国际视野，从早年出国勤工俭学到后来亲身参加中苏论战，对发达资本主义国家有亲身感受，对国际共产主义运动的经验教训洞悉深刻，这无论在中共领导人还是外国共产党领导人当中，都十分难得。正是邓小平丰富的政治历程、非凡的领导经验和坎坷的人生起伏，才使他能够作出比其他前辈和同辈领导人更为深刻的总结，特别是把社会主义国家的制度建设问题提到了前所未有的高度，这集中体现在邓小平1980年8月18日所作的《党和国家领导制度的改革》这篇著名讲话中。

在这篇光辉文献中，邓小平鞭辟入里地指出："我们过去发生的各种错误，固然与某些领导人的思想、作风有关，但是组织制度、工作制度方面的问题更重要。这些方面的制度好可以使坏人无法任意横行，制度不好可以使好人无法充分做好事，甚至会走向反面。即使像毛泽东同志这样伟大的人物，也受到一些不好的制度的严重影响，以至对党对国家对他个人都造成了很大的不幸。我们今天再不健全社会主义制度，人们就会说，为什么资本主义制度所能解决的一些问题，社会主义制度反而不能解决呢？这种比较方法虽然不全面，但是我们不能因此而不加以重视。斯大林严重破坏社会主义法制，毛泽东同志就说过，这样的事件在英、法、美这样的西方国家不可能发生。他虽然认识到这一点，但是由于没有在实际上解决领导制度问题以及其他一些原因，仍然导致了'文化大革命'的十年浩劫。这个教训是极其深刻的。不是说个人没有责任，而是说领导制度、组织制度问题更带有根本性、全局性、稳定性和长期性。"[1]

制度问题更带有根本性、全局性、稳定性和长期性——这是邓小平留给我们最伟大的思想遗产之一，也被以后我们党的文献所反复引用，成为我国民主和法治建设的理论制高点。其中，邓小平画龙点睛地对人类政治学千百年来研究的一个主题——即"好人"与"好的制度"哪一个更重要，作了深入浅出的回答。从儒家的"内圣外王"，到柏拉图的"哲学王"，无不崇尚的是"好人"政治或"贤能"政治，但事实证明这只不过是一个美好的幻想。[2] 所以说，就连毛泽东这样的伟大的无产阶级革命家，由于制度缺陷的影响，最终也犯了严重的错误。但是，正如邓小平所深刻揭示的，斯大林、毛泽东所犯的错误并非是由于其个人品质的问题，而是制度上的问题；英、法、美这样的西方国家之所以不发生类似的错误，也不是其领导人的个人品质如何好，而是其制度可以防止类似错误的发生。中共中央《关于建国以来党的若干历史问题的决议》指出：毛泽东同志在"文化大革命"中犯了全局性的、长时间的"左"倾错误，但是"毛泽东同志的错误终究是一个伟大的无产阶级革命家所犯的错误"。要正确理解这一历史结论，要真正记取国际共产主义运动以及中国共产党历史上的沉

---

[1] 《邓小平文选》第二卷，北京：人民出版社1994年版，第333页。
[2] 胡伟等：《论政治——中国发展的政治学思考》，南昌：江西人民出版社1996年版，第12—26页。

痛教训，就必须深入领会邓小平"制度好可以使坏人无法任意横行，制度不好可以使好人无法充分做好事"这一至理名言，搞懂"好人"、"坏人"与"好的制度"、"不好的制度"孰轻孰重，从而进一步提高对社会主义民主和法治建设必要性和紧迫性的认识。

知易行难，能够认识到的问题不一定都能够做到。回顾改革开放以来30多年的历程，我们在社会主义民主和法治的制度建设上取得了一定的成绩，但还远不能适应现代化建设和市场经济发展的需要，所以邓小平自己也认识到存在"一手比较硬，一手比较软"的问题。然而，在推进我国社会主义现代化特别是国家治理现代化的时候，能够有真知灼见也并非易事。当前就存在各种思潮和观点鱼龙混杂、鱼目混珠的现象，在这种情况下，重温邓小平的这些论述，正确把握"好人"与"好的制度"的逻辑关系，深刻认识民主法治和制度建设对于国家治理体系和治理能力现代化的极端重要性，绝不是一件可有可无的事情。

历史反复揭示，只有用现代的民主法治构建好的制度，才能保证国家的长治久安。"文化大革命"血的教训也说明，靠"斗私批修"和"灵魂深处闹革命"、"狠斗私字一闪念"，并不能给我们带来美好的政治和美好的社会。正如邓小平所说的："制度问题不解决，思想作风问题也解决不了。""党内讨论重大问题，不少时候发扬民主、充分酝酿不够，由个人或少数人匆忙做出决定，很少按照少数服从多数的原则实行投票表决，这表明民主集中制还没有成为严格的制度。"[①] 只有使民主制度化、法律化，使这种制度和法律不因领导人的改变而改变，不因领导人看法和注意力的改变而改变，我们才能切实完善中国特色社会主义制度，推进国家治理体系和治理能力现代化。

---

① 《邓小平文选》第二卷，北京：人民出版社 1994 年版，第 328、330 页。

切实推进党和国家领导制度的改革

邓小平关于我国社会主义现代化建设的重要思想，不仅坚持制度为本、民主取向，而且体现了问题导向，有强烈的问题意识。之所以要加强民主与法制建设，之所以要把制度提升到根本性、全局性、稳定性和长期性的高度，都离不开邓小平对传统社会主义体制性问题的洞察。

作为对社会主义建设正反两个方面经验体会最为深刻的领导人之一，邓小平对传统社会主义所存在的体制性弊端也认识的最为清晰。他以非凡的政治勇气指出："从党和国家的领导制度、干部制度方面来说，主要的弊端就是官僚主义现象，权力过分集中的现象，家长制现象，干部领导职务终身制现象和形形色色的特权现象。"他还说："我们的各级领导机关，都管了很多不该管、管不好、管不了的事，这些事只要有一定的规章，放在下面，放在企业、事业、社会单位，让他们真正按民主集中制自行处理，本来可以很好办，但是统统拿到党政领导机关、拿到中央部门来，就很难办。""这可以说是目前我们所特有的官僚主义的一个总病根。"①

尤其是邓小平对权力过分集中的现象的剖析，至今读起来仍入木三分。他指出："权力过分集中的现象，就是在加强党的一元化领导的口号下，不适当地、不加分析地把一切权力集中于党委，党委的权力又往往集中于几个书记，特别是集中于第一书记，什么事都要第一书记挂帅、拍板。党的一元化领导，往往因此而变成了个人领导。""我们历史上多次过分强调党的集中统一，过分强调反对分散主义、闹独立性，很少强调必要的分权和自主权，很少反对个人过分集权。过去在中央和地方之间，分过几次权，但每次都没有涉及到党同政府、经济组织、群众团体等等之间如

---

① 《邓小平文选》第二卷，北京：人民出版社 1994 年版，第 327—328 页。

何划分职权范围的问题。"① 权力过分集中现象又与家长制作风相互助长，"革命队伍内的家长制作风，除了使个人高度集权以外，还使个人凌驾于组织之上，组织成为个人的工具"。"不少地方和单位，都有家长式的人物，他们的权力不受限制，别人都要唯命是从，甚至形成对他们的人身依附关系。"②

正因为如此，邓小平指出必须对党和国家的领导制度进行改革，后来他进一步提出了必须政治体制改革："改革是全面的改革，包括经济体制改革、政治体制改革和相应的其他各个领域的改革"③，"我们提出改革时，就包括政治体制改革。现在经济体制改革每前进一步，都深深感到政治体制改革的必要性。"④ 同时，他把民主和法制作为改革的基本目标和内涵，指出："政治体制改革包括民主和法制。"⑤ 邓小平还意味深长地指出："如果不坚决改革现行制度中的弊端，过去出现过的一些严重问题今后就有可能重新出现。只有对这些弊端进行有计划、有步骤而又坚决彻底的改革，人民才会信任我们的领导，才会信任党和社会主义，我们的事业才有无限的希望。"⑥

可喜的是，经过多年的改革，我们已经成功解决了干部领导职务终身制问题，部分解决了分权放权的问题、官僚主义和家长制的问题。当然，我们也要看到，要根本克服权力过分集中的现象和家长制现象，建立民主和法治，推进国家治理体系和治理能力现代化，我们还有很长的路要走，包括要处理好政治现代性与后现代性的关系，有选择地借鉴人类政治文明的有益成果。正如邓小平所说："我们的制度将一天天完善起来，它将吸

---

① 《邓小平文选》第二卷，北京：人民出版社1994年版，第328—329页。
② 《邓小平文选》第二卷，北京：人民出版社1994年版，第329—331页。
③ 《邓小平文选》第三卷，北京：人民出版社1993年版，第237页。
④ 《邓小平文选》第三卷，北京：人民出版社1993年版，第176页。
⑤ 《邓小平文选》第三卷，北京：人民出版社1993年版，第244页。
⑥ 《邓小平文选》第二卷，北京：人民出版社1994年版，第333页。

收我们可以从世界各国吸收的进步因素，成为世界上最好的制度。"[①] 1992年在南方谈话中邓小平又说："恐怕再有 30 年的时间，我们才会在各方面形成一整套更加成熟、更加定型的制度。"[②] 十八届三中全会作出的《中共中央关于全面深化改革若干重大问题的决定》同样强调"制度更加成熟、更加定型"，并将时间节点锁定在 2020 年，其依据就是邓小平的这句话。

改革不仅仅是对原有体制作细枝末节的修补，在一定程度上也是根本性变化。特别是从计划经济向市场经济的转变，从集权政治向民主政治的转变，从人治向法治的转变，以及中国共产党从"革命党"向"执政党"的转变，是当代中国极为深刻的社会变革。邓小平同志早在 1985 年《在中国共产党全国代表会议上的讲话》中就指出："改革促进了生产力的发展，引起了经济生活、社会生活、工作方式和精神状态的一系列深刻变化。改革是社会主义制度的自我完善，在一定的范围内也发生了某种程度的革命性变革。"[③] 从马克思主义哲学的角度来看，"改革是社会主义制度的自我完善"体现的是量变，而"在一定的范围内也发生了某种程度的革命性变革"则意味着量变中的部分质变。可见，改革作为中国的"第二次革命"，是量变中有部分质变的过程，必然会带来阵痛和摩擦，但绝不能走回头路，停顿和倒退没有出路。

从制度上肃清封建主义残余影响

邓小平不仅对传统社会主义体制所存在的弊端进行了清晰的概括，还深入分析了这些弊端产生的历史原因。针对我们党历史上长期存在且危害十分严重的权力过分集中和家长制现象，邓小平指出："这种现象，同我国历史上封建专制主义的影响有关，也同共产国际时期实行的各国党的工

[①] 《邓小平文选》第二卷，北京：人民出版社 1994 年版，第 337 页。
[②] 《邓小平文选》第三卷，北京：人民出版社 1993 年版，第 372 页。
[③] 《邓小平文选》第三卷，北京：人民出版社 1993 年版，第 142 页。

作中领导者个人高度集权的传统有关。"① "我们过去的一些制度，实际上受了封建主义的影响，包括个人迷信、家长制或家长作风，甚至包括干部职务终身制。我们现在正在研究避免重复这种现象，准备从改革制度着手。我们这个国家有几千年封建社会的历史，缺乏社会主义的民主和社会主义的法制。现在我们要认真建立社会主义的民主制度和社会主义的法制。只有这样，才能解决问题。"②

尤其值得关注的是，虽然邓小平同时提出要肃清封建主义和资产阶级思想影响，但他首先关注的是肃清封建主义思想影响的问题，提出要"要划清社会主义同封建主义的界限"，而且花大量的篇幅讲这个问题。针对权力过分集中、家长制、官僚主义，干部领导职务终身制等等弊端，邓小平分析说："上面讲到的种种弊端，多少都带有封建主义色彩。封建主义的残余影响当然不止这些。如社会关系中残存的宗法观念、等级观念；上下级关系和干群关系中在身份上的某些不平等现象；公民权利义务观念薄弱；经济领域中的某些'官工'、'官商'、'官农'式的体制和作风；片面强调经济工作中的地区、部门的行政划分和管辖，以至画地为牢，以邻为壑……；文化领域中的专制主义作风；……对外关系中的闭关锁国、夜郎自大；等等。拿宗法观念来说，'文化大革命'中，一人当官，鸡犬升天，一人倒霉，株连九族，这类情况曾发展到很严重的程度。甚至现在，任人唯亲、任人唯派的恶劣作风，在有些地区、有些部门、有些单位，还没有得到纠正。一些干部利用职权，非法安排家属亲友进城、就业、提干等现象还很不少。"③

邓小平的上述分析，可谓十分精辟、中肯、到位，以致30多年过去了，至今仍具有很强的现实性和针对性。而且，有些问题还愈演愈烈，发展到了利益固化、裙带关系、贪污腐化、权钱交易、设租寻租、买官卖

---

① 《邓小平文选》第二卷，北京：人民出版社1994年版，第329页。
② 《邓小平文选》第二卷，北京：人民出版社1994年版，第288页。
③ 《邓小平文选》第二卷，北京：人民出版社1994年版，第334—335页。

官、公权涉黑等严重地步。这些问题的产生，虽然有着多方面的社会原因，但中国历史上长期形成的封建主义和传统专制政治文化的浸淫，不能不说是一个重要的根源。而要肃清封建主义残余影响，则更是一个艰巨的任务。正像邓小平所看到的，"要彻底解决上述这些问题，还需要我们付出很大的努力。""我们进行了二十八年的新民主主义革命，推翻封建主义的反动统治和封建土地所有制，是成功的，彻底的。但是，肃清思想政治方面的封建主义残余影响这个任务，因为我们对它的重要性估计不足，以后很快转入社会主义革命，所以没有能够完成。现在应该明确提出继续肃清思想政治方面的封建主义残余影响的任务，并在制度上做一系列切实的改革，否则国家和人民还要遭受损失。"①

因此，邓小平提出，必须从改革政治制度、推进民主化的高度上，去着手解决肃清封建主义残余影响的问题。他高瞻远瞩地指出："肃清封建主义残余影响，重点是切实改革并完善党和国家的制度，从制度上保证党和国家政治生活的民主化、经济管理的民主化、整个社会生活的民主化，促进现代化建设事业的顺利发展。"② 由此，他才提出党和国家领导制度改革的问题，提出制度问题更带有根本性、全局性、稳定性和长期性的命题，提出要健全社会主义民主和法治的课题。只有这样，才能有效防止邓小平所痛感的"党和国家的民主生活逐渐不正常，一言堂、个人决定重大问题、个人崇拜、个人凌驾于组织之上一类家长制现象，不断滋长"的现象，也才能从根本上铲除封建主义给我们留下的沉重历史包袱。

值得反思的是，目前一些人热衷于从中国传统文化中寻找治理国家的灵丹妙药，而对封建思想的影响缺乏应有的警惕，甚至形成了一股文化复古主义的反现代化思潮。我们总是强调要抵御西方资产阶级腐朽思想的侵蚀，而较少思考如何肃清封建主义残余影响的问题。在这个问题上，邓小

---

① 《邓小平文选》第二卷，北京：人民出版社1994年版，第335页。
② 《邓小平文选》第二卷，北京：人民出版社1994年版，第336页。

平给我们树立了榜样。一方面，邓小平提出要肃清资产阶级思想影响，而且一贯坚持反对资产阶级自由化。但另一方面，他对封建主义残余的影响予以足够的警惕，甚至放在更为重要的位置上。早在1980年，他针对肃清资产阶级思想影响的问题就指出："对于资本主义、资产阶级思想，当然也要采取科学的态度。前些时候解放军为了进行革命思想的教育，重提'兴无灭资'的口号，总政治部文件我是看过的，当时没有感觉到有什么问题。现在看来，这个老口号不够全面，也不很准确。有些同志因为没有充分地调查和分析，把我们现行的一些有利于发展生产、发展社会主义事业的改革，也当作资本主义去批判，这就不对了。"① 后来，在为邓小平理论画句号的南方谈话中，他语重心长批评道："改革开放迈不开步子，不敢闯，说来说去就是怕资本主义的东西多了，走了资本主义道路。要害是姓'资'还是姓'社'的问题。判断的标准，应该主要看是否有利于发展社会主义社会的生产力，是否有利于增强社会主义国家的综合国力，是否有利于提高人民的生活水平。"他还特别强调："社会主义要赢得与资本主义相比较的优势，就必须大胆吸收和借鉴人类社会创造的一切文明成果，吸收和借鉴当今世界各国包括资本主义发达国家的一切反映现代社会化生产规律的先进经营方式、管理方法。"②

邓小平的上述思想，是一以贯之的。我们在学习邓小平理论时，一定要善于领会其精神实质，从而更好地全面深化改革，推进国家的现代化。应当认识到，封建主义思想残余是前现代的产物，与现代民主法治是格格不入的。中国的社会主义现代化建设，需要正确辨明传统与现代的关系。现代化意味着要批判性继承传统，但决不能以前现代性去否定现代政治文明的基本价值，更不能以封建主义冒充社会主义，以贤能政治取代民主法治。在推进国家治理体系和治理能力现代化的进程中，一定要警惕封建主

---

① 《邓小平文选》第二卷，北京：人民出版社1994年版，第338页。
② 《邓小平文选》第三卷，北京：人民出版社1993年版，第372—373页。

义余毒借尸还魂，警惕传统政治文化的糟粕换一个概念或形式死灰复燃。在这个问题上，邓小平关于肃清封建主义思想影响的论断，当前尤其具有非同寻常的指导作用。

习近平同志指出："发展社会主义民主政治，是推进国家治理体系和治理能力现代化的题中应有之义。"① 党的十八届四中全对依法治国进行了战略部署，这是我国民主和法治建设的一个新的里程碑。在这个重要时刻，铭记邓小平有关民主法治和制度建设的思想，并作为现阶段全面深化改革、完善和发展中国特色社会主义制度、推进国家治理体系和治理能力现代化的指路明灯，将产生积极而深远的影响。

(本文为特邀撰写，系首次刊发)

---

① 习近平：《在庆祝全国人民代表大会成立60周年大会上的讲话》，载《人民日报》，2014年9月6日。

社会公正与国家治理现代化
——以"公正"为核心重构改革话语

竹立家

（国家行政学院公共管理教研部）

在全球化和信息化的背景下，中国作为一个"巨型国家"的"社会结构性"转型，是21世纪人类文明史上有着全球性影响的重大事件。中国社会主义改革的进程和效果，必将对"世界的合理化"程度和人类文明的进程与走向产生决定性影响。无论你愿意还是不愿意，"中国因素"都是实现"全球治理"和建立一个更为公正合理的世界的关键环节。

惟其如此，对当代中国"发展文本"复杂多样甚至相互矛盾的解读才成为国内外的时髦话题，对中国发展现实的深度观察、研究、认知、分析、判断才五花八门，莫衷一是，但有一点是肯定的，即中国从100多年前的"边缘国家"向"中心国家"的挺进是一个毋庸置疑的事实，这不但将极大地改变人类文明的面貌，反映时代精神的未来走向；也将对全球化时代的"社会主义发展模式"的形成产生重大影响。中共十八届三中全会决定提出"全面深化改革"的战略方针和"国家治理现代化"的战略目标，是和平建设时期社会主义改革与发展的总纲领，是在全球化信息化时代建设好、发展好社会主义的基本指针。

这就是说，通过"五位一体"的全面深化改革实现"国家治理现代化的目标"，是社会主义国家在人类文明新的历史发展阶段，面对人类文明转型和社会主义社会转型的"双重转型"而产生的新矛盾新问题，所提出的社会主义国家发展战略，蕴含着丰富的理论和实践内涵，对推动未来社会主义改革与发展具有非常重要的意义。

一、国家治理现代化的价值意蕴

从政治哲学或公共哲学的角度讲，国家治理现代化蕴含着一个基本的内在价值或终极价值，即"什么性质的国家治理"及"追求什么样的现代性治理和发展目标"。因此，对国家治理现代化这一概念的正确解读，价值维度或意识形态是一个关键的"指涉领域"。这就是说，在当代世界，社会主义国家治理与资本主义国家治理体系、方式、方法、价值目标等有着本质的不同，对理想社会或"乌托邦"的界定存在着巨大差异，这就要求我们必须审慎地、仔细地、意义明确地使用"国家治理"和"现代化"这样的概念，特别是当现代化与国家治理联系在一起的时候。

不可否认，由于种种原因，20世纪90年代"苏东剧变"以后，我们基本上是在资本主义的话语体系中讨论"现代性话题"，是在西方人建立的知识框架体系中来认识世界，所使用的概念工具和分析框架，受新自由主义的影响比较大。可以说，随着全球化和中国改革开放进程的加快，中国影响世界和世界影响中国的互动、交流、渗透的速度也在加快。因此，在中国改革开放的过程中,如何按照社会主义的意识形态或核心价值构建现代化的国家治理理论及实践,防止资本主义的意识形态霸权,实现社会主义国家的"国家治理理论创新",以"公正"而不是以"自由"为核心价值重构社会主义改革的话语体系,是新的建设时期社会主义理论构建面临的艰巨任务。

从全球的视野来看,"近年来影响深远的惊人的技术发展,即人们所说的'信息革命',似乎预示着会出现一种极为不同的社会类型,并且很可能造成一些不同的社会和政治问题"。事实上,这种状况在全球范围内已经发生,并对我国全面深化改革造成了重要影响。在我国社会主义改革与发展的新时期新阶段,中国的国家治理水平的提升面临着国际国内两个方面的困难,这极大地增加了中国社会转型的艰巨性和复杂性。众所周知,国际方面主要是全球化和信息化的冲击,使中国成为开放世界的一个重要组成部分,我们必须面对国家间权力重组和"利益再平衡"及"价值冲击"的全新课题,也必须应对全球化和信息化所带来的国内现实的重大变化;国内则主要涉及传统习惯、文化观念、道德和政治价值、经济结构、社会结构、权力关系的变迁所带来的新的"改革课题"。这两个方面的课题对中国国家未来的"国家治理能力"提出了全新的考验,即在一个"不确定性"的世界和时代,给国家一个"确定性"的未来。

不言而喻,从"全面深化改革"或谋划改革全局的角度来看,中国目前的现实形态纷繁复杂、千头万绪,社会的结构性变动已经悄然而至,社会"层序结构"发生了不可逆转的变化,我们已经面对一个全新的"问题现实",中国已进入"风险社会",这要求我们的国家治理体系和国家治理能力也必须发生变化。

但从历史哲学的高度来看,一个国家的治理体系和能力,是建立在意识形态或"国家信仰"的基础之上,并在这种国家信仰基础上的制度建构能力。因此,在论及现代国家治理这一重大问题时,必须既要跳出"就事论事"的狭隘思维，又要避免僵化的教条主义思维，既要坚决防止对现实描述的扭曲而导致"现实的不在场"，又要防止理论解释的不准确而导致"理论的不在状态"，从而错失改革良机，加大改革成本。"与过去几代人所能得到的相比，我们以财富和知识等形式存在的手段极为优越，但是利用这些手段追求的目标之价值，却是不确定和有争议的。"面对新形势和新的改革任务，改革要有新思维，改革谋划要有哲学高度，这就是说，国家发展战略和国家治理能力的构建，必须以"价值"和"制度"建设为核心，从"公正的价值"和"公正的制度"两个方面夯实社会主义的"国家信仰"基础。

首先，在当代世界，国家治理现代化的根本表征，主要取决于其所信奉的政治价值和道德价值对社会公众的吸引力。社会的秩序与稳定是"明确的意识形态"引导的结果，同样，意识形态的混乱不但导致依据这种意识形态对现实的理论解释能力下降、没有说服力，使之成为"欺骗或虚假意识"，丧失社会群众基础；而且造成这种社会所追求的"理性社会蓝图"丧失吸引力，最终导致社会变迁能力和改革动力衰退，使个体和社会失去了发展的"目标之价值"。特别是在社会转型期，意识形态的混乱更容易导致整个社会的"价值迷茫"，使"社会危机"内化为"个人危机"，从而引发社会矛盾与问题丛生，致使社会团结、社会合作、社会凝聚力销蚀，使国家运用已有的战略资源和经济成果的能力以及民众支持力的双重衰减，并最终导致国家治理能力的下降。

从人类文明发展史来看，社会重大转型期所形成的"价值迷茫"，往往是引发关于社会和个人"发展价值"争论的重要原因。无论是中国的春秋战国时代，还是西方的"希腊化时代"和"启蒙时代"，这种关于发展价值的争论都是非常明显的。一般来说，在社会转型期，社会公众对社会发展的"价值探寻"基本是沿着三个方向进行的，一是自我安慰地面向过去，在传统价值中寻找出路，这当然在变化了的现实面前没有出路；二是激烈地拒绝现实，敷陈改革乃至革命的思想，寻求新的发展价值；三是消极地脱离、逃避、远离社会，或听天由命，或我行我素，虚化价值的社会意义。

因此，在社会转型期，要有效地推进实现国家治理现代化，意识形态的明确性和核心价值的坚定性具有重大意义，是我国未来沿着社会主义改革道路奋然前行的基本前提，也是体现中国共产党"国家治理能力"的价值基础，是凝聚民心的基础性工程。毋庸置疑，社会主义社会制度建立以后，社会主义国家的意识形态和核心价值，基本是通过社会主义的宪法原则和价值表达出来的，宪法是全社会的政治价值共识，是社会主义社会制度构建的基本依据。我们知道，价值哲学，包括政治价值和道德价值，是一种"实践哲学"，换句话说，它的关键意义不是理论表述的完美无缺，而是在实践中的有效实现程度。国家领导力的重要体现，也主要表现为落实和践行宪法原则和价值的能力。在当今世界，社会主义与资本主义的竞争，主要表现为价值和制度的竞争，社会主义"公正民主"和资本主义"自由民主"的价值与制度安排的结果，将会对人类文明发展走向的选择产生重大影响。

其次，国家治理体系和治理能力的提升主要表现为"制度凝聚力"的实现程度。与传统的"熟人社会"主要讲"道德"不同，现代的"陌生人社会"主要讲"规则"。通过"道德治理"的社会与通过"规则治理"的社会是人类文明发展的两个根本不同的阶段。前者预设了人的"不平等"，所谓"君子之德"与"小人之德"，社会的管理者天然具有人格上的政治与道德优势，是所谓的"教人者"，具有物质上和道德上的"特权"，是社会的"道德表率"，一旦这些人的道德出了毛病，社会离"礼崩乐坏"就不远了；相反，"规则治理"的社会预设的前提是"人人平等"的社会，即"法律面前人人平等"，社会没有"特权阶层"存在。强调只有人人都讲规则而不是只谈道德，社会才会"向善有序"，国家才能富强安宁。

　　通过制度或规则规范人的社会行为,特别是权力行为,在"全球化"的当代世界是一个国家治理能力或水平的重要表征。"全球化不仅仅是大规模体系的产生,还是社会体验的本土化以及个人环境的转变"。全球化使我们面临着一个全新的"现实",这就要求我们的社会治理方式也必须发生改变。我们经常讲的所谓"治理水平"或政治文明,其本质就表现为"制度联动"水平或制度文明,是通过制度把权力关在笼子里。马克斯·韦伯在论及历史上的"领导类型"时,把领导类型划分为"传统型、超凡魅力型、法制型"三种类型,认为后两种是近现代"议会民主制"下领导权威形成的主要特征,虽然韦伯比较倾心于政党政治下的"超凡魅力型"政治领袖的品质,但他强调所谓的资产阶级议会民主,是把法制型和超凡魅力型这两种政治权威的优点结合在一起,是牢固的制度结构保证了国家持续的、稳定的领导权威或"治理水平"。

　　社会主义的根本制度形态是"人民民主制度"。在社会主义条件下,人民是权力的主体,人民的参与治理也是体现国家治理水平的基本标志。社会主义宪法原则和价值保证了人民的"民主选举、民主管理、民主决策、民主监督"的基本权利,公共权力的运行必须始终是一个不断实现人民群众"权利"的过程,受人民群众的监督和制约。与资本主义社会不同,社会主义社会的"国家治理能力",最根本的体现就在于人民是国家的主人,人民满意是国家治理水平的基本体现。社会主义的改革与发展,就是一个逐渐把社会主义的价值在制度上具体落实的过程。只有在制度上切实落实人民的民主权利,制度的"刚性逻辑"才会把社会主义社会带入一个公正和长治久安的境界,现代化的社会主义的国家治理水平才会得到充分体现。

　　改革是制度性改革。现代化的国家治理水平主要体现在公共权力运行的质量上,运行的标准就是"社会公正"和人民是否满意。因此,通过制度凝聚民心，从制度上限制公共权力的私化、贪腐、滥用、特权等人民群众看得见又极端不满的现象，用民主的方式规范公共权力，防止一些人"以改革和组织的名义干坏事"，败坏社会主义的声誉和党的威信，是社会主义社会"国家治理"的关键环节，也是国家治理现代化的重点领域。

总之，在社会主义改革与发展的新阶段，国家治理现代化的实现必须要有明确的意识形态或"客观价值"的支持，并在这种明确的价值引导下的制度改革和建设能力。惟其如此，我们才能建立一个人人心情舒畅、安居乐业的公正的社会主义政治文明的社会，只有实现了社会主义的政治文明，才能建立当代社会主义社会的国家治理"新秩序"，也才能真正实现好和发挥好社会主义的政治优势，推动国家治理现代化。

二、国家治理现代化的基本内涵

在现代化的语境中，"治理"这一概念包含着四方面的意义：一是从"治理实体"来说，强调治理"主体的多元化"，以与传统社会的政府是单一的治理主体相区别，政府、社会、市场乃至个体的"多元共治"是其根本特征；二是从"治理价值"来说，强调治理主体的"权利与义务"及责任平等；三是从"治理本质"来讲，强调"淡化权力、注重权利"，即政府作为"权威性的治理主体"，要尊重其他治理主体的权利，也就是说治理要从"强制"走向"协商"；四是从"治理过程"来说，强调公民"参与式"治理而不是单纯的政府"主导式"治理。

如果从国家治理的内涵来讲，主要包括"国家治理体系"和"国家治理能力"两个方面。一般来说，内在地蕴含着"国家信仰"的国家治理体系是基础，只有在一个现代化的社会主义国家治理体系的基础上，国家治理能力才能得到有效的发挥，社会主义的发展价值才能得到有效的实现。同时，我们也应该明确地指出，国家治理现代化的本质是一个社会对"政治资本"和"社会资本"的有效运作,特别是社会资本能"把人们团结为群体,增加了信任",可以有效地推动国家治理目标的实现。

国家治理体系的现代化规定着"公共权力"的基本运行框架。因此,国家治理过程,本质上是规范、约束权力的运行过程。一个现代化的国家治理体系,本质上讲是一个政府职能合理到位,政府权力边界清晰,公共权力不缺位、错位和越位的科学治理的权力运行体系,是一个严格按照"依法治国"原则而运行的规则治理体系,是一个依据人民民主原则,实现人民群众民主参与政治过程的民主治理体系,也是一个把公众福利放到首位的民生服务体系。因此,国家治理体系的现代化,一个基本前提就是政府职能体系的科学化规范化界定,逐步实现政府的有效限权、放权和分权体系,用制度保证权力的纯洁性,实现社会公正,达到"社会共治"。

在一个全球化和信息化时代,一个现代化的国家治理体系,有三个最重要的特征:一是通过转变政府职能,实现国家"权力体系"的现代化;二是"依法治国"体系的现代化;三是"民主治理"体系的现代化和"民生服务"体系的现代化。可以说,合理的政府权力体系、依法治国体系和民主治理体系,是国家治理合理化、现代化的本质内涵。

首先,合理界定的政府权力体系是国家治理的"权威主体",是实现现代国家"多元共治"的关键环节。我们知道,政府权力体系的现代化,本质上表现为政府职能的现代化,是政府的有效限权、放权和分权。无论是在理论上还是在实践中,限制政府权力,建立有限政府,是"政府现代性"的根本标志。政府作为国家治理的主体,其职能的合理界定和边界的合理划分,决定着国家治理的质量。政府超出自己的职能范围对市场活动和社会过程的不合理干预,将使正常的市场秩序和社会秩序遭到根本性的破坏,带来大量的经济问题和社会问题,引发了大量的社会矛盾,使政府处于一个费力不讨好的尴尬地位。与此同时,政府的不合理干预也抑制了市场和社会的创新性活力,使公平的市场竞争体系和公正的社会良性运行体系遭到人为的破坏，从而消解了市场和社会的自我修复能力，加大了国家治理的难度。因此，政府职能转变的一个关键前提是政府的自我定位，是建立一个有限政府而不是一个全能政府，真正实现"政府的归政府、市场的归市场、社会的归社会"，形成职能边界清晰的政府、市场、社会"共治"的"现代国家治理体系"。

放权或权力下放是指止确处理"政府间关系"，包括中央政府与地方政府的关系及上一级政府与下一级政府之间的关系。权力下放的基本原则是权力下放到基层政府的财力能够承担的事项上，形成权责一致或财权与事权相一致的政府间职能划分体系，既提高公共资源的使用效率，又强化基层政府的责任能力；权力下放的关键环节是地方政府要真正转变职能，真正把精力放到市场监管、社会管理和公共服务上来，让经济社会发展真正成为惠及人民的发展。

分权是指权力向社会组织的有序转移，是一个现代文明国家实现国家治理现代化的基本前提条件，也是政府职能能否彻底转变的最基本的制度保障。一个现代国家的重要标志就是自主的社会组织高度发达，具有承接政府权力转移的基本能力，并能通过"行业自律"实现自我监管，通过"项目管理"和"服务合同出租"实现承接政府的部分社会管理及公共服务职能，使政府、市场、社会的"共治"局面得以形成，并最终实现国家治理的现代化。

其次，"依法治国"是国家治理体系现代化的根本体现。一个现代化的国家治理体系，本质上是一个法治体系，是一个政府、社会、个体都按照宪法法律行为的"规则体系"。任何组织、团体、法人、个体都不能超越宪法和法律之上。从理论上讲，现代化的法治体系是一个"立法公正"和"司法公正"的权威体系。所谓立法公正，就是要按照《决定》的要求，"完善中国特色社会主义法律体系，健全立法起草、论证、协调、审议机制，提高立法质量，防止地方保护和部门利益法制化"；所谓司法公正，就是"加快建设公正高效权威的社会主义司法制度，维护人民权益，让人民群众在每一个司法案件中都感受到公平正义"。可以说，能不能实现立法和司法公正，是现代社会能否稳定、持续、良性运行的关键环节，是消解潜在的社会矛盾和问题的基本手段，是建设公平正义社会的根本保证，也是国家治理现代化的基本内容。

最后，"民主治理"是国家治理体系现代化的基本保证。只有有了民主才有民生，才能保证公共利益或民众利益。民主是社会主义国家制度的根本特征，社会主义现代化的国家治理体系的形成，必须始终"坚持人民主体地位"，坚持"民主选举、民主决策、民主管理、民主监督"的社会主义民主原则，坚持在社会主义的民主实践中人民群众的"选举权、参与权、知情权、表达权、监督权"，坚持"构建程序合理、环节完整的协商民主体系，拓宽国家政权机关、政协组织、党派团体、基层组织、社会组织的协商渠道"。可以说，人民群众民主参与改革全过程，让人民成为改革的主体，让改革价值和目标真正符合人民群众的愿望和要求，是中国改革成败的关键，也是实现国家治理现代化这一总体目标的"基本抓手"。只有始终在改革过程中坚持社会主义人民民主原则，我们才能最终建立一个公平正义的社会，一个人民满意的社会，真正实现人民幸福安康，实现社会主义社会的长治久安。

国家治理能力的现代化与国家治理体系的现代化紧密相联，这就是说，国家治理的能力与水平的提升，都是国家治理体系良性运行的必然结果。国家治理能力的现代化，一般来说是指政府的公共政策制定能力、公共财政与预算能力和选人用人能力的现代化。具体来说，其实质主要表现在五个方面的能力建设，一是政府的公共精神或"公信力"，二是依法行政或政府履行自己职能的"责任能力"，三是政府的"执行能力"，四是政府的"监督能力"，五是政府的"服务能力"。无论是在理论上还是在实践中，国家治理体系的现代化都是国家治理能力现代化的基础和前提，是一枚硬币的两面。结构决定功能，没有治理体系或治理结构的现代化，国家治理能力就不会得到有效的发挥和提升。

从国家治理能力现代化的维度来看，社会主义国家的政府是一个具有崇高权威的政府。而政府公信力是政府"权威性"的基本前提，是国家治理有效性的根本保证。惟其如此，政府的责任能力、执行能力、监督能力、服务能力能否实现，政府公信力是关键前提。没有政府公信力这一关键前提，政府的其他能力就很难实现。不言而喻，一个具有公信力的政府，是一个廉价和廉洁的政府，是一个不贪不腐的政府，是一个实现了政府权力"人民性"和"纯洁性"的政府。因此，要实现国家治理能力的现代化，防止权力腐败，只有真正实现"让人民监督权力，让权力在阳光下运行"，才能真正保持权力的人民性和纯洁性，保证社会的公平正义，也才能真正建立一个"权威性"政府，真正提升"国家治理能力"。

只有真正做到从制度安排上让人民监督权力，让权力在阳光下运行，才能建立一个科学规范、依法治国、健康有力的"权力运行体系"，才能实现公共权力的"公共性"，也才能最终保证社会主义国家治理的现代化。在中国全面深化改革的新时期新阶段，科学规范的权力运行体系是决策、执行和监督相互协调的基本制度保证；依法治国的权力运行体系是社会主义政治文明的重要表征；健康有力的权力运行体系是国家治理有效性的关键环节。因此，建立符合"现代性国家"要求的权力运行体系是未来全面深化改革的重要内容，但要保证权力体系的健康运行，一个基本前提就是首先要保证权力的纯洁性，使权力不敢贪、不能贪，真正把权力关在制度的笼子里。

只有真正做到从制度安排上让人民监督权力，让权力在阳光下运行，才能建设廉洁政治，实现干部清正、政府清廉、政治清明。这就是说，建设廉洁政治，实现社会主义政治文明，一个关键环节就是让人民监督权力，让权力在阳光下运行。让人民监督权力，就是要在权力运行过程中，真正通过制度平台和制度渠道实现人民群众的知情权、参与权、表达权、监督权。让人民群众通过制度保证民主地参与权力建设的全过程，实现自己的民主权利，真正成为国家权力的主人，只有这样权力才会得到有效监督，权力才不会腐败；让权力在阳光下运行，就是通过缜密的制度安排让权力运行切实公开透明。只有阳光下的权力才会消除滋生权力腐败的土壤，也才会根除腐败，实现廉洁政治，最终实现国家治理现代化的总目标。

只有真正做到从制度安排上让人民监督权力，让权力在阳光下运行，才能形成科学有效的权力制约和协调机制，才能加强反腐败体制机制创新和制度保障。在社会主义条件下，权力的制约和协调，最根本的还是要发挥各级人大作为权力主体机关的重要作用，形成对权力执行机关政府的有效监督，真正管好权力，使政府成为有限政府。只有这样，才能让人民监督从制度上落到实处，才能大幅度压缩权力可能的寻租空间和机会，使干部清正和政府清廉得到制度上的保证；加强反腐败体制机制创新和制度保障，除了加强纪检体制机制创新以外，最根本的还是要发展社会主义民主政治，让权力的运行真正摊在社会主义民主的阳光下，形成权力公开透明运行的体制机制，自觉接受人民监督，用民主制度保障权力的清正廉洁。

只有真正做到从制度安排上让人民监督权力，让权力在阳光下运行，健全和改进作风才能实现常态化。作风问题是关系到党和政府威信和形象的大问题，是权力"软腐败"的一种形式，权力傲慢、权力奢侈和享乐，权力不作为、乱作为等，是直接影响干群关系的重要因素，"十八大"以来，我们党高度重视作风建设，通过反对"四风"和"走群众路线教育实践活动"，使作风得到了很大的改进，取得了实质性的进展，为了保证作风问题不出现反复，三中全会提出要从制度上保证"改进作风常态化"，而要实现这一制度目标，让人民监督是关键的制度环节。

总之，在全球化和信息化的背景下，中国社会主义建设既面临着机遇也面临着挑战，社会主义改革处于一个关键的节点上，社会主义的发展处于一个转折的临界面上，只要我们按照十八届三中全会精神，着力推进实现国家治理的现代化这一总体目标，按照宪法和党章的原则和价值的要求，逐步实现用制度管权管事管人，着力打造让人民监督权力和让权力在阳光下运行的制度平台和渠道，就一定能实现"建设廉洁政治"这一重大政治任务，让人民群众过上幸福和有尊严的好日子，有效地推进国家治理现代化，最终实现社会主义社会的公平正义和长治久安。

（本文为特邀撰写，系首次刊发）

参考文献：

1. 〔英〕迈克尔·H. 莱斯若夫：《二十世纪的政治哲学家》，冯克利译，北京：商务印书馆2001年版，第3、4页。

2. 〔英〕安东尼·吉登斯：《超越左与右：激进政治的未来》，李惠斌、杨雪冬译，北京：社会科学文献出版社2009年版，第4页。

3. 〔美〕理查德·罗宾斯：《资本主义文化与全球问题》，姚伟译，北京：中国人民大学出版社2010年版，第541页。

法治与国家治理现代化

张文显

(国家司法文明协同创新中心首席科学家,
中国法学会学术委员会主任)

22年前,中国改革开放的总设计师邓小平同志高瞻远瞩地提出:"恐怕再有三十年的时间,我们才会在各方面形成一整套更加成熟、更加定型的制度。"① 2013年,在邓小平同志这一战略思想的基础上,党的十八届三中全会将"完善和发展中国特色社会主义制度,推进国家治理体系和治理能力现代化"作为全面深化改革的总目标。② 这一总目标的设计为法学研究和法治建设提出了新的时代性重大课题。

法治与国家治理息息相关。在现代国家,法治是国家治理的基本方式,是国家治理现代化的重要标志,国家治理法治化是国家治理现代化的必由之路。通过健全

---

① 《邓小平文选》第三卷,北京:人民出版社1993年版,第372页。
② 《中共中央关于全面深化改革若干重大问题的决定》,北京:人民出版社2013年版,第3页。

和完善国家治理法律规范、法律制度、法律程序和法律实施机制，形成科学完备、法治为基的国家治理体系，使中国特色社会主义制度更加成熟、更加定型、更加管用，并不断提高运用社会主义法治体系有效治理国家的能力和水平。

一、法治是国家治理现代化的基本表征

法治与人治代表着两种不同的国家治理模式。法治是现代国家治理的基本方式，实行法治是国家治理现代化的内在要求。现代法治的核心要义是良法善治。正是现代法治为国家治理注入了良法的基本价值，提供了善治的创新机制。国家治理现代化的实质与重心，是在治理体系和治理能力两方面充分体现良法善治的要求，实现国家治理现代化。

（一）现代法治为国家治理注入了良法的基本价值

就国家治理体系而言，"良法"就是良好的制度。国家治理是不是良法之治，关键看国家治理制度体系贯通什么样的价值观和价值标准。以国家治理现代化的世界元素和中国标准而言，秩序、公正、人权、效率、和谐等当属其基本价值。

1. 秩序价值

对于任何国家而言，国家治理第一位的、最直接的目的是建立和维护安定有序的社会秩序。秩序的存在是人类生存、生活、生产活动的必要前提和基础。没有秩序，人类的公共性活动就不可能正常进行。当代中国，内部秩序的基本形态包括公共生活秩序、市场经济秩序、民主政治秩序、意识形态秩序；外部秩序包括国际经济秩序和政治秩序。秩序的存在是人民安居乐业、国家长治久安最基础、最根本的条件，所以，国家治理首先要建立和维护秩序。当然，法治和国家治理要实现的秩序是"包容性秩序"。不是任何一种秩序都能够称得上是"包容性秩序"的。历史上，封建统治阶级及其代言人把封建等级制看做不可侵犯的秩序。韩非宣称："臣事君，子事父，妻事夫，三者顺则天下治，三者逆则天下乱，此天下之常道也。"[1] 董仲舒更是把"君为臣纲，父为子纲，夫为妻纲"[2] 宣布为封建社会秩序的核心内容。这样的秩序是蔑视人性、维护特权、禁止社会流动的秩序，与现代法治和国家治理所主张的安定有序南辕北辙。在社会主义核心价值体系引领下的秩序是百花齐放、百家争鸣、尊重差异、包容多样、"和而不同"的秩序，是一种使自由而平等的竞争和人道主义的生活成为可能的秩序，是摆脱了单纯偶然性、任意性、不可预测性的秩序，是各种社会分歧、矛盾和冲突能够在道德精神和法律理性的基础上得以和平解决或缓和的秩序，是社会组织健全、社会治理完善、社会安定团结、人民群众安居乐业的秩序。

"包容性秩序"是充满活力的秩序。充满活力，就是能够使一切有利于社会进步的创造愿望得到尊重，创造活动得到支持，创造才能得到发挥，创造成果得到肯定，全社会的创造能量充分释放，创新成果不断涌现，创业活动蓬勃开展。充满活力意味着人们享有广泛的自由，诸如：人身自由，不因性别、出身、血缘、籍贯、财产、受教育程度等因素而受到管制和歧视；思想自由，让想象力和兴趣热情奔放，生产出各种各样的精神产品和物质产品；言论自由，每一个人都有权利负责任地以语言、文字、图画、微博、微信、视频及其他方法自由地发表和传播自己的意见，并且拥有听取他人意见的平等权和相对于政府的知情权；创造自由，让聪明才智在理论创新、技术创新、生产创新、文化创新、制度创新等方面

---

[1] 《韩非子·忠孝》。
[2] 《礼纬·含文嘉》。

"物尽其用";契约自由,基于血缘、亲情、宗教、伦理、权力等而形成的"人对人的依赖关系"退居到次要地位或者被彻底粉碎,每个人都成为独立的个人和平等的权利主体,每个人都可以依据自己的切身利益和合理预判与他人自由地交往和交易。充满活力也意味着要尊重劳动、尊重知识、尊重人才、尊重作为劳动结晶的技术和资本,放手让一切劳动、知识、技术、管理、资本等生产要素的活力竞相迸发,让一切创造社会财富的源泉充分涌现。充满活力也意味着全社会的积极因素被充分调动起来,盲动因素得到正确引导,消极因素尽可能被化解。

2. 公正价值

公平正义是现代法治的核心价值追求,也是中国特色社会主义的内在要求。因而,国家治理的核心价值必然是体现党和国家执政为民的理念和社会公众的公平诉求,保障和促进社会公平,建设"公平中国"。

从古代到现代,人们不断地探讨个人、社会、国家为什么需要正义以及正义在社会中所扮演的角色;绞尽脑汁去解答什么是正义,怎样的人、怎样的行为、怎样的规则、怎样的制度、怎样的社会、怎样的国家才算是公正的;正义的标准或正义原则应当是什么样子,以及正义与其他社会价值的矛盾与调和。这些问题随着时代的变迁和社会矛盾的复杂化而不断改变形式。中共"十八大"报告、十八届三中全会《决定》和习近平总书记的系列讲话科学地回答了这些问题,并顺应时代潮流和人民意愿,提出了解决当代中国公平问题的基本方向和思路。党的"十八大"以解决人民最关心、最直接、最现实的利益问题为着力点,提出逐步建立以权利公平、机会公平、规则公平为主要内容的社会公平保障体系,努力营造公平的社会环境,保证人民平等参与、平等发展的权利。十八届三中全会《决定》进一步把"促进公平正义"、"增进人民福祉"作为全面深化改革的出发点和落脚点,强调"让发展成果更多更公平惠及全体人民"。① 习近平总书记深刻阐述了国家治理与保证社会公平正义的关系,指出:"全面深化改革必须着眼创造更加公平正义的社会环境,不断克服各种有违公平正义的现象,使改革发展成果更多更公平惠及全体人民。""不论处在什么发展水平上,制度都是社会公平正义的重要保证。我们要通过创新制度安排,努力克服人为因素造成的有违公平正义的现象,保证人民平等参与、平等发展权利。要把促进社会公平正义、增进人民福祉作为一面镜子,审视我们各方面体制机制和政策规定,哪里有不符合促进社会公平正义的问题,哪里就需要改革;哪个领域哪个环节问题突出,哪个领域哪个环节就是改革的重点。对由于制度安排不健全造成的有违公平正义的问题要抓紧解决,使我们的制度安排更好体现社会主义公平正义原则,更加有利于实现好、维护好、发展好最广大人民根本利益。"②

在国家治理范畴内,社会公平主要包括权利公平、机会公平、规则公平、司法公正。

第一,权利公平。权利公平包括三重意义:一是权利主体平等,排除性别、身份、出身、地位、职业、财产、民族等各种附加条件的限制,公民皆为权利主体,谁都不能被排除在主体之外;国家对每个公民"不偏袒"、"非歧视"。二是享有的权利,特别是基本权利平等。在基本权利方面不允许不平等的存在,更不能允许任何组织或者个人有超越宪法和法律的特权。三是权利保护和权利救济平等。"无救济则无权利"。任何人的权利都有可能受到侵害或削弱,当权利受到侵害或者削弱的时候,应当获得平等的法律保护和救济。不能因为当事人保存证据的意识和取证能力不强、交不起诉讼费用、请不起律师等原因而导致打官司难、胜诉难、胜诉之后执行难。

---

① 《中共中央关于全面深化改革若干重大问题的决定》,北京:人民出版社2013年版,第4页。
② 习近平:《切实把思想统一到党的十八届三中全会精神上来》,载《人民日报》,2014年1月1日,第2版。

第二，机会公平。机会公平也称做机会平等。机会公平是人类从身份社会进入契约社会的过程中提出来的反对封建等级制度和世袭制度的革命纲领。机会公平纲领要求摒弃先赋性特权、身份等级等不公正因素的影响，保证每个社会成员能够有一个平等竞争的条件，从而拓展个人自由创造的空间，最大限度地发挥每一个人的能力和潜能。在现代社会，机会公平堪称是最重要的正义原则，因为机会公平是起点平等，没有起点平等，后续的平等就是画饼充饥。机会公平意味着对发展进步权利的普遍尊重。它要求在公共领域公正地对待和确保每一个人的权利，各种职位对一切符合条件的人开放，允许并鼓励不同阶层、地域互相开放，允许社会成员自由流动。机会公平当中最重要的是教育公平。教育公平就是为人人提供同等的受教育的机会和均等的教育资源，为所有人创造自由而全面发展的均等条件，使人们在公平正义的阳光普照下，从同一起跑线上起跑，向着共同的幸福未来进发。

机会公平还应当包括代际平等。不仅要切实保证当代人的平等机会，而且应当关注和保证后代人机会平等。当前，我国有相当多的农民、农民工、普通工人和困难群众子女享受不到社会公认的公共教育资源，不能接受平等教育，这必将导致他们普遍缺乏在未来社会的生存能力和竞争能力，形成新的代际不公。

习近平总书记高度重视机会公平。他说："生活在我们伟大祖国和伟大时代的中国人民，共同享有人生出彩的机会，共同享有梦想成真的机会，共同享有同祖国和时代一起成长与进步的机会。有梦想，有机会，有奋斗，一切美好的东西都能够创造出来。"①

在国家治理制度体系中，虽然机会公平并不能确保"结果平等"，但它为每个成员的发展提供了公平参与和实现梦想的可能性。在社会各个领

---

① 习近平：《在第十二届全国人民代表大会第一次会议上的讲话》，载《人民日报》，2013年3月18日，第1版。

域，人们之间能力有高低，结果会不同，但机会公平了，心态也就会平和许多。最近几年频频曝光的"官二代"、"官三代"违规担任公职和领导干部的事件在媒体上被广泛议论，根源就在于它们破坏了机会公平、平等竞争的底线，泯灭了其他竞争者脱颖而出的梦想和预期，触动了广大平民百姓渴望机会公平的神经。

第三，规则公平。规则是一个统合概念，包括了所有的法律规则、政策规则、显规则、潜规则、硬规则、软规则等。这里讲的规则公平主要是政策和法律规则要公平。规则公平有三重涵义：第一，形式上公平，就是人们经常说的法律（政策）面前一律平等，即立法上的平等，全体公民，不分民族、种族、职业、宗教信仰、财产状况、受教育程度、居住年限与社会地位，在法律规则和标准面前人人平等。第二，实体公平，就是权利义务对等，既不允许存在无权利的义务（奴役），也不允许存在无义务的权利（特权），每个人都既享有权利又承担义务，自由地行使权利，忠实地履行义务。第三，在法律实施中"无例外"，对任何公民的合法权益，都应当依法保护；对任何公民的违法犯罪行为，都平等地依法追究。既不容许不受保护的"例外"，也不容许不受处罚的"例外"。总之，任何人，不论职位高低，不论贫富差异，法律上一视同仁。

第四，司法公正。司法是维护社会公平的最后一道防线，司法公正是社会公平的底线。客观地说，我国的司法基本上是公正的，但不公正的案件时有发生，造成了恶劣影响。影响司法公正的首要因素是法官、法庭、法院难以做到依法独立公正办案，遭遇到的干扰和干涉太多。2013年2月23日，习近平总书记在中央政治局第四次集体学习会上尖锐地指出：群众反映，现在一个案件，无论是民事案件还是刑事案件，不托人情、找关系的是少数。尤其到了法院审判环节，请客送礼、打招呼、批条子的情况很严重。这说明依法独立公正司法的外部环境很差，司法独立和司法公正受到不应有的干扰。地方保护、部门保护的干扰和干涉，以权压法、权大于法、迫使司法机关滥用职权、违法办案的现象时有发生，导致司法不公、冤假错案，甚至引发大规模群体性事件，特别是在土地征用、房屋拆迁、社会保障、高速公路建设、新农村建设等领域尤为突出。越是往下，司法机关依法独立公正办案的压力越大。

司法公正是司法公信和国家公信的基础，如果这一基础被虚化，人民群众对公平正义的信心、对法律的信任、对法治的期待，就会一落千丈。正如英国哲学家培根所言："一次不公正的司法判决其恶果甚于十次犯罪，因为犯罪只是弄脏了水流，而不公正的判决却是弄脏了水源。"① 对于"弄脏了水源"，我的理解就是破坏了司法和法律的公正，也摧毁了司法和法律的公信力。党的"十八大"之后，习近平总书记多次强调指出：全面推进依法治国，必须坚持公正司法。"要依法公正对待人民群众的诉求，努力让人民群众在每一个司法案件中都能感受到公平正义，决不能让不公正的审判伤害人民群众感情、损害人民群众权益。"② 在 2014 年 1 月召开的中央政法工作会议上，习近平总书记明确提出维护公平正义是司法与法治的核心价值。这表明党和人民对司法提出了更高的标准和更严格的要求。为了做到司法公正，所有司法机关都要紧紧围绕公正这个主题来改进工作，重点解决影响司法公正和制约司法能力的深层次问题，要优化司法职权配置，规范司法行为。同时，要坚持和改进党对司法的领导，加强和改进人大对司法工作的监督，进一步深化司法改革，确保人民法院、人民检察院依法独立公正地行使审判权和检察权，切实维护司法权威和公正；要大力培养理性的司法文化，尊重司法公正和司法权威，为司法机关创造公正司法的制度环境、文化环境和物质条件。

---

① W. Aldis Wright M. A., *Bacon's Essays and Colours of Good and Evil with Notes and Glossarial Index*, New York: The Macmillan Company, 1899, p. 222.
② 习近平：《在首都各界纪念现行宪法公布施行30周年大会上的讲话》，载《人民日报》，2012 年 12 月 5 日，第 2 版。

3. 人权价值

确认和保障权利是法治的真谛，尊重和保障人权是国家治理的精髓所在，也是国家现代性的根本体现。将法治精神融入国家治理，就是要确立和强化人权和公民权利神圣的观念和信念，确保在各种考量中，人权和公民权利具有优先性，这是使人活得自由且有尊严的内在要求。我国某些地方频频发生公民的人身自由、人格尊严、通信秘密、生命、财产等人权和公民权利受到侵害的事件，究其原因就是人权和公民权利还不够神圣，有些官员不把人权和公民权利当回事。在国家治理中，一定要懂得只有政府认真对待人权和公民权利，人民才会认真对待政府、法律和秩序，这样才会形成官民和谐型社会。十八届三中全会《决定》设立了政府权力清单制度和公民、法人、社会组织、市场主体权利负面清单制度，认定国家机关和公权力部门"法无授权不可为"，公民、法人、社会组织"法无禁止则自由"，这是国家治理中人权理念的升华和文明进步。

尊重和保障人权，最重要的是保障公民的基本权利。基本权利主要是指人权和宪法宣告的公民基本权利。通常划分为三类：第一类是公民政治权利和自由，诸如知情权、参与权、选举权与被选举权、监督权，以及言论、出版、集会、结社、游行、示威自由，宗教信仰自由，人身自由，人格尊严，通信自由，住宅不受侵犯，通信秘密受法律保护，等等；第二类是经济、社会、文化权利，主要包括财产权、受教育权、劳动权、休息权、健康权、契约自由，在年老、疾病或者丧失劳动能力的情况下有从国家和社会获得物质帮助的权利，退休养老的权利，医疗服务和保障的权利以及环境权等等；第三类是特殊人群、社会相对弱势群体的权利，主要是少数民族、妇女、儿童、老年人、残疾人等的权利。在这些权利当中，生存权是首要人权，发展权是根本权利。随着经济社会的发展，人们对"权利"的认知与诉求将从生存层面上升到发展层面，从直接的经济层面上升到政治、文化层面，权利关注将持续升温，新型权利将不断涌现。作为国家治理核心主体的执政党和国家权力机关要积极回应人民群众日益增长的多样化权利诉求，不断丰富宪法法律权利体系，健全人权和权利保障制度。

4. 效率价值

与秩序、公平正义和人权一样，效率也是一个社会的核心价值。一个治理良好的社会必然是有秩序的社会、公正的社会、人权有保障的社会，也应当是高效率的社会。国家治理的效率通过法治可以更好地实现。从理论和实践两个方面看，法治化的治理要比人治化的治理更富有效率，更能够保持可持续的发展。在人治化的治理中，在重大决策事项上，领导人个人说了算，看起来决策效率很高，但由于个人的见识、智慧和能力毕竟有限，这种决策方式很容易出错，甚至在根本性、全局性问题上出现颠覆性错误，而且往往难以自我纠正。十年"文革"就是沉痛的教训。现在一些地方少数领导人自以为是、独断专行，瞎指挥、瞎折腾，干了很多劳民伤财、得不偿失的蠢事，盲目决策、错误拍板上马的项目、工程，给土壤、水流、大气造成严重污染，并致使社会矛盾激发，群体性事件频发。而在法治化的治理中，决策者依照程序科学决策、民主决策，看起来比较费事费时，但决策失误的可能性大大减少，而决策失误是最严重的负效率。同时，由于建立了明晰的人权制度、物权制度、合同制度、侵权制度、诉讼制度等，为经济社会主体确立了制度信心，从而激发了社会活力，保障了自由竞争，实现了政治效率、经济效率和社会效率在法治的框架内持续增量。

5. 和谐价值

我们正处在改革的深水区和发展的关键期，同时也处于社会矛盾的凸显期。面对这一国情背景，构建社会主义和谐社会，努力促进人与人之间、公民与国家之间、群体与群体之间、阶层与阶层之间、区域与区域之间，乃至国家与国家之间和谐，实现各主体各得其所又和谐相处，毫无疑问应当是国家治理的核心价值。

"和谐"是一个非常古老而又经久不衰的概念。人们通常是在美学、哲学和社会科学三个方面理解"和谐"。在美学意义上，东西方思想家早就将和谐视为至美、最美。中国思想家欣赏音乐的和谐之美，把音乐中不同音符之间的合成与流动看做和谐。古希腊思想家认为"美是和谐的比例"，数是比例的表达，事物之间的和谐关系可以表现为某种恰当的数的比例关系。在哲学意义上，古希腊哲学家毕达哥拉斯把"和谐"作为哲学的根本范畴，并且认为和谐是以差别和对立的存在为前提的，是"对立的东西产生和谐，而不是相同的东西产生和谐"。"和谐"（"和"）也是中国哲学的根本范畴。春秋战国时期就有思想家作出了"和实生物，同则不继"的著名论断。孔子提出"君子和而不同，小人同而不和"，并且认为和谐不仅是客观规律，而且是做人、治国的原则，因而把"和"、"同"两个范畴引入社会道德领域和政治领域。在社会科学诸多学科中，和谐也是重要范畴或基本范畴，这一范畴通常与国家理想、国家治理和社会治理相联结。华夏先民主张的"小康社会"，洪秀全主张的"有田同耕，有饭同食，有衣同穿，有钱同使，无处不均匀，无人不饱暖"的"太平天国"，康有为提出"人人相亲、人人平等的大同社会"，孙中山追求的"天下为公"，柏拉图所设想的"理想国"，空想社会主义者傅立叶、欧文、魏特林等人设想的"乌托邦"，马克思和恩格斯梦想的共产主义社会，毛泽东等新中国缔造者提出建立"中华人民共和国"，都是以和谐为表征的国家或社会。上述意义是互通的，为我们理解和谐概念与作为国家和社会理念的和谐提供了丰富的思想资源。

党的"十六大"以来，有关和谐、社会和谐、促进社会和谐、构建社会主义和谐社会等的论述和实践，则为我们深刻把握和谐价值提供了更为直接的思想理论基础。党的"十六大"报告在阐述全面建设小康社会的宏伟目标时强调要努力形成全体人民各尽其能、各得其所而又和谐相处的局面，巩固和发展民主团结、生动活泼、安定和谐的政治局面。十六届六中全会通过了《中共中央关于构建社会主义和谐社会若干重大问题的决定》，进一步明确了构建社会主义和谐社会的指导思想、目标任务和原则，进一步部署了构建社会主义和谐社会的工作任务。党的"十七大"报告十分深刻地作出了"社会和谐是中国特色社会主义的本质属性"的论断，并指出："构建社会主义和谐社会是贯穿中国特色社会主义事业全过程的长期历史任务，是在发展的基础上正确处理各种社会矛盾的历史过程和社会结果"，"要按照民主法治、公平正义、诚信友爱、充满活力、安定有序、人与自然和谐相处的总要求和共同建设、共同享有的原则，着力解决人民最关心、最直接、最现实的利益问题，努力形成全体人民各尽其能、各得其所而又和谐相处的局面，为发展提供良好社会环境。"[①]"十八大"报告也强调："加强社会建设，是社会和谐稳定的重要保证。"[②]

在推动国家治理现代化中，以和谐作为法治和国家治理的核心价值，就是要把和谐价值融入法律规范体系和国家治理制度体系之中，致力于构建社会主义和谐社会。一要致力于引导和维护作为社会细胞的个体与个体的和谐，在诚信友善的基础上，促进人与人之间真诚相待、坦然相处、友爱互助，建立起良好和谐的人际关系，夯实和谐社会、和谐中国的根基。二要致力于引导和维护人与社会和谐，包括公民与国家的和谐、个体与集体的和谐、居民与社区的和谐、群体（阶层）与群体（阶层）的和谐等。三要引导和维护人与自然的和谐，人与自然的和谐与人与人、人与社会的

---

① 胡锦涛：《高举中国特色社会主义伟大旗帜为夺取全面建设小康社会新胜利而奋斗——在中国共产党第十七次全国代表大会上的报告》，载《人民日报》，2007年10月25日，第1版。
② 胡锦涛：《坚定不移沿着中国特色社会主义道路前进为全面建成小康社会而奋斗——在中国共产党第十八次全国代表大会上的报告》，载《人民日报》，2012年11月18日，第1版。

和谐是相得益彰的。四要致力于引导和维护中国与世界的和谐，推进国际关系民主化、全球治理法治化，尊重文化多样性和发展模式多样化，尊重各国独立自主选择发展道路的权利，尊重各国平等参与国际事务的权利；坚持国与国之间和平、民主、平等的原则，强调以合作共赢为目标，以合作谋和平，以合作促发展。

和谐不仅是法治和国家治理的基本价值，在某种意义上也是法治和国家治理的终极价值、元价值。相对于其他价值，其"终极性"、"元地位"表现为：一是凝练国家和法的价值，即从社会生活、历史传统、社会未来发展、哲学和法理中凝练出现代国家和法的价值。二是规范国家和法的价值，即从根本上决定着其他价值的本质属性，秩序应当是和谐的秩序，自由应当是和谐的自由，正义应当是和谐的正义，人权应当是和谐的人权，效率应当是和谐的效率，等等。三是引领和协调国家和法的价值，使它们成为内在统一、互为补充、互相支撑的价值体系。四是反思和追问国家和法的价值，推动法治和国家治理的制度创新。进入21世纪以来，和谐越来越成为中国社会普遍关注的价值理念和标准，成为统摄一切价值的元价值。和谐精神的导入，必将使中国社会主义法治体系和国家治理体系超越中国传统"统治"和西方传统"治理"而走向善治。

（二）现代法治为国家治理提供了善治的创新机制

善治，是就国家治理能力而言的。国家治理是不是"善治"，关键看治理的目的、机制、方式、方法。"善治"（good governance），是个典型的外来语。国外学者对"善治"有多种解读和解释，其中法国学者玛丽-克劳斯·斯莫茨的解读具有一定的代表性，她认为：善治包括四大要素：第一，公民安全得到保障，法律得到尊重，特别是这一切都须通过法治来实现。第二，公共机构正确而公正地管理公共开支，亦即进行有效的行政管理。第三,政治领导人对其行为向人民负责,亦即实行责任制。第四,信息畅通,便于全体公民了解情况,亦即具有政治透明性。① "善治"一词的"'正式'定义主要来自世界银行、国际货币基金组织、联合国(特别是联合国开发计划署)、经合组织以及其他捐赠组织"②。例如,联合国开发计划署(the United Nations Development Program)认为:"善治是政府、公民社会组织和私人部门在形成公共事务中相互作用,以及公民表达利益、协调分歧和行使政治、经济、社会权利的各种制度和过程。"③ 在中国语境中,"善治"远远超出了西方学者赋予"善治"的语义,其基本特质一是以人为本,二是依法治理,三是公共治理。

1. 以人为本

"以人为本",就是一切从人出发、以人为中心;就是要把人作为观念、行为、制度的主体,把人的解放和自由、人的尊严、兴趣和全面发展,作为每个人、每个群体及至每届政府、每届领导人的终极关怀。同时,"以人为本"也意味着在党和政府的全面终极关怀之外,人也应当把自己看做人、提高自己的人性,在社会生活中应当有宽容、诚信、自主、自律的自觉意识和观念,既善待自己和他人,也要求他人善待自己。

以人为本是根植于当代中国特色社会主义实践并超越传统中华文明、符合中华民族和中国人民根本利益的法治和国家治理理论。它凝聚了中国社会的高度共识,体现了法治和国家治理理论的本土化、综合化、政策化和国际化多重元素,荷载了人类社会治理模式从人治到法治再到良法善治的理性诉求。

---

① 〔法〕玛丽-克劳德·斯莫茨:《治理在国际关系中的正确运用》,肖孝毛译,载《国际社会科学杂志》(中文版),1999 年第 1 期。
② 王正绪:《亚太六国国民对政府绩效的满意度》,苏世军译,载《经济社会体制比较》,2011 年第 1 期。
③ 〔美〕G. 沙布尔·吉玛、丹尼斯·A. 荣迪内利编:《分权化治理:新概念与新实践》,唐贤兴、张进军等译,上海:格致出版社、上海人民出版社 2013 年版,第 5 页。

以人为本之所以是善治，在于其界定了法治和治理的"良善"本性。以人为本的法学（律）表达就是尊重和保障人权，尤其是对弱势群体民生权利的关怀和保护。人权作为宪法基本原则在整个法律体系中的通贯，其对公民自主与福利的尊奉与守护，及其对公权力的训诫与规制，使得"法治"和"治理"不仅仅表征一种"术"和方法，更具有了道德上的正当性与合法性，以人为本的善治必然催生社会、国家、人民臻于至善。

以人为本理念在中国政治和法治系统中的贯彻，标识和引导着国家治理的现代化进程。以人为本的提出，就是要纠正经济发展和社会转型中出现的急功近利、拜金主义、纵欲骄奢、恃强凌弱、环境污染、生态破坏等漠视人的主体性、尊严福祉、自由平等的负面现象。而这些负面现象的矫治，必然落实为国家治理机制的创新，必然要求秉持以人为本的基本理念对公民自主、社会自治、国家治理的基本格局和内在逻辑予以重构。在党的"十六大"、"十七大"和"十八大"已取得成果的基础上，十八届三中全会更是在全面深化改革的总体部署中，对尊重人民主体地位、增进人民利益福祉、促进人的全面发展、保障和改善民生、确保改革成果的广泛公平分享等方面作出了顶层设计。经济体制改革、行政体制改革、社会治理体制创新、生态文明制度建设，以及教育医疗社会保障等社会事业创新的具体举措，必然汇聚为法治中国建设的系统工程，必然有力地推动法治和国家治理现代化进程。

2. 依法治理

依法治理之所以是善治，首先在于法治优于人治。人治的典型特征在于统治者个人或者极少数人说了算，这种治理方式除了出错率高之外，往往导致人亡政息、难以为继。有鉴于此，邓小平同志反复告诫党和人民，人治"危险得很"，人治"靠不住"。他曾在同几位中央负责同志的谈话中指出："一个国家的命运建立在一两个人的声望上面，是很不健康的，是很危险的。不出事没问题,一出事就不可收拾。""还是要靠法制,搞法制靠得住些。"① 相对于人治,法治具有明显的多重优越性。其最大优越性在于,它能够保持执政党的执政理念、执政路线、执政方针的连续性、稳定性、权威性,不因领导人的改变而改变,不因领导人看法和注意力的改变而改变,真正做到"不动摇"、"不折腾"。第二个优越性在于,随着革命时代的过去,主要依靠革命家的个人权威和魅力治理中国这样一个有14亿人口的大国和中国社会这样一个利益日益多元化复杂化的社会的可能性已经不复存在,唯有依靠法治,依靠宪法和法律制度体系才能在多样化中凝聚共识和力量,保证中国社会可持续的发展与稳定。第三个优越性在于,法治是公开透明的规则之治和程序之治,具有可预期性、可操作性、可救济性,因而能够使人民群众对自己的经济、政治、社会、文化规划和生产、生活有合理预期和安全感,确保了国家治理的公信力。第四个优越性在于,宪法和法律是由国家制定的、并依靠国家强制力作为终极力量保证实施的,它能够克服政策等治理制度体系的局限性,确保制度体系运行的效能。法治的这些优势是人治所不具有的。特别是进入新世纪以来,国家治理的社会历史条件和国内国际经纬都发生了重大变化,我国社会的利益格局发生深刻变动,形成了不同的利益阶层和群体。与此相应,以利益为实体的道德观念和道德标准急剧分化,各个阶层、各个群体普遍认同和接受的道德观念、道德标准甚至道德规范已缺乏坚实的经济和社会基础,加上人民群众的法治观念、权利意识、维权动力普遍增强,作为社会共识最大公约数的法律理所当然地在国家治理中扮演着主导角色。同时,由于政策固有的因地制宜、因时制宜、因人制宜等局限性,实行法治合乎规律地成为治国理政的第一选择,成为政治文明发展的时代潮流。这就要求党和政府在国家治理中必须遵循法治的规律和原则,善用法治思维和法治方式处理国家治理当中的深层次问题和矛盾。

---

① 《邓小平文选》第三卷,北京:人民出版社1993年版,第311页。

3. 公共治理

公共治理，就是让公众以主体身份参与到国家治理当中，既管理国家事务、经济社会文化事务，又对自身事务实行高度自治。公共治理之所以是善治，在于治理优于管理。由于公共治理理念和机制的融入，"国家管理"概念被"国家治理"概念所替换，公众成为国家治理不可或缺的重要组成部分，有了知情权、表达权、参与权、决策权和监督权。治理与管理不是对立的模式，而是初级版与升级版的关系。治理是管理的升级版，它保留了管理的许多要素，同时超越了管理的局限，承载着比管理更多更复杂的职能，更能够有效应对国家治理中面对的新情况新问题，满足人民群众的新要求新期待。

公共治理的优势，一是它更加充分地将民主理念和民主机理融入到国家治理当中，最大限度地吸收公众参与，扩大公民及其组织的话语权和决定权，体现了人民当家作主。二是它以对话、沟通、协商等方式，保证不同党派、不同阶层、不同群体、不同利益集团、不同社会界别平等自由地表达利益诉求和政策主张，在此基础上最大限度地凝聚共识，消解或缩小分歧，促进各个阶层、各个群体的人们相互之间的政治认同、思想认同、感情认同和彼此尊重；妥善协调利益关系，使不同阶层、不同群体在利益分化的格局中仍能各得其所又和谐相处。三是多元主体合作共治，公共治理与政府治理相辅相成。在国家治理中，国家权力机关、行政机关、司法机关、军事机关体现着"政府治理"的职能，人民政协、人民团体、经济社会组织和人民群众发挥着"社会治理"的作用。两类治理在党的领导下有效衔接、协同配合，创新了国家治理模式，增添了国家治理的正能量。四是它为社会自治开辟了广阔空间，把不应或不宜由执政党和国家机构管理的事务交由社会自我治理。良好的国家治理总是与社会自治紧密结合的，国家治理体系越完善、越文明，社会组织在国家治理中的地位越受重视,作用发挥得越好。社会自治的内容十分丰富、形式无限多样。十八届三中全会《决定》强调,要激发社会组织活力,要求正确处理政府和社会关系,加快实施政社分开,推进社会组织明确权责、依法自治、发挥作用;适合由社会组织提供的公共服务和解决的事项,交由社会组织承担;支持和发展志愿服务组织;限期实现行业协会、商会与行政机关真正脱钩。这些改革举措必将为社会自治建构更加宽阔的平台。

公共治理是国家治理现代化的重要标志。当下中国有多种民主形式,其中,基于公共治理制度平台的协商民主是我国社会主义民主政治的独特优势,是人民民主制度和党的群众路线在国家治理领域的重要体现。协商民主的独特优势在于它把理性引入公共生活,形成一种转化冲突寻求合作的政治机制,即把公共争议和利益冲突置于一个公开协商的行动过程,建构一个政府与公民的合作治理体系。十八届三中全会《决定》提出,要推进协商民主广泛多层制度化发展,构建程序合理、环节完整的协商民主体系,拓宽国家政权机关、政协组织、党派团体、基层组织、社会组织的协商渠道。深入开展立法协商、行政协商、民主协商、参政协商、社会协商。贯彻落实三中全会《决定》,必将使国家治理中的公共治理获得新发展、呈现新气象、取得新成效。

二、法治化是国家治理现代化的必由之路

(一) 推进国家治理法治化的必然性与重要性

推进国家治理法治化,是国家治理现代化题中应有之义。改革开放以来,我国各项治理制度的创新发展始终与法律制度体系完善发展同步,与全面深入推进立法体制、执法体制和司法体制改革相适应。市场经济是法治经济,民主政治是法治政治,法治是治国基本方略,法治是党执政的基

本方式，善于运用法治治国理政，更加重视发挥法治在国家治理和社会管理中的重要作用，这些科学论断和实践充分表明，国家治理现代化的过程也就是国家治理法治化的过程，国家治理现代化必然要表现为国家治理法治化，并通过法治化引领和保障现代化。

推进国家治理法治化，是中国共产党执政理念的必然要求。党的"十七大"、"十八大"、十八届三中全会相继提出，要全面落实依法治国基本方略、全面推进依法治国和加快法治中国建设，实现国家各项工作的法治化。在实现国家各项工作法治化当中，最重要的当属实现国家治理法治化，使国家治理在法治轨道上运行。党的"十八大"以来，以习近平为总书记的党中央更加强调依法执政、依法治国、依法行政、依法治理社会，更加鲜明地提出法治是治国理政的基本方式，各级领导干部要提高运用法治思维和法治方式深化改革、推动发展、化解矛盾、维护稳定的能力，要将法治国家、法治政府、法治社会一体建设。党的执政理念和法治理论深刻揭示出了法治在国家治理中的决定性作用。法治的作用，已经从"十五大"提出依法治国基本方略时的"基础性作用"演进为今天治国理政当中的"决定性作用"。

推进国家治理法治化，也是人民群众的共识和关切。无论是党的执政活动、国家机关履职活动，还是人民行使民主权利参与国家治理的活动，都应当遵循法治的规则和程序。据统计，十二届全国人大第二次会议期间，以代表团名义和30人以上代表联名提出的议案有468件，其中绝大多数为法律议案。"最大特点是落实全面深化改革总目标和任务的要求，围绕完善和发展中国特色社会主义制度、推进国家治理体系和治理能力现代化，从法律的制定、修改、废止、解释的角度，提出意见和建议。"①

推进国家治理法治化也是国际社会的潮流。进入21世纪之后，法治成

---

① 《关于第十二届全国人民代表大会第二次会议代表提出议案处理意见的报告》，载《中华人民共和国全国人民代表大会常务委员会公报》，2004年第2期。

为民主、文明国家的基本共识。当今世界,国家之间、区域之间乃至世界范围内的很多问题越来越多地被纳入法治轨道。最近十多年,包括中国在内的许多国家和联合国等国际组织积极推动国际关系民主化法治化,取得了巨大进步。在和平共处五项原则发表60周年纪念大会上的讲话中,习近平总书记再次主张"共同推动国际关系法治化。推动各方在国际关系中遵守国际法和公认的国际关系基本原则,用统一适用的规则来明是非、促和平、谋发展"①。2005 年《世界首脑会议成果文件》将法治作为一项普遍核心价值和原则,呼吁在国家和国际两级全面实行法治。联合国大会及其第六委员会和国际法委员会,致力于国际条约的制定和国际法的编纂,为"国际立法"作出了积极贡献。安全理事会积极预防和解决地区冲突,通过法治手段,维护国际和平与安全。国际法院通过司法手段解决国际争端,其判决和咨询意见进一步阐明了国际法的有关原则和规则,丰富和发展了国际法。从 2006 年开始,联合国大会第六委员会开始讨论国家和国际两级法治的问题。对于这个问题的研讨扩大了国家之间在加强法治方面的共识,体现出世界人民共同努力建设一个法治世界的愿望。在这样的国际时代背景下,加快推进国内法治,尤其是推进国家治理法治化,毫无疑问是顺应历史潮流的正确选择。

(二) 国家治理法治化的基本面向

国家治理法治化包括治理体系法制化和治理能力法治化两个基本方面。

---

① 习近平:《弘扬和平共处五项原则 建设合作共赢美好世界———在和平共处五项原则60周年纪念大会上的讲话 (2014 年 6 月 28 日)》,载《人民日报》,2014 年 6 月 29 日,第 2 版。

1. 国家治理体系法制化

国家治理体系本质上就是国家制度体系。中国特色社会主义国家治理体系由一整套制度构成，包括以《中国共产党章程》为统领的党内法规制度体系、以党的基本路线为统领的政策制度体系、以宪法为统领的法律制度体系。这套制度体系，从治理主体角度，包括有关执政党中国共产党、人民及其代表大会（代表人民统一行使权力的国家机关）、国家行政机关、国家司法机关、人民政协、社会组织等在国家治理中的主体地位的制度；从治理客体角度，包括经济治理制度、政治治理制度、文化治理制度、社会治理制度、生态治理制度等；① 从治理事务角度，包括有关改革发展稳定、内政外交国防、治党治国治军等治理制度；从治理权能角度，包括有关各治理主体的资格和权力（职权）或权利的制度，以及科学界定和划分各种权力、权利的制度；从治理程序角度，包括有关行使治国理政权力和参与治国理政的各种程序制度；从治理评价角度，包括有关国家治理方式、过程和效能的评价制度。国家治理的各项制度总体上最终都要汇总于、表现为法律制度体系，即法制化的制度体系。

国家治理制度只有通过法制化，才能定型化、精细化，把国家治理制度的"分子结构"精细化为"原子结构"，从而增强其执行力和运行力。国家治理制度法制化的路径一般是：党和政府先是以党内法规和政策形式宣示、确认其治国理念、治国道路、治国路线、治国经验等，待这些党内法规和政策在治国理政的实践中进一步成熟后，再通过立法程序将其上升为法律，由宪法或法律加以确认、完善和定型。这里，以现行宪法的修改为例。现行宪法1982年颁布实施以来，进行过四次修改，共审议通过31

---

① 我国学者借鉴美国学者杰里米·里夫金提出的当今社会是由市场、政府和公民社会形成的三足鼎立的观点，将国家治理体系划分为政府治理、市场治理、社会治理。参见俞可平：《推进国家治理体系和治理能力现代化》，载《前线》，2014年第1期。

条宪法修正案。每一次修宪、每一条修正案都是对宪法本身的重大完善，更是对党和政府治国理政制度的法制化和定型化，都对我国经济建设、政治建设、文化建设、社会建设、生态文明建设和法治建设产生了积极的推动作用。

1982年《宪法》是在我国启动改革开放的历史条件下制定的。其基本原则已经为改革开放提供了制度空间。但是，随着形势的发展，已有的空间已不能适应深化改革和扩大开放的需要，而要通过修宪来扩充改革开放的制度空间。当时，党和政府探索和实验推进私营经济开放和土地转让，并形成了党的政策。实践证明，放开私营经济不但不会影响公有制经济，反而会对公有制经济起着重要的补充作用，推动整个国民经济快速发展。土地使用权转让的开放同样重要。如果不允许土地使用权合法转让，中外合资与外国独资企业的开办及在本地生产经营都不可能顺利进行，经济体制改革和对外开放不但不可能进一步发展，甚至会出现倒退。所以，党中央建议修宪，在宪法中给私营经济以恰当的生存地位，并使土地使用权转让合法化。1988年4月12日，七届人大一次会议通过宪法修正案，在《宪法》第十一条增加："国家允许私营经济在法律规定的范围内存在和发展。私营经济是社会主义公有制经济的补充。国家保护私营经济的合法权利和利益，对私营经济实行引导、监督和管理。"把《宪法》第十四条第四款修改为："任何组织和个人不得侵占、买卖或者以其他方式非法转让土地。土地的使用权可以依照法律的规定转让。"

1988年《宪法修正案》公布实施以后，我国的经济体制改革迅速深化，与之相适应，政治体制改革逐渐推开。特别是1992年10月党的"十四大"提出建立社会主义市场经济体制，进一步完善人民代表大会制度。党在经济体制改革、政治体制改革和政治建设等方面形成了新的路线、方针、政策和主张，并在党章修正案中得到确认和规定。由此，中共中央再次建议修宪，八届人大一次会议在1988年修宪的基础上再次修宪，而且通过9条修正案。主要内容包括：明确宣布我国正处于社会主义初级阶段；宣布国家的根本任务是集中力量进行社会主义现代化建设；宣布坚持改革开放，把以"一个中心、两个基本点"为核心内容的党的基本路线完整地体现在根本大法之中，把建设"高度文明、高度民主"的社会主义国家修改为建设"富强、民主、文明"的社会主义国家，突出了经济建设的重要性及其与民主政治发展的关系，把民主和文明前面的定语"高度"删掉，使之与社会主义初级阶段的实际与可能相适应；规定"中国共产党领导的多党合作和政治协商制度将长期存在"，把我国的政治制度体系表达得更为全面完整；将"国营经济"改为"国有经济"，一方面明确了所有制关系，另一方面表明国有经济的实现方式并非一定要由国家经营，体现了所有权与经营权分离的改革精神；肯定了"农村中家庭联产承包为主的责任制和生产、供销、信用、消费等各种形式的合作经济"的社会主义集体所有制的法律地位；确立了市场经济的合法地位，为社会主义市场经济的建立和发展提供了宪法保障；延长了县级人民代表大会的任期，使基层人民代表大会的运行更加规范有效，有利于保证县级政权的相对稳定，有利于县域政治稳定和经济发展。这些修改把党的执政理念和路线方针政策及时转化为国家治理的宪法制度，推进了国家治理制度的法制化。

六年之后，即1999年，九届人大二次会议对《宪法》进行了第三次修改。这次修宪的依据是党的"十五大"关于党和国家指导思想、经济体制改革、政治体制改革、依法治国等重大问题的决定和中共中央关于修宪的建议。这次修宪只有6条修正案，但内容十分重要。主要内容包括：第一，把"我国正处于社会主义初级阶段"修改为"我国将长期处于社会主义初级阶段"。这一修改有利于统一全国人民对社会主义初级阶段长期性的认识，特别是有助于防止和克服各种超越历史阶段的"左"的、空想社会主义的错误认识、错误政策、错误做法。第二，把邓小平理论作为党和国家的指导思想写入《宪法》，从根本大法上明确了邓小平理论的指导地位和作用。这一修正案对于坚持中国特色社会主义道路、深入推进改革开放伟业，具有重大的现实意义和深远的历史意义。第三，明确规定"实行依法治国，建设社会主义法治国家"。把党的"十五大"提出的依法治国基本方略和建设社会主义法治国家的奋斗目标载入《宪法》，充分表明中国将坚定不移地沿着依法治国的道路前进，逐步把经济、政治和社会生活纳入法治轨道，实现政治民主自由、经济繁荣昌盛、社会稳定发展、人民安居乐业。第四，在原来关于社会主义经济制度的规定之后，增加"国家在社会主义初级阶段，坚持公有制为主体、多种所有制经济共同发展的基本经济制度，坚持按劳分配为主体、多种分配方式并存的分配制度"。这一修改有利于进一步保护、解放和发展生产力。第五，在继续肯定和保护家庭承包经营的同时，把"统分结合的双层经营体制"列入《宪法》的保护范围。它一方面明确了家庭联产承包经营的"基础"地位和作用，另一方面说明随着生产力的发展，农村合作经济、股份合作经济等集体经济的实现形式进一步多样化。第六，宣布并肯定个体经济和私营经济等非公有制经济是社会主义市场经济的重要组成部分。从过去的对计划经济的"补充"升格为现在的市场经济的"重要组成部分"，一方面说明了个体经济和私营经济有了快速发展，非公经济的规模和效益不容忽视；另一方面说明个体经济和私营经济具有社会主义市场经济的性质，在社会主义市场经济中占有相当重要的地位。第七，把镇压"反革命的活动"改为镇压"危害国家安全的犯罪活动"，使罪名更加规范，为国家机关依法镇压危害国家安全的犯罪活动提供了宪法依据。

2004年进行了第四次修宪。这次修宪也是把党领导人民在治国理政中形成的新的理论、做法、经验、政策上升为宪法。其中包括：在指导思想系列中增加"三个代表重要思想"；把"政治文明"与物质文明和精神文明并列，提出"推动物质文明、政治文明和精神文明协调发展"；扩大对公民法人财产权的保护，增大了保护的范围和力度，宪法修正案规定："国家保护个体经济、私营经济等非公有制经济的合法的权利和利益"；"公民的合法的私有财产不受侵犯"；"国家依照法律规定保护公民的私有财产权和继承权"；"国家为了公共利益的需要，可以依照法律规定对公民的私有财产实行征收或者征用并给予补偿"；"国家建立健全同经济发展水平相适应的社会保障制度"；特别是明确地把"国家尊重和保障人权"写入宪法，增强了人权的神圣性，也明确了政府保障人权的宪法责任。此外，就紧急状态、元首国事活动权、地方人民代表大会任期制、国歌等进行了明确规定。这些规定以根本大法和总章程的形式丰富、创新了国家治理体系。

国家治理体系是一个有机的制度系统，统领这个制度系统并使之协调运转的是宪法。所以，推进国家治理现代化，要倍加重视宪法的作用。宪法是国家治理体系的基石，也是国家治理体系的最高表现形式和制度载体，是国家治理的总章程。正是通过宪法，国家治理中带有根本性、全局性、长期性的制度获得了最高的法律效力、政治效力和社会效力，具有极大的权威性和神圣性。例如，宪法对改革开放伟大成果的确认和规范，对中国特色社会主义基本制度的宪法定型，有效地抑制了封闭僵化老路的回归，防止了改旗易帜邪路的出现，避免党、国家和人民在根本性问题上出现颠覆性错误，从而保证中国特色社会主义道路越走越坚实，越走越宽广。

通过宪法进而通过法律和行政法规而得以法制化定型化精细化的路线方针政策作为国家治理制度具有了普遍性、强制性、长效性、可诉性等特点，既便于民众遵守，也便于国家机关执行。

2. 国家治理能力法治化

国家治理能力，既指各主体对国家治理体系的执行力，又指国家治理体系的运行力,还包括国家治理的方式方法。习近平总书记指出:"必须适应国家现代化总进程,提高党科学执政、民主执政、依法执政水平,提高国家机构履职能力,提高人民群众依法管理国家事务、经济社会文化事务、自身事务的能力,实现党、国家、社会各项事务治理制度化、规范化、程序化,不断提高运用中国特色社会主义制度有效治理国家的能力。"① 治理能力具体包括执政党科学执政、民主执政、依法执政的能力,人大及其常委会科学立法、民主立法的能力以及依法决定重大事项、保证宪法法律实施、对"一府两院"实行法律监督和工作监督的能力,人民政府科学行政、民主行政、依法行政、严格执法的能力,司法机关公正司法、定纷止争、救济权利、制约公权、维护法制的能力,广大人民群众、人民团体和社会组织依法管理国家事务、经济社会文化事务、依法自治的能力,党和国家各级领导干部深化改革、推动发展、化解矛盾、维护稳定的能力。提高这些能力,最重要最关键的就是提高运用法治思维和法治方式的能力,解决法治缺位情况下治理动力不足和能力不够的问题。

善用法治思维和法治方式治国理政,就要把法治理念、法治精神、法治原则和法治方法贯穿到政治治理、经济治理、社会治理、文化治理、生态治理、治党治军等国家治理实践之中,逐步形成办事依法、遇事找法、解决问题用法、化解矛盾靠法的良好法治习惯。特别是在化解社会矛盾、维护社会稳定方面,不能简单依靠国家强制力甚至国家暴力去压制,不能用行政手段"摆平",也不能套用"人民内部矛盾人民币解决"的老办法,而是要通过法治方式、回归法治途径,把社会矛盾的解决建立在法治基础上,把维稳建立在维权的基础之上。否则,就会陷入恶性循环的"维稳陷阱"。

善用法治思维和法治方式治国理政,应当正确处理改革与法治的关

---

① 习近平:《完善和发展中国特色社会主义制度推进国家治理体系和治理能力现代化》,载《人民日报》,2014年2月18日,第1版。

系，这也是国家治理法治化要解决的突出问题。要善于以法治凝聚改革共识，以法治引领改革方向，以法治规范改革程序，以法治确认、巩固和扩大改革成果。我们正处在全面深化改革的新纪元，许多改革举措涉及现行法律制度，致使改革与法治的关系十分敏感：是在法治轨道上有序推进改革，还是突破宪法法律制度乱改革，既是对改革的考验，也是对法治的挑战。习近平总书记和党中央明确要求改革不能以牺牲法制的尊严、统一和权威为代价，指出凡属重大改革要于法有据，确保在法治轨道上推进改革，需要修改法律的可以先修改法律，先立后破，有序进行；有的重要改革措施，需要得到法律授权的，要按法定程序进行，不得超前推进，防止违反宪法法律的"改革"对宪法法律秩序造成严重冲击，避免违法改革对法治的"破窗效应"。① "改革越深入，越要强调法治，通过立法来引领改革方向、推动改革进程、保障改革成果，让全体人民共享改革红利、法治红利。"②

提高依法执政、依法治国、依法行政、依法治理社会的能力是国家治理能力法治化的紧迫任务和时代课题。培养和提升这种能力要比建立一整套制度困难得多，因而，推进国家治理能力法治化要比推进国家治理体系法制化艰巨得多。

三、在国家治理现代化的进程中，加快推进法治现代化

完善和发展中国特色社会主义制度，推进国家治理体系和治理能力现代化，一方面需要法治的引领和推动，另一方面也是法治发展和法治现代化的强大动力。法治现代化必将使法治在国家治理中发挥更好更大的作用。

---

① 见新华社有关习近平总书记在十八届三中全会第二次全体会议的讲话、在中央政法工作会议上的讲话、在中央全面深化改革领导小组第二次会议上的讲话、在山东考察时的讲话等系列重要讲话的报道。
② 李适时：《充分发挥立法在国家治理现代化中的引领和推动作用》，载《求是》，2014 年第 6 期。

法治是国家治理的基本方式，所以，推进国家治理现代化内在地要求推进法治现代化，唯有现代化的法治才能匹配现代化的国家治理。围绕"完善和发展中国特色社会主义制度，推进国家治理体系和治理能力现代化"的总目标驱动法治现代化，使法治现代化的目标更加明确，路径更加清晰，重点更加突出，措施更加有力，并必将使我国法治建设彻底摆脱"西方法治中心主义"的负面影响，进一步坚定中国特色社会主义法治的道路自信、制度自信和理论自信。

目前，我国的法治水平和能力尚不能满足国家治理的现实需要，也不适应"形成系统完备、科学规范、运行有效的制度体系"和"加快形成科学有效的治理体制"这一国家治理现代化阶段性目标的要求。为此，我们要以时不我待的紧迫感和使命感，以改革创新的姿态和锐气，抓住有利时机，加快法治建设，在积极应对国家治理迫切需要的同时，紧紧跟进国家治理现代化的步伐，同步推进法治现代化。

（一）加快推进我国法治的转型升级

就国家治理体系和治理能力现代化而言，法治现代化的目标是加快推进我国法治的转型升级。

法治转型升级的实践路径包括：从法治国家转型升级为法治中国，从法律之治转型升级为良法善治，从法律大国转型升级为法治强国。

1. 从法治国家转型升级为法治中国

从建设法治国家到建设法治中国，意味着我国法治建设的转型升级。"法治中国"既是中外法治文明的现代版，又是"法治国家"的升级版。党的"十五大"提出依法治国、建设社会主义法治国家。法治国家本质上属于政治范畴，建设法治国家的着力点是在政治层面实现国家治理法治化，特别是把国家各项权力（包括立法权力、行政权力、司法权力、监督权力等）纳入法治范围，在法治轨道上运行。党的"十八大"以后，习近平总书记提出"建设法治中国"。"法治中国"的内涵比"法治国家"更加丰富、更加深刻、更具中国特色；建设法治中国，不仅要建设法治国家，还要建设法治社会、法治政党、法治政府；不仅要推进依法治国，还要推进依法执政、依法行政、依法自治；不仅要搞好国家法治，还要搞好地方法治、行业法治，促进国家法治、地方法治、行业法治协调发展；不仅包括有形的法律制度硬实力建设，还包括无形的法治文化软实力建设，弘扬法治精神，培育法治文化；不仅致力于国内法治建设，还要面向世界，推动国际关系和全球治理法治化，构建民主法治、公正合理、合作共赢的国际经济政治新秩序，提升中国在全球治理中的话语权和影响力。

2. 从法律之治转型升级为良法善治

这是法治现代化的实质所在，也是国家治理体系和治理能力现代化的必然要求。"法治现代化"这一概念，既指从传统人治社会到现代法治社会的历史性变革，又指法治（法制）由传统型到现代型的历史性转换。世界范围内的法治现代化肇始于欧洲资本主义的兴起，资本主义市场经济、民主政治和理性文化极大地推动了欧洲法治的现代化进程。中国社会的法治现代化发轫于清末民初，先后经历了清末法制改革、辛亥革命的法制实践、北洋军阀时期的法律发展、中华民国南京国民政府的法制活动、中国共产党领导的新民主主义法制建设和社会主义初期的法制建设等发展阶段。进入20世纪80年代后，在以市场为导向的经济体制改革、以民主为导向的政治体制改革、以先进文化为动力的文化变革、以和谐社会为目标的社会建设，以及全球化浪潮的推动下，中国法治再次发生了伟大的历史性变革。世界范围内的法治现代化有各种各样的目标定位和发展道路，例如西方国家的自由主义、理性主义、个人权利本位主义、民主社会主义等等。就当代中国的法治现代化而言，我们走的是一条与改革开放同步的、与"五大建设"①相适应、具有鲜明中国特色的社会主义法治发展道路，是与社会主义市场经济、民主政治、先进文化、和谐社会和生态文明协调的法治现代化道路，是与国家治理体系和治理能力现代化相适应的法治现代化。

在人类历史上，法治有各种形态。中国古代法家是最早提出"以法治国"理念的。春秋战国时代，一些政治家和思想家就提出了"以法治国"的主张，并将这种政治主张阐述为系统理论，还在一定程度上付诸实践。但他们所说的"法"无非是严刑峻法，且"夫生法者君也，守法者臣也，法于法者民也"②。皇帝和国家统治者奉行以君权神授、君临天下、专制独裁、权大于法为核心的法权观念，强调国家至上、君本位、官本位、义务本位，漠视个人权利及其保护；主张德主刑辅、法律道德化；信奉重刑主义，实行严刑峻法，诸法合一，以刑为本；依靠刑讯逼供，屈打成招，甚至迷信神明裁判。这种"法治"不过是封建专制独裁的工具而已。

近代西方以理论表述出来的法治形态，基本上是形式主义的法治。形式主义法治又分为两类：一是形式合法性的法治。英国法学家拉兹（Jeseph Raz, 1939— ）被公认为是形式合法性法治理论的代表人物。拉兹认为，法治应当包括两个方面：（1）人们应当受法律的统治并遵守它；（2）法律也应当能够指引人们。③ 二是形式正义的法治。形式正义的法治理念把法治看做形式正义在法律制度方面的实现。罗尔斯（John B. Rawls, 1921—2002）、菲尼斯（John Finnis, 1940— ）、金斯伯格（Morris Ginsburg, 1933— ）等主张形式正义的法治。例如，罗尔斯说："形式正义的概念，即有规律地、公平地实施公开的规则，在被适用于法律制度时就成

---

① 指经济建设、政治建设、文化建设、社会建设、生态文明建设。
② 《管子·任法》。
③ See J. Raz, *The Authority of Law: Essays on Law and Morality* (2nd Edition), Oxford University Press, 2009, pp. 214–218.

为法治。"① 这种形式正义的法治不涉及法律由谁制定（是由暴君制定？还是由民主的多数制定？还是用其他方法制定？）的问题，也不涉及基本权利、平等、正义。它包括下列律令：（1）"应当的行为意味着可做的行为"；（2）"类似案件类似处理"；（3）"法无明文规定不为罪"；还有那些阐释自然正义观点的律令，它们是指维护司法活动完整性的方针，包括：必须有合理的审判程序和证据规则；法官必须独立和公正；任何人不应审理与本人有利害关系的案件，审理必须公平和公开，但不受公众舆论所控制，等等。菲尼斯认为，法治是这样一种"良好的状态"：法律规则是面向未来的而非追溯的；可能服从的；公开的；清晰的；与其他规则是一致的；充分稳定的；裁决和命令的制作是由其公布的、清晰的、稳定的和相对一般的规则指导的；制定、执行和适用规则者有责任遵守与其活动相关的规则，并且实际上是前后一致的依法执法的。② 再如，金斯伯格指出："正义观念的中心"是"消除任意性，特别是消除任意性权力。因此，合法性的发展就具有巨大的重要性，人是受法的统治而不是受人的统治的观念因此产生。……正义的历史的大部分由反对法的滞误、反对任意适用法律、反对法本身的不法的诸运动构成"③。这两种形态的法治模式本质上都是价值中立的，它既可以服务于"善"，也可能服务于"恶"。20 世纪上半叶，德国、意大利、日本的法西斯政权都曾经制定大量法律，剥夺人民的人权和自由，镇压民主运动，欺凌其他种族和国家，给人类带来巨大的灾难。臭名昭著的南非白人种族政权、以色列复国主义者都是在法治的名义下放肆地侵犯人权。在我国，以刑为主、重刑主义、严刑峻法的法治文化根深蒂固。在一些人包括政法机关的少数领导干部的心目中，加强法治就是加强政法，加强政法就是加强公安武警，加强公安武警就是加大整治、处罚、严打的力度。一些地方政府或政府部门在法治的名义下无所顾

---

① J. Rawls, *A Theory of Justice* (Revised Edition), Harvard University Press, 1999, p. 206.
② See J. Finnis, *Natural law and Natural Rights*, Oxford University Press, 1980, p. 270.
③ Morris Ginsberg, "The Concept of Justice", in *Philosophy*, Vol. 38, No. 144 (Apr., 1963), p. 109.

忌地干着违法甚至违宪的行为。

反思中国古代工具主义的法治文化及其在当代中国的影响和西方近代形式主义法治文化,总结改革开放以来我国法治建设的利弊得失,在社会转型的历史时期,我们应当严肃地思考一个问题:我们需要一个什么样的法治?也就是说,中国法治的核心价值和精神元素是什么,中国法治的目标模式(法治的中国模式)应该是什么?回答只有一个:中国法治作为现代法治,不仅应当是形式上的法律之治,而更应当是良法之治。这种形态的法治同现代社会的制度文明和政治文明密不可分,它意味着对国家权力(尤其是立法权力)的限制,对权力滥用的制约与制衡,对公民自由与权利的平等保护等;意味着立法、行政、司法以及其他国家活动必须服从法律的一些基本原则:人民主权原则、人权原则、正义的原则、公平合理且迅捷的程序保障原则等等;意味着法治要求国家维护和保障法律秩序,但国家必须首先服从法律的约束;法治要求人民服从法律,但同时要求人民服从的法律必须是建立在尊重和保障人权的基础之上。这一形态的法治就是内涵民主、自由、平等、人权、理性、文明、秩序、正义、效率与合法性等诸社会价值的良法之治。

3. 从法律大国转型升级为法治强国

"截至 2012 年底,中国已制定现行宪法和有效法律 243 部、行政法规 721 部、地方性法规 9200 部,涵盖社会关系各个方面的法律部门已经齐全,各个法律部门中基本的、主要的法律已经制定,相应的行政法规和地方性法规比较完备,法律体系内部总体做到科学和谐统一。"① 由宪法统领,由法律、行政法规、地方性法规和自治条例构成的法律体系已经相当丰富和庞大。中国人民用 30 余年时间走完了西方发达国家几百年的立法行

---

① 中华人民共和国国务院新闻办公室:《2012 年中国人权事业的进展》,载《人民日报》,2013 年 5 月 15 日,第 19 版。

程。通过这些规范性法律文件，我国建立起适应市场经济、民主政治、人权保障、社会发展、环境保护要求和需要的法律制度。我国已经成为一个法律大国，但还远不是一个法治强国。基于这种判断，法学界、法律界人士提出要加快从"法律大国"转型为"法治强国"。这个转型是法治发展战略的历史性转型，是中国法治转向科学发展的过程，需要为此付出艰巨的努力。法治强国是强国之梦的组成部分。为实现强国之梦，我们党自建国以来特别是改革开放以来提出了一系列"强国战略"，诸如四个现代化、工业强国、科技强国、人才强国、教育强国、文化强国、海洋强国、网络强国……。在推进国家治理体系现代化和法治化的进程中，应当十分明确地提出"建设法治强国"，实施法治强国战略。只有实现了法治强国，中国才有可能成为名副其实的强国。正如国家行政学院胡建淼教授所言："法治立国、法治稳国、法治救国、法治强国，是人类文明发展的经验总结。""法治是中国的强国途径，法治强国是中国的战略目标。"①

法治强国有多层含义：第一，法治是实现强国的手段，实行法治是强国之路，故要建立完备的法律体系并保证其有效实施，推进和保障国家强盛目标的实现。第二，法治是国家强盛的重要标志，正所谓"明法者强，慢法者弱"②，"奉法者强则国强，奉法者弱则国弱"③。认定国家强盛，法治要算重要一项。国家强盛，则法治成为国家与社会的核心价值，成为国家治理和社会治理的根本方式，成为支撑国家兴旺发达的强大力量；全社会尊重法治、信仰法治、坚守法治；宪法具有极大权威，法律具有普遍的实效，任何个人和组织都必须在宪法和法律的范围内活动。第三，法治是国家强盛的软实力。在国际关系和全球治理中，我国应力争真正拥有与作为有五千年历史的文明国家、世界第一人口大国、第二大经济体、安理会常任理事国的地位相当的话语权、决策权和规则制定权。全面推进依法治

---

① 胡建淼：《走向法治强国》，载《国家行政学院学报》，2012 年第 1 期。
② 《韩非子·饰邪》。
③ 《韩非子·有度》。

国、加快建设法治中国,正是朝着实现"法治强国"的方向迈进。

(二) 加快构建中国特色社会主义法治体系

法治现代化的当务之急是构建中国特色社会主义法治体系。"中国特色社会主义法治体系"是法学的新概念,也是法治中国建设的新思维。在中国特色社会主义法律体系形成后,中国法治建设的中心任务应当升级为构建中国特色社会主义法治体系。构建中国特色社会主义法治体系,是推进国家治理现代化和法治现代化对法治建设必然提出的新任务。

中国特色社会主义法治体系可以从各个层面透视。第一个层面是法律体系,依法治国,前提是有法可"依"。所以,法律体系是法治体系存在和运行的基础。但是,法治体系与法律体系不同,法律体系是法律的规范体系,法治体系则是法律的运行体系,一个是静态,一个是动态。1997年,党的"十五大"提出,到2010年形成中国特色社会主义法律体系。这一目标已经如期实现,但它只解决了基本上有法可依的问题。第二个层面是法律运行与操作过程,通常包括立法、执法、司法、守法、法律监督等环节。在法律体系形成之后,我们感受最深刻的是有法不依、执法不严、司法不公、监督不力等现象依然突出,法律运行与操作的各个环节之间的关系不够协调甚至严重失调。所以,法治体系建设要注重法律的实施,强调法律运行各个环节的有序性、有效性以及相互之间彼此衔接、良性互动。第三个层面是实现依法执政、依法治国、依法行政、依法治理社会和社会依法自治共同推进,法治政党、法治国家、法治政府、法治社会一体建设;实现国家法治、地方法治、行业法治协调发展;推进国内法治、国际法治、全球法治有效衔接、相辅相成。第四个层面是党的领导、人民民主、依法治国的有机统一。这是中国特色社会主义法治体系最鲜明的本质特征。坚持中国共产党的领导是人民民主和依法治国的根本保证。

人民民主是社会主义法治的本质要求,依法治国是党领导人民治理国家的基本方略,是坚持和完善党的领导、实现人民当家作主的基本途径和法治保证。

　　法治体系的形成与有效运行既是法治现代化的重要标志,也是国家治理现代化的重要标志。从这种意义上说,推进法治中国建设和国家治理现代化的重要目标就是加快形成中国特色社会主义法治体系。

　　为了加快构建中国特色社会主义法治体系,应当深入推进依法执政、全面提高执政方式和执政活动法治化水平;坚持科学立法、民主立法,加快立法速度,提高立法质量,完善和发展中国特色社会主义法律制度体系;坚决维护宪法法律权威、保障宪法法律统一有效实施;大力推进依法行政、严格执法,加快建设法治政府;进一步深化司法体制改革,加快建设公正权威文明的社会主义司法制度;党和政府依法治理社会、社会依法自治,全民自觉守法,加快建设法治社会;加强法治文化建设,树立法治理念,弘扬法治精神,增强法治中国的文化软实力;科学划分权力界限,依法规范权力运行,加强对权力的制约监督,实现权力运行制约监督体系化法治化;统筹国内法治和国际法治两个大局,积极参与全球法治建设,提升中国在国际社会的法治话语权,为中华民族伟大复兴创造良好的国际法治环境。

结　语

　　完善和发展中国特色社会主义制度,推进国家治理体系和治理能力现代化,对于巩固党的执政地位,确保国家长治久安,保证经济持续发展,维护社会和谐稳定,实现中国特色社会主义善治,具有深远的历史意义;全面推进依法治国、加快建设法治中国,对于实现国家治理现代化具有重大的现实意义。推进国家治理现代化是全面深化改革和社会主义制度创新的总目标；推进国家治理法治化，推进依法执政、依法治国、依法行政、依法治理、公正司法，是这一总目标之内的主题、主线和要务。国家治理法治化构成国家治理现代化的核心指标和主要标志，国家治理现代化则引领和驱动法治现代化。在法治与国家治理、国家治理现代化与法治现代化的这些复合关系中，我们透视到了它们之间的逻辑联结。这种基于顶层设计的逻辑联结是实现富强中国、民主中国、文明中国、和谐中国、公平中国、美丽中国、法治中国等建国目标和强国之梦的强大动力。坚持中国特色社会主义法治和国家治理道路，推进国家治理体系和治理能力现代化，必将把改革开放、和平崛起的中国带进世界强国之列，使中华民族如期实现"两个一百年"的奋斗目标。一个有效治理、繁荣强盛的中国也必将使国际关系和世界秩序变得更加民主、更加公正、更加文明。

（原载《中国法学》，2014年第4期）

第五编 依法治国与依法治党

依法治国必先依法治党

俞可平

(中共中央编译局)

中共中央最近颁布了《中国共产党员廉洁从政若干准则》,这是依法治党的一个重大举措。邓小平同志早在党的十一届三中全会上就说过,"没有党规党法,国法就很难保障"①。据此可以进一步得出这样的结论:不依法治党,也很难依法治国。因为中国共产党是掌握国家政治、经济、文化、军事核心权力的唯一执政党,党的领导干部是公共权力的掌握者。治国必先治党,依法治国必先依法治党。

依法治党,就是严格按照国家的法律和党的法规来规范党组织和党员的行为,通过党的各项具体制度来保证国家的宪法和党章成为党组织和党员的最高行为准则。邓小平同志明确指出:"国要有国法,党要有党规

---

① 邓小平:《解成思想,实事求是,团结一致向前看》(1978年12月13日),见《邓小平文选》第二卷,北京:人民出版社1994年版,第147页。

党法。党章是最根本的党规党法。"① 根据这一论断，"依法治党"的"法"可以界定为两大类：一类即是国家的法律，首先是国家的宪法；另一类即是党的规章制度，首先是党章。

依法治党，首先就是依照宪法和党章治理党内事务和规范党政关系。国家的法律和党内的法规，从根本上说应当是统一的。党规党法不仅用来规范党自身的内部行为，更是为了保障国法等得到切实的执行。按照依法治党的要求，在处理政务和党务的过程中，党的各种政策和文件，党员领导干部的指示和讲话，相对于国法和党法而言处于次要的地位，它们本身也不得有背于国法和党法。

坚持党的领导、人民当家作主和依法治国三者的有机统一，是中国特色社会主义政治发展的正确目标。依法治党有利于加强和改善党的领导，是实现上述三者统一的重要关键。党的领导是建立在法治基础上的有利于人民民主的领导，不按照法律和党章，党的领导和管理就会失去准则。依法治国和依法治党，使党的执政方式和管理方式适应社会主义法治国家的需要，恰恰是党在新的社会主义市场经济和民主政治条件下，巩固领导地位的基本途径。

依法治党有利于增强各级党组织和党员干部的法律意识，促使他们更加自觉地依法办事，在建设社会主义法治国家过程中起模范带头作用。法治国家首先要有法治意识，作为当代中国的政治领导核心的各级党组织和党员干部的法治意识尤其重要。从处理党内事务开始培养党员和党组织的法治意识，对他们依法处理国家事务有着直接的意义。

依法治党有利于提高党的执政能力。改革开放后，我们开始推行社会主义的市场经济，市场经济是一种自由竞争经济，也是一种法治经济。市场经济的引入使我国的经济基础发生了根本性变化，它促使整个政治上层

---

① 邓小平：《解成思想，实事求是，团结一致向前看》（1978年12月13日），见《邓小平文选》第二卷，北京：人民出版社1994年版，第147页。

建筑或迟或早发生相应的变化。党和国家对社会经济事务的管理，不能再像过去那样主要依靠命令的和行政的手段，而必须依靠法律的和经济的手段。因此，党的执政方式由命令的手段转变为法律的手段，直接关系到党管理社会事务的能力。

依法治党有利于社会主义政治文明建设。社会主义物质文明、政治文明和精神文明协调发展，是党的"十六大"确立的我国社会的长远战略目标。政治文明即是人类政治的进步状态，其实质性的内容就是民主与法治。党不仅是政治文明的领导者和建设者，也应当是民主和法治的表率。以党内民主带动社会民主，已经成为推进我国民主政治建设的现实途径。通过依法治党带动依法治国，也应当是推进我国社会主义法治国家建设的重要途径。

依法治党也有利于推进党内民主。党的"十六大"把发展党内民主，以党内民主带动社会民主作为推进中国特色民主政治的战略路线，十七届四中全会对发展党内民主又作出了重大部署。国内外政治发展的经验证明，民主与法治是相辅相成的，没有法治就不可能有真正的民主政治。国家的民主如此，党内的民主也同样如此。如果说，没有依法治国就不可能有国家的民主，那么可以说，没有依法治党就难有真正的党内民主。

依法治党不是一个抽象的口号，也不是一种权宜之计，而是一种治理模式。依法治党是实现依法治国、建立社会主义法治国家这一长远目标的不可或缺的基础环节。因此，确立依法治党的理念和目标，需要我们切实转变思想观念和行为方式，建立和健全相关的制度和机制，努力做到科学执政、民主执政和依法执政。依法治党是一种治理模式的转变，它对我们的执政方式和政治管理提出了新的更高的要求，也会形成不少新的挑战。要实现依法治党，就要做到以下几点要求。

党领导人民制定法律，自己必须带头遵守法律，带头维护法律的权威。党领导政府和人民进行立法和执法，如果党组织自己不带头遵守法律,那么,国家的法律就不可能有真正的权威。宪法是在党的领导下制定的,体现了党的根本主张。党带头遵守宪法和法律,带头维护宪法和法律的权威,实际上就是维护自己的执政权威,增强自身的执政合法性。

各级党组织必须在国家宪法和法律的框架内活动,这是建设社会主义法治国家的基本要求。党带头遵守法律的一个前提,就是党组织不得凌驾于宪法和法律之上,必须在国家法律规定的框架内活动。法治的本质特征之一,即是任何组织和个人都不能超越法律之上,都必须受法律的节制,执政党也不例外。如果党组织可以在法律框架之外活动,那么,即使再强调依法治国,我们至多可以有法制,但不会有法治。

党的各项方针政策必须符合国家的法律。国家法律对各种政治主体的基本制约,就是要求任何其他政治组织的规章制度和政策规定,都必须服从于国家宪法和法律的权威。因此,各级党组织应当以国家的宪法和法律为准则,要以符合和遵守国家法律为前提,来制定和审视党的各种政策、文件、指示、规定和决议。在党组织的政策规定与国家的法律不相符合时,必须使党的政策规定服从于国家的法律,坚决按照法律的要求纠正不合法的党的各种政策文件。

严格依照法律的规定和《中国共产党章程》的要求处理党组织与立法、行政和司法部门的关系。合理的权力分工是国家权力正常运行的必要条件。根据我国的政治安排,党组织主要通过"总揽全局,协调各方"来发挥领导作用,而不能直接取代人大、政府和司法机关去行使立法、行政和司法职能。以党代政,包揽一切,只会削弱党的领导,损害党的执政能力。

全体党员,特别是党员领导干部,都要严格遵守党的法规。党内法规是党员和党组织的行为规范,党章是党内生活的最高准则。党的各种法规代表了全党的意志,体现了党的执政经验,是实现党的最高宗旨的规程。党章和党内法规也反映了党的执政要求,凝聚了党对执政规律的认识。党内法规与国家法律互为补充，从根本上说是一致的。对于党员来说，遵守党章和党的其他法规，既是政治义务，也是法治精神在党内生活中的要求。党员领导干部要模范遵守党章和党内法规，自觉维护党章和党内法规的权威，坚决抵制各种违犯党章和党内法规的错误言行。

要下决心采取有效措施消除"文山会海"现象。会议、文件、政策、讲话、批示、指示、决议等是政务管理和党务管理的必要手段。但是，如果过分依靠会议、文件和领导的讲话，形成"文山会海"，那就会大大削弱党的执政能力和管理能力，增大党管理政务和党务的成本。更严重的是，依政策、会议和讲话来管理政务和党务，归根结蒂是一种人治，而不是法治。这与党所倡导的社会主义法治精神是格格不入的。

要努力完善国家的法律和党的法规。依法治国和依法治党，首先要求法律法规的完备。如果没有相应的法律法规，或法律法规的内容不合理，依法治国和依法治党就不会有理想的效果。因此，要特别重视党和国家的法规制定工作，一定要确立一整套科学的、民主的立法和决策程序，确保每一部国家法律和党内法规成为"良法"，即最大限度地体现民意和正义。要善于吸取人类政治文明的优秀成果，不仅在国家立法活动中，在党内法规制定中也应当全面推行行之有效的公示制度、听证制度、评估制度和责任制度。使党的各种法规既充分反映党心民心，代表绝大多数党员的意愿，又充分体现实际的需要，顺应时代的潮流；既包含党的根本宗旨，又具备现实的可行性；既从根本上与国家的法律相一致，又突出党务管理的特殊要求。

要加强党员的法治教育，增强党员的法治意识，培养党员的法治精神。在党校教学、党员培训、干部考核、理论宣传中，要突出法治精神，使国法党法教育成为党员教育的基本内容之一，将法治素养成为考核党员和党员干部是否合格的一个基本指标。党员特别是党的领导干部要带头学法、知法、守法，养成依法办事的行为方式。要带头尊重国法党法，带头做到在法律面前人人平等，在党章面前人人平等。要牢固确立在国家事务中"宪法至上"和在党内事务中"党章至上"的观念，坚决破除"党大还是法大"、"权大还是法大"的谜思，努力在全党范围内营造一种新型的社会主义法治精神和法治文化。

(原载《学习时报》，2010年3月15日)

依法治国与依章治党

桑玉成

(上海市社会科学届联合会)

党的"十五大"提出了我国社会主义初级阶段民主法制建设的根本目标和主要任务,提出要在坚持四项基本原则的前提下,继续推进政治体制改革,进一步扩大社会主义民主,健全社会主义法制,依法治国,建设社会主义法治国家。建设法治国家目标的提出,给我们国家的民主法制建设指明了新的方向。

一、依法治国的概念当然包含了依章治党的问题

从一般意义上说,所谓依法治国,是依照法律来治理国家的意思。而在国家的整个法律体系中,宪法是根本法。宪法通常规定了国家政治生活的一般准则,它所调整的是这个国家的公民与其国家政权的基本关系。这

个基本关系包含了国家政权的构成和产生以及公民在国家政权中的权利和义务等一些重要的方面。具体来说，通常的宪法以及其他宪法性法律所要调整的法律关系主要是两个方面：一是国家政权与其公民的关系；一是国家政权自身的构成、权限和活动原则等。简而言之，凡是调整国家政权与其公民的关系以及规范国家政权自身的法律文件，我们都可以把它视为宪法性文件，而依据这些宪法性文件治理国家，是依法治国的基本要求。由于中国共产党是执政党，并且通过其层级性的组织结构从事着实际的政治管理活动，从政治上领导着社会公共权力执掌者。所以，规范我们这个国家政权活动的，不仅包括了宪法和其他宪法性法律，同时还包括了执政党的党章以及其他党内的规范性文件。因此，显而易见的是，我们提出依法治国的概念，当然包含了依章治党的要求。

法治相对于人治而言。在人类的政治生活中，到底是通过法律来治理还是通过贤人或贵人来治理，这个问题早在古希腊就引起了人们的争论。柏拉图注意到，政治统治并不是一件简单的事情，而是一种艺术，是比其他任何一种知识都要复杂的学问。根据他的说法："除非哲学家成为我们这些国家的国王，或者我们目前称之为国王和统治者的那些人物，能严肃认真地追求智慧，使政治权力和聪明才智合二为一，……否则的话，……对国家甚至我想对全人类都将祸害无穷，永无宁日。"[①] 亚里士多德应该说比他的老师柏拉图更加明晰地看到了政治统治的复杂性和艺术性，因此他坚持认为，即使是最好的最有智慧的统治者实施统治，也没有法律统治那样好。亚里士多德在讨论"由最好的一人或由最好的法律统治哪一方面较为有利"的问题时，就明确地指出："法治应当优于一人之治"，他的道理也很清楚，是说"凡是不凭感情因素治事的统治者总比感情用事的人们较为优良。法律恰正是全没有感情的；人类的本性（灵魂）使谁都难免有感

[①] 〔古希腊〕柏拉图：《理想国》，郭斌和、张竹明译，北京：商务印书馆 1986 年版，第 214—215 页。

情"。法律"恰恰正是免除一切情欲影响的神祇和理智的体现"。①

在资产阶级革命时期,坚持法治的主张成了资产阶级革命的强有力的思想武器和理论武器,并且直接成为资本主义政权的基本原则。当然,资产阶级革命时期法治主张的理论基础远远超出了古希腊的法治理论,已开始用揭示人类政治社会之起源及其目的的方法来阐明依法治国的必然性和合理性。在一些资产阶级思想家看来,人类之初本没有国家,本没有政府,人类依照由人类自身生活所形成的既定规则进行生活。这样的社会状态被思想家们称为自然状态,这些既定的规则就被称为自然法。但是,由于人类本性有某些弱点,所以这样的社会状态不能得到正常的维持。于是,人类就通过契约,组建国家和政府,构成政治社会。

用社会契约来解释国家的产生显然不符合马克思主义的观点,但是,需要指出的是,一些思想家之所以要提出社会契约的观点,与其说是为了说明国家的产生问题,不如说是为了说明国家及其政府的性质和本质。卢梭就明确地指出:"我们首先要把一切事实撇开,因为这些事实是与我所研究的问题毫不相干的。不应当把我们在这个主题上所能着手进行的一些研究认为是历史真相,而只应认为是一些假定的和有条件的推理。这些推理与其说是适于说明事务的真实来源,不如说是适于阐明事务的性质,这正好像我们的物理学家,每天对宇宙形成所作的那些推理一样。"② 如果仅仅从阐明事务之性质的角度出发,人们可以看到,国家及其政府的诞生,是以参加这个国家或政府的人的某些权利的让与为基础的。而让与这些权利的目的,是为了保障公民社会的秩序从而保障每一个公民的合法权利免遭侵犯。但是由于国家及其政府在得到了人民的授权之后,它便掌握了国家的强制力,这种强制力被某些思想家称之为国家权力的某种侵犯性特征。于是,为了使国家权力的消极性质即它的侵犯性特征不至于侵犯到公

---

① 参见〔古希腊〕亚里士多德:《政治学》,吴寿彭译,北京:商务印书馆1965年版,第163、167—169页。
② 〔法〕卢梭:《论人类不平等的起源和基础》,李常山译,北京:商务印书馆1962年版,第71页。

民的正当权利，所以需要通过宪法和法律的力量来限制国家公共权力执掌者的权力。近现代所谓依法治国的实质就在这里。从这个角度看，依法治国的基本含义主要有如下方面：

第一，是国家按照公正理性的原则制定有完善的法律体系。有法可依是依法治国的基本前提，但是，现代的法治观念在强调有法可依的同时，还强调法律本身的民主性。这就要求国家的立法机关在履行其立法功能时，既要注重法律的数量，更要注重实现人民的立法权。

第二，是统治者的行为要有法律依据。从依法治国的严格意义来说，其强调的主要是统治者的行为要有法律依据，或者说主要是指执掌国家公共权力的主体要在法律的规范下从事各种政治的或社会的管理活动。应该说，一般的老百姓遵纪守法，这是社会之常情，而且只要政府执法得力，任何老百姓的违法行为都可以得到法律的追究。但是执掌公共权力之主体的情况就不一样。由于这样的主体本身或多或少地掌握着一定的公共权力，有些甚至直接掌握着执行法律的权力，所以这样的主体具有不依法办事的条件和便利，而且他们若不依法办事，也很难得到应有追究。因此可以说，统治者的行为具有法律依据，是依法治国的关键。

第三，是全社会形成一种普遍的法律意识和法律精神。这一方面需要在全社会实施普遍的法律教育和培养法制意识，另一方面也更需要从各级政府及其各级领导入手，形成普遍按照法律办事的习惯和风气。这两者相辅相成，互相促进。

第四，是社会建立有独立的司法机关，以保护宪法、法律的绝对权威。社会之所以需要法律，主要是因为社会的维系需要有一定的规则；同时，社会也确实有种种违背规则、超越法律的行为的存在。这正如卢梭所说，任何一个国家，总是有人违背法律的，"在一个国家里，如果任何人都不规避法律，任何官员都不滥用职权，那末，这个国家就既不需要官员也不需要法律"①。正是由于如此,所以才需要法律;而既然有了法律,就需要有独立的司法机关来裁决纠纷,判断是非,并维护法律的绝对权威。

可以看到,发展民主政治,建设法治国家,其关键之点,就是首先要保障既定的法律得到有效的执行。而在我们国家,中国共产党是执政党,保障既定的法律得到有效的执行,既是共产党的一贯倡导,又是共产党的重大责任。从依法治国的关键即统治者的行为要有法律依据这个角度来看,实现依法治国,走向法治国家,其关键之点在于执政的共产党的政治活动和政治行为要有宪法和法律的依据。换言之,依法治国首先要求执政党在一定的政治规则范围内活动。构成这些规则的,既有国家的法律,又有规范党自身活动的党章以及其他党内的规范性文件。因此,所谓依法治国的问题,对于执政党来说,当然包含了依章治党的问题。

二、依章治党是依法治国的前提和基础

法治是一个综合性的概念。从其本质上说,法治的意义并不在于国家是否有法律,而在于是否能够按照既定的法律规则来实施政治统治。英国是一个具有法治传统的国家,但是英国至今没有一部被称为"宪法"的文件,可以说它的绝大多数政治规则是在其传统中形成的。同样,美国也应该可以称得上是个法治国家,但是美国的许多政治规则也是没有成文的法律根据的。譬如说,作为美国政治制度根本的两党制度,在美国的宪法里根本没有,这部统治美国已达两百多年的宪法甚至连政党的概念都没有出现过。另外,诸如美国的违宪审查制度等许多重要的法律规范同样也没有任何成文宪法或法律的依据。可见,法治的概念具有更为深刻的价值内涵。这种价值内涵的实质在于:处于国家统治者地位的政府及其官员具有强烈的法律意识并能够按照人类的一般理性实施统治。

---

① 〔法〕卢梭:《论人类不平等的起源和基础》,李常山译,北京:商务印书馆1962年版,第142页。

在我国，中国共产党处于执政党的地位，这种执政党的地位不仅体现为一种宪法原则，而且已通过一系列的政治制度和政治运作程序给予了结构性的保证。共产党组织是当代中国政治过程中核心的、主导的体制化政治结构。中国的整个政治过程中从利益表达、综合和沟通，到政策制定和执行等，都与共产党组织有着极为密切的关系，这是党的领导原则在政治过程层面的具体展开。中国政治过程中的其他体制化结构，如国家权力机关、行政机关、司法机关、大众传播媒介、军队以及合法存在的社会团体等，也都是由共产党领导的。因此，共产党组织虽然是政治过程的一个体制化结构，但不是一般的结构，而是中枢结构。

既然作为执政党处于国家政治生活中枢和核心的地位，那么执政党的组织和党员对待党章的态度就直接关系到建设法治国家的成败。

第一，党章与法律有这样那样的区别，但有一点却是共同的，即都是有关主体应当遵守的行为规范。依党章行事和依法律办事的核心都是遵守既定的行为规范。一个不习惯甚至不愿意遵守党章的组织或个人，必然不能很好地遵守法律、依法办事。同时，经常将党章的有关规定视为束缚手脚的绳索、有意无意地将其撇在一边的组织和个人，也必然以同样的态度对待法律。所以，对于执政党的组织和成员来说，遵守法律要从遵守党章做起，依法治国先要从依章治党做起。

第二，执政党党章的一些具体的规定以及执政党对于政权的领导方式，直接与宪法和法律的规定相联系，甚至是宪法、法律之规定的基础；因此，如果党章的规定得不到遵守，宪法、法律的规定也就没有办法得到遵守。在我们国家，由于共产党既是执政党，处在国家政治生活的领导地位，又通过自己的机构实际引导着公共管理的活动，所以很多政治原则和政治管理的程序既是宪法和法律的规定，又是党章和其他党内规范性文件的要求。因此在实际的政治实践中，人们已经习惯于把宪法、法律和党章以及其他党内规范性文件均视为人们政治活动的基本准则，甚至究竟哪些准则属于党内的规范而哪些属于宪法、法律的规范，实际上也很难作出明确的区分或者也根本没有必要作出这样的区分。例如，就各级政府组成人员的产生来说，按照宪法和组织法规定，各级政府组成人员由同级人民代表大会产生；而在我们的实际操作层面上看，政府组成人员的候选人通常是党的组织负责考察推荐。这样，党内政治生活的规则和宪法、法律的规定就自然而然地联系到了一起。因此，如果党内不能按照党章以及其他规范性文件的规定搞好政府组成人员候选人的考察和推荐，那么按照宪法和法律由人民代表大会产生政府组成人员的程序就变得毫无意义。再如，在某些工作领域，通常采用党的机构和政府机构合署办公的模式，这对于搞好有关方面的工作，显然是有利的。如政党的纪律检查部门和政府的监察部门合署办公的情况就是一例。在这种政党机构和政府机构合二为一的情况下，很显然，党章和党内其他规范性文件就与宪法、法律交织在一起，共同起到了这一合署机构行为依据的作用。如果党内的规范得不到遵守的话，宪法和法律规范自然也就得不到遵守。

第三，执政党严格地按照其自己制定的党章的规定办事，是巩固其执政地位的重要途径，同时也是其领导全国人民遵守宪法、法律的前提。党的"十五大"指出，作为执政党的中国共产党，在社会主义民主政治建设中的根本任务和重要责任，就是领导和支持人民掌握管理国家的权力，实现民主选举、民主决策、民主管理和民主监督，保证人民依法享有广泛的权利和自由，尊重和保障人权。这样的精神同时也体现在党的章程之中。

作为执政党，共产党领导人民通过法定的程序制定了法律，那理所当然地要以自身的实际行动，来模范地遵守法律。我们党深知模范地遵守宪法和法律的重要意义，认为这是我们党的执政地位和历史使命所决定的。早在1986年中共中央《关于全党必须坚决维护社会主义法制的通知》就指出："有的党组织和党员、干部，特别是有的党政军领导机关和领导干部，仍然自恃特殊，以言代法，以权压法，甚至徇私枉法，把自己置于法律之上或法律之外。"因此,《通知》强调:"宪法、法律是人民意志、国家意志的集中表现。党领导人民制定宪法和法律,党又要领导人民执行宪法和法律。……从中央到基层,所有党组织和党员的活动都不能同国家的宪法、法律相抵触,都只有模范地遵守宪法和法律的义务,而没有任何超越宪法和法律的特权。越是领导机关,越是领导干部,越是要带头学法、懂法,严格依法办事,不做违宪、违法的事。"①

必须指出,领导者或执政者模范地遵守宪法和法律,是其巩固领导地位或执政地位的重要手段,也是增强其权威性的重要途径。英国思想家洛克曾经指出:"法律一经制定,任何人也不能凭他自己的权威逃避法律的制裁;也不能以他的地位优越为借口,放任自己或任何下属胡作非为,而要求免受法律的制裁。公民社会中的任何人都是不能免受它的法律制裁的。"② 无论是制定法律的主体还是执行法律的主体,只有其自身首先充当遵守法律的模范,才能无愧于其制定法律或执行法律的地位和崇高职责。

党在宪法和法律范围内活动的原则,充分说明了宪法和法律具有高于一切政党和社会团体的权威性地位。而党要在宪法、法律范围内活动,首先必须在其党章范围内活动。因为党章不仅规定了党必须在宪法、法律范围内活动的根本原则,同时还规定了党的政治生活的一般准则。因此,如果执政党的活动超越了宪法和法律的基本精神和一般规范,那么也就必然违反了党章规定的党内政治生活的基本准则;党员和党的组织只有首先遵循了党章的规范,才能谈得上遵守宪法和法律的问题。

三、通过依章治党,努力促进依法治国

由于共产党处在执政党的地位,因此如前文所述,执政党依章治党是

---

① 中共中央文献研究室编:《十二大以来重要文献选编》,北京:人民出版社1988年版,第1061、1063页。
② 〔英〕洛克:《政府论》(下篇),叶启芳、瞿菊农译,北京:商务印书馆1964年版,第59页。

国家依法治国的前提和基础。没有执政党的依章治党，由执政党执政的国家也就很难做到依法治国。因此，要逐步实现依法治国的目标，走向法治国家，首先需要我们党从根本上解决有章不依的问题。只有通过共产党的依章治党，才能有效地促进法治国家的建设。在这方面，着重是要解决以下几个问题：

第一，切实按照宪法和党章的规定，严格遵守党在宪法、法律范围内活动的原则。党在宪法、法律范围内活动，既是我们国家的一条重要宪法规定，又是党章的一条重要原则，这个原则或规定的实质在于：承认宪法、法律具有绝对的权威，是高于任何党的章程的社会行为规范，因而任何政党和社会团体都没有超越于宪法和法律之上的特权。1982年以来中共历次通过的党章中，都明确规定了"党必须在宪法和法律范围内活动"的原则。现行宪法也明确规定："一切国家机关和武装力量、各政党和各社会团体、各企业事业组织都必须遵守宪法和法律。一切违反宪法和法律的行为，必须予以追究。任何组织或者个人都不得有超越宪法和法律的特权。"这里的"各政党"应该说首先是指执政的中国共产党，因为一方面，要求各政党在宪法、法律范围内活动，其本身是共产党的积极倡导，而倡导者以身作则是贯彻这一原则的基本前提；另一方面，也只有执政党具有不在宪法和法律范围内活动的条件和便利，因而只要执政党严格地按照这一原则办事，宪法、法律的至上权威就能够得到根本保证。

这里的问题是，共产党是执政党，根据宪法的基本精神，共产党处于国家政治生活的领导地位。因而，共产党如何处理好其领导地位的角色与它在宪法、法律内活动的关系，就成了依章治党问题的关键。在这个问题上，笔者认为，主要应把握以下两点：

首先，共产党的领导，应该是有规则的领导，而这个规则就包括了宪法和法律，同时也包括了党的章程以及其他规范性文件。共产党执掌政权，就是领导和支持人民当家作主。党是依法治国的倡导者，处在领导地位或者说执政地位的共产党在宪法、法律的规则范围内实施其领导，是其领导有效性的重要体现。在推进依法治国的进程中，共产党有责任要求全社会树立起普遍的法律意识，并形成严格依法办事的工作规程和习惯。而在这方面，共产党理应身先士卒，做依法办事的模范。

其次，共产党的领导从根本上看是政治领导，其本身并不能取代宪法、法律的地位。宪法是国家的根本大法，在国家的政治生活中具有最高准则的地位和作用。从这个意义上说，共产党的执政地位也是宪法规定的，因而共产党的一切活动都必须具有宪法和法律的依据。在实践中一定要消除这样的观念，即认为一切都按照宪法和法律的规定办事，就有可能忽视党的领导作用的发挥。其实，所谓共产党的领导，就是制定党的纲领路线并以此来影响国家的大政方针，就是向国家以及政府机构推荐党的干部以实际贯彻党的意志和党的纲领，就是监督和保障国家和政府机构及其官员的行为纳入党的路线和纲领的轨道。从这个角度看问题，党按照党章的规定在宪法和法律的范围内活动，其本身就是实现党的领导的重要体现。

第二，通过依章治党来促进依法治国。活生生的政治实践表明，党的组织和党员干部不按宪法、法律的规定办事，首先是从违背党章和党内其他规范性文件的规定开始的。如前文所分析的那样，宪法、法律与党章以及其他的党内行为规范有着根本区别，这种区别就有可能使得一些党的组织和党的干部对党章以及党内行为规范持轻视的或忽视的态度，从而置党章以及党内行为规范于度外。另一方面，对于党员和党的干部违反党章和党内规范的处理办法以及实际执法过程中的"以章代法"、以纪律处分代替刑罚处罚的情形的存在，在某种程度上既影响到宪法、法律的权威性，又削弱了党章以及党内规范文件的规范作用。在实际的政治实践中，对于一些党员和党的干部的违规行为，往往首先考虑的就是用党纪的处理办法来给予处理，即使对那些违反宪法和法律因而是应该受到法律追究的行为,也用党纪的处分化而了之。这样的情况既是依法治国的障碍,又不利于真正地依章治党。

一个必然的逻辑是:规则的一次被忽视,就会带来多次的被忽视;一个人因为违反规则而没有受到必要的追究,就会有很多人也会去违反这个规则。正是在这样的逻辑下,一些党的组织和党的干部总是从违背党章以及其他党内的规范性文件开始,逐步地视宪法和法律为儿戏。因此,从党的建设的角度来说,也需要我们党的各级组织和党的各级领导干部首先从遵守党章和其他党内的规范性文件开始,努力养成依章办事和依法办事的习惯。

第三,从加强制度建设入手,以提高党章和其他党内规范性文件的权威性,以规范党的建设。现在一个重要问题,是党的章程以及其他党内规范性文件得不到切实的遵守。除了上述那种党在宪法和法律的范围内活动的原则没有得到足够的重视之外,一些党组织和党的干部越章违纪的情况也相当普遍。譬如,按照党的章程,党的基层委员会的任期一般在三到四年之间,任期届满应该通过党员大会或党的代表大会的程序产生新的基层委员会。但是,实际的政治实践中有相当一部分的基层党组织不按照党章的规定按时召开党员大会或党代会,因而也不能按照党章的规定产生基层党的委员会组织。再如,在一个基层党组织中,按照党章的规定,党的组织实行委员会制度,党的基层委员会由党员大会或党代会产生并对党员大会或党代会负责,基层委员会的常务委员会由委员会全体会议产生并对委员会负责,如此等等。但是在实际的运作中,绝大多数党的基层组织在开过党代会之后,基本上就是其常务委员会履行着基层党的委员会的全部功能,而党的委员会或者是处于虚设状态,或者干脆就是名存实亡。这样就势必割断了党员与党的领导机构的关系,使得党内的组织规范和民主制度受到直接的损害。

党的组织以及党的干部不能按照党章以及其他党内规范办事的情况还

突出地反映在对于一些禁止性规范的执行上。应该说，能不能遵守党内的禁止性规范，是关系到能不能维系党的纪律、保持党的纯洁性从而从根本上树立党的威信的重要问题。然而，这方面的实际情况非常值得认真地反思。仅以改革开放以来中央有关部门颁布的有关反腐倡廉的规范性文件而言，迄今已数以百计，但其有效性和权威性实在是成问题。即使是一些非常具体明确的条文规定，也很难真正成为党的组织和党的干部的行为准则。

上述情况足以说明，我们党的组织和党的干部有章不依的现象是与有法不依现象密切相关的，甚至可以认为，执政党党内的有章不依，构成了全社会有法不依的一个重要原因。因此，要推进依法治国的实际进程，有必要首先在执政党党内形成有章必依的制度和习惯。

（原载《法商研究》，1999 年第 4 期）

依法治党：党内民主发展的必然要求

任中平

（西华师范大学政治学研究所）

党的十一届六中全会通过的《关于建国以来党的若干历史问题的决议》在总结"文化大革命"发生的沉痛教训时指出："中国是一个封建历史很长的国家，我们党对封建主义特别是对封建土地制度和豪绅恶霸进行了最坚决最彻底的斗争，在反封建斗争中养成了优良的民主传统；但是长期封建专制主义在思想政治方面的遗毒仍然不是很容易肃清的，种种历史原因又使我们没有能把党内民主和国家政治社会生活的民主加以制度化、法律化，或者虽然制定了法律，却没有应有的权威。这就提供了一种条件，使党的权力过分集中于个人，党内个人专断和个人崇拜现象滋长起来，也就使党和国家难于防止和制止'文化大革命'的发动和发展。"那么，今天看来，要从根本上防止"文化大革命"这样的历史悲剧重演，迫切需要我们进一步加大政治体制改革的力度，努力加强社会主义民主和法治建设，特别是在新的历史条件下，必须坚持依法治国和依法治党。党的"十八大"报告再次重申"党要管党，从严治党"的严格要求，并强调指出："党领导人民制定宪法和法律，党必须在宪法和法律范围内活动。"要真正实现依法治国，必先坚持依法治党。因为如果没有党规党法，国法就很难保障。同时，如果没有依法治党，党内民主也就难以制度化、法律化，党内民主的深入发展也就没有保证。在笔者看来，依法治党不仅是对我们党在建国几十年来党内政治生活经验的历史总结，是党在法治时代依法执政的迫切需要，而且更是今天深入发展党内民主的必然要求。

一、依法治党是党内政治生活经验的历史总结

从新中国成立到党的"八大"，我们党在推进党内民主建设方面取得了很大进步。但自从 1957 年开始出现反右扩大化，尤其是"文化大革命"期间，由于党内民主制度不健全，加之法制建设很不完善，使我们党和国家遭受了一场浩劫，社会主义事业受到严重挫折，整个国民经济面临崩溃的边缘，这给我们留下了极其深刻的历史教训。针对这一问题，邓小平复出之后不久在总结"文化大革命"的经验教训时强调指出："这个教训是极其深刻的。不是说个人没有责任，而是说领导制度、组织制度问题更带有根本性、全局性、稳定性和长期性。"[①] 他从总结历史经验教训、防止出现大的失误，特别是避免出现像"文化大革命"那样的悲剧重演的高度，先后多次提出了要从制度上将权力的运作纳入法制化轨道，要将社会主义民主制度化、法制化。他说："我们过去发生的各种错误，固然与某些领导人的思想、作风有关，但是组织制度、工作制度方面的问题更重要。这些方面的制度好，可以使坏人无法任意横行；制度不好，可以使好人无法

---

① 《邓小平文选》第二卷，北京：人民出版社 1994 年版，第 333 页。

充分做好事，甚至走向反面。"① 鉴于"文革"中以权代法、以言代法的现象仍然存在，邓小平严肃指出，任何组织和个人都不能凌驾于法律之上，那种"把领导人的话当'法'，不赞成领导人的话就叫'违法'，领导人的话变了，'法'也就跟着变"② 的状况，要坚决予以改变。直到1992年他从领导岗位上退下来之后，仍然强调："还是要靠法制，搞法制靠得住些。"③ 历史事实正是如此。回顾"文化大革命"时期的实际情形，对于毛泽东同志在"文化大革命"中所犯的错误，虽然当时许多中央领导同志也有清醒的认识，然而在当时的体制环境和政治气候之下，任何人都无能为力，谁也无法纠正这样严重的政治错误。因此，王沪宁在总结"文化大革命"的教训时也曾经提出："应当说一个完善的、良好的政治体制应该能够阻止'文革'的发生，因为'文革'的发动、组织、活动均超越了宪法和法律的范围，均不符合科学和民主的政治程序。但是，当时的政治体制没有这种能力。一九五四年宪法建立的政治体制一下子就被'文革'彻底破坏了，这是值得我们细而研究的。"王沪宁还从政治体制的技术角度对这一问题进行了深入分析，认为有一些基本因素与"文革"未能被制止有一定关联，其中最为首要的是，作为国家政治生活领导核心的执政党内部没有形成一整套健全的民主制度。党领导中国人民浴血奋战、艰苦斗争，建立了社会主义制度，形成了党在人民群众中崇高的政治威望，对社会政治生活行使着全面的领导权，这是适应我国发展道路的，但是，随着后来局势的变化和对社会主义条件下社会阶级关系判断的失误，当时党的领袖的民主观念逐渐薄弱，"主观主义和个人独断作风日益严重，日益凌驾于党中央之上，使党和国家政治生活中的集体领导原则和民主集中制不断受

---

① 《邓小平文选》第二卷，北京：人民出版社1994年版，第333页。
② 《邓小平文选》第二卷，北京：人民出版社1994年版，第146页。
③ 《邓小平文选》第三卷，北京：人民出版社1993年版，第379页。

到削弱以至破坏"①。这样，到"文革"发动前夕，实际上形成了这样一种情形：党对社会生活有着全面的政治领导权，而党的领袖对党又有绝对的领导权威。所以，在党的领袖错误决定发动"文革"时，我们党内不少不同意这么做的干部和党员已无能为力。党内民主制度的不健全，致使我们党无法阻止发动"文革"的错误行为，结果给整个国家的政治生活造成了损害。②

而正是为了从根本上避免今后再次发生类似的政治悲剧，从党的十一届三中全会以来，我们党始终坚定不移地把建设社会主义民主政治作为政治战略目标，而为了实现这一战略目标，党的"十六大"又进一步提出了以党内民主带动人民民主的基本路径，从而加快了我国社会主义民主政治建设的进程。在今天大力推进社会主义民主政治建设、以党内民主示范和带动人民民主的过程中，党内民主的制度化建设就显得非常突出和重要。而党内民主深入发展和走向成熟的关键，不仅是要实现党内民主的制度化、规范化，而且还要实现党内民主的法制化，从而为党内民主发展提供强有力的制度和法律保障。简言之，也就是要真正实现依法治党。

由此看来，依法治党，是对建国以后特别是"文化大革命"以来党内政治生活经验的历史总结，也是防止类似悲剧再次上演的前提条件。那么，究竟什么是依法治党？具体地说，所谓依法治党，就是要严格按照国家的法律和党的法规来规范党组织和党员的行为，通过党的各项具体制度来保证国家的宪法和党章成为党组织和党员的最高行为准则。早在改革开放之初，邓小平针对"文化大革命"期间党的纪律受到严重破坏的情况，就反复强调："国要有国法，党要有党规党法。党章是最根本的党规党

---

① 《关于建国以来党的若干历史问题的决议》，http://cpc.people.com.cn/GB/64162/64168/64563/65374/4526448.html,1981年6月27日。
② 王沪宁：《"文革"反思与政治体制改革》，见人民论坛网：http://www.rmlt.com.cn/News/201109/20110905 1546057886.html,2011年9月5日。

法。"① 根据这一论断，俞可平对此进一步加以界定："依法治党"的"法"可以界定为两大类，一类即是国家的法律，首先是国家的宪法；另一类即是党的规章制度，首先是党章。② 这就表明，要实行依法治党，就意味着给我们党及其广大党员提出了两方面的基本要求：一是党的一切活动都必须在现有法律框架内进行，而不得超越于宪法和法律之上；二是党的所有党员都必须严格遵守党规党法，而不得凌驾于党组织之上。只有这样，从我们党自身来讲，才能保证党不再犯类似于"文革"这样全局性的政治错误，才能保证党内民主生活不再像"文革"那样遭受任意破坏和践踏。

可见，依法治党之"法"，既包括国家法律，也包括党规党法，两者从根本上说是统一的。这是因为，我们党的党规党法不仅是用来规范党自身的内部行为，而且是为了保障国家法律的切实执行。并且，党规党法相对于国家法律而言，无疑处于次要地位，它们本身也不得有悖于国家法律。因此，正如2012年"两会"期间有研究者深刻指出的那样：近十年来，我们党为了约束各级党员领导干部的行为，党规的制定超过了法律相关规范的出台，包括"双规"的规范化。这证明共产党对党员领导干部的要求比普通人的多且高，这是好事。但是，党规不等于法律，政治规范也不能取代法律规范，不能混淆党规和国法的界限，重要的是将党规与国法通过政治程序与法律程序正常有机地衔接，包括党务干部转任政务干部政治法律程序的法定化。这意味着政治责任和法律责任必须明晰、互不取代，只有如此，才能建立真正意义上的责任制。③

---

① 《邓小平文选》第二卷，北京：人民出版社1994年版。
② 俞可平：《依法治国必先依法治党》，载《学习月刊》，2010年第8期。
③ 魏炳锋、董菁、朱维究：《执政党应当成为遵守宪法法律的模范》，http://politics.people.com.cn/GB/17348297.html,2012年3月6日。

二、依法治党是法治时代依法执政的迫切需要

我国是共产党领导的、人民民主专政的社会主义国家。在我国，党的领导、依法治国和人民群众当家做主，是有机统一的。党领导人民制定宪法和法律，宪法和法律体现了人民的意志和党的根本主张。因而，执政党有责任、更有义务带头实施宪法和落实法律，带头维护宪法和法律的权威，尤其是在市场经济条件下，在依法治国的时代里，作为唯一的执政党，坚持和实行依法治党，实际上就是巩固和维护自己的执政权威，增强自身的执政合法性。为了适应改革开放和社会主义市场经济发展的要求，中国共产党的执政方式必须转变，必须从经验式的以政策手段为主治理国家，转变为规范化的以法律手段为主治国理政，这是社会历史发展的必然趋势。因而，依据我国宪法和中国共产党党章的规定，作为执政党的中国共产党，必须严格在宪法法律范围内进行活动，成为遵守宪法和法律的模范。1981年召开的党的十一届六中全会决议首次明确提出："党的各级组织同其他组织一样，都必须在宪法和法律范围内活动。"党的"十六大"报告进一步指出："必须严格依法办事，任何组织和个人都不允许有超越宪法和法律的特权。"正反两方面的历史经验反复证明：只有执政党的遵宪守法，才有政府的依法行政，才能建设真正的法治国家，实现国家的法治化。在邓小平同志晚年的很多论述中，在党与国家及其宪法和法律的关系问题上，他再三提出：不要以为有了权就好办事，有了权就可以为所欲为，每一个党员，不管其功劳和职位如何，都要"严格地遵守党章和国家的法律"①。"任何人都不许干扰法律的实施，任何犯了法的人都不能逍遥法外"②。根据邓小平的这一思想，"十二大"党章明确规定："党必须在

---

① 《邓小平文选》：第一卷，北京：人民出版社1994年版，第243页。
② 《邓小平文选》：第三卷，北京：人民出版社1993年版，第83页。

宪法和法律的范围内活动。"我国宪法也明确规定："任何组织或者个人都不得有超越宪法和法律的特权。"之后，"党必须在宪法和法律的范围内活动"，就成了我们党在领导活动中的一项重要原则。

只有坚持依法治党，才能尽快提升我们党在新的历史时期的执政能力。经过几十年的改革开放历程，我国已经实现了从计划经济向市场经济的转变，基本建立了社会主义市场经济体制。在市场经济条件下，党的执政方式必须相应地转变，从革命党的思维向执政党的思维进行转变。党和国家对社会事务的管理，不能再像过去那样主要依靠命令和行政手段，而必须依靠法律手段和经济手段，也就是必须实行依法执政。这是因为，市场经济是一种自由竞争经济，也是一种法制经济，市场经济的本质属性要求我们必须通过法律来理顺和规范党委与政府、企业、社会中介组织以及个人之间的关系，按照经济规律来指导经济建设。在市场经济条件下，仅靠行政命令的方式难以实现对社会的有效治理，只有通过法律的强制性力量来实现党的主张，实现党对国家和社会的领导，只有通过完善的法治来保证全社会的公平、正义和有序，才能更好地实现广大人民群众的利益。而且，执政党只有依法执政，才能大大降低执政成本，提高执政效率和效力，从而提高自身的执政能力。

而要真正实现依法治国，首先必须实现依法治党。早在1978年12月，邓小平在《解放思想，实事求是，团结一致向前看》的重要讲话中，就已经明确提出了党法与国法的关系，他说："没有党规党法，国法就很难保障。"这也就意味着，不依法治党，也很难依法执政。这是因为，中国共产党是掌握国家政治、经济、文化、军事核心权力的唯一执政党，党的领导干部是公共权力的掌握者。治国必先治党，依法治国必先依法治党。各级党组织必须在国家宪法和法律的框架内活动，这是建设社会主义法治国家的基本要求。党带头遵守法律的一个前提，就是党组织不得凌驾于宪法和法律之上，必须在国家法律规定的框架内活动。法治的本质特征之一，是任何组织和个人都不能超越法律之上,都必须受法律的节制,执政党也不例外。如果党组织可以在法律框架之外活动,那么,即使再强调依法治国,我们至多可以有法制,但不会有法治。① 总之,党要自觉适应社会主义市场经济发展的新形势,只有实行依法治党,同时改革和完善党的执政方式,才能进一步提高党依法执政的能力。

三、依法治党是党内民主深入发展的必然要求

党内民主的发展,必然要求有党规党法的保障。国内外政治发展的历史经验表明,民主和法治是内在统一的,没有民主就不可能实现真正的法治,而没有法治也不可能有真正的民主。两者是相辅相成的关系,民主是法治的前提,法治是民主的保障。这一原理具体应用到党内民主层面,也同样如此。在党内民主发展过程中,党内民主的各项要求要真正落到实处,就必须使党内民主本身制度化、法制化,以完备的制度规范和党规党法来保证党内民主的贯彻执行。为了维护党章这一党内根本大法的严肃性和权威性,邓小平也提出了许多重要的思想观点,具体如下:首先,要按照党章的规定,在党内建立党员与党的正确关系及党员之间的平等关系,"不论是担负领导工作的党员,或者是普通党员,都应以平等态度互相对待,都平等地享有一切应当享有的权利,履行一切应当履行的义务"②。其次,"所有共产党员都要增强党性,遵守党的章程和纪律"③,党内不允许有任何在遵守党员义务方面与众不同的特殊人物存在。最后,要坚决维护党章的尊严及其党内最高法规的地位,对于党章及与之相配套、相补充的具体规定,"也要当作法律一样,坚决执行"④。"谁也不能违反党章党纪,

---

① 俞可平:《依法治国必先依法治党》,载《学习月刊》,2010 年第 8 期。
② 《邓小平文选》第二卷,北京:人民出版社 1994 年版,第 331 页。
③ 《邓小平文选》第三卷,北京:人民出版社 1993 年版,第 46 页。
④ 《邓小平文选》第二卷,北京:人民出版社 1994 年版,第 219 页。

不管谁违反，都要受到纪律处分，也不许任何人干扰党纪的执行，不许任何违反党纪的人逍遥于纪律制裁之外"①。正因为如此，改革开放以来，我们党在发展党内民主的实践中，始终把制度建设摆在特别突出的位置，从而使党的制度建设取得了十分显著的成效。党的十七届四中全会《决定》尤其强调指出：要坚持和完善党的领导制度，保障党员主体地位和民主权利，完善党代表大会制度和党内选举制度，完善党内民主决策机制，维护党的集中统一，充分发挥各级党组织和广大党员的积极性、主动性和创造性。近些年来，先后制定和修订了《中国共产党地方组织选举条例》、《中国共产党地方委员会工作条例（试行）》、《中国共产党党内监督条例》、《中国共产党党员权利保障条例》等一系列党内法规，使党的制度建设在许多方面取得了实质性进展。

但是，我们还必须清醒地认识到，直到今天，党内民主在制度建设方面仍然存在严重不足，这主要表现为：一是在思想认识上，对于依法治党还始终存在诸多认识误区，诸如"党大还是法大"、"权大还是法大"问题。不破除这些认识迷误，我们就很难在发展党内民主方面取得实质性的进展。二是在制度建设上，过于注重实体性制度的建设，而往往忽略了程序性制度和保障性制度的建设。因而，许多好的制度并未得到切实的贯彻落实，结果就会出现困扰着人们的一个老问题：反腐制度严密，为何形势依然严峻。② 三是在体制改革上，改革的深度还不到位。体制既包括权力结构，又包括制度规范。过去更多只是注意到了制度规范问题，而对权力结构认识不足。实际上，随着改革的深化，权力结构是更深层次的问题。而在权力结构上，总是寄希望于依靠领导人个人的意志或者个人行使权力的方式，来解决领导体制中存在的问题，而不是通过合理的权力配置和科学的权力制约结构来遏制权力的滥用。

---

① 《邓小平文选》第二卷，北京：人民出版社1994年版，第332页。
② 景玥、万幸、蒋明麟：《反腐制度严密，为何形势依然严峻？》，http://lianghui.people.com.cn/2012npc/GB/17300273.html,2012年3月6日。

针对上述问题，迫切要求从以下几个方面加大力度和进度，为实现依法治党打下扎实的基础：

首先，大力破除"党大还是法大"、"权大还是法大"这样一些错误认识，牢固确立在国家事务中"宪法至上"和在党内事务中"党章至上"的观念，为依法治党奠定坚实的思想基础。① 在党的"十八大"报告中再次明确指出："党领导人民制定宪法和法律，党必须在宪法和法律范围内活动。任何组织或者个人都不得有超越宪法和法律的特权，绝不允许以言代法、以权压法、徇私枉法。""各级党组织和广大党员、干部特别是主要领导干部一定要自觉遵守党章，自觉按照党的组织原则和党内政治生活准则办事，任何人都不能凌驾于组织之上。"这就要求在广大党员干部中真正形成"法律面前人人平等"、"党章面前人人平等"的法治意识，努力在全党和全社会范围内营造一种新型的社会主义法治精神和法治文化，只有这样才能确保国法党法的严肃性和权威性，从而为依法治党奠定坚实的思想基础。

其次，我们党作为执政党，尤其要在党规党法的贯彻落实上下工夫，大力加强操作性制度和保障性制度的建设，为依法治党建立可靠的制度基础。如《中国共产党党员权利保障条例》第二十一条规定："党组织进行选举时，应当充分体现选举人的意志。"同时，也提出要求："党的任何组织和任何党员不得以任何方式妨碍党员在党内自主行使选举权和被选举权，不得阻挠有选举权和被选举权的人到场，不得强迫选举人选举或者不选举某个人，不得搞非组织活动妨碍选举，不得以任何方式追查选举人的投票意向。"然而在具体实践中，许多地方的选举工作并未给广大党员创造秘密投票的条件，因而使党员在投票时难免心存顾虑，不敢真实地表达自己的意愿。类似的情况不仅在党内选举中广泛存在，而且在其他社会领域的民主生活中也时有发生。这表明我们在党内外的民主制度建设中，对

---

① 俞可平：《依法治国必先依法治党》，载《学习月刊》，2010 年第 8 期。

于操作性制度和保障性制度的设计还比较粗略，而恰恰是这些细节很可能会影响民主精神的真正贯彻，使一些很好的制度只能停留于原则规定而难以落到实处。所以，现在突出的问题是，如何提高制度执行力、增强制度实效性。制度的执行力往往取决于制度的技术含量或制度的细密程度，与可操作的程度成正相关。如果制度设计过于原则化，无异于一幢只有框架的建筑物，非但不能避风挡雨，反而给有关当事者钻制度的空子留下太多的可乘之机。①

再次，我们还必须进一步深化党内领导体制改革，逐步建立健全权力结构，为依法治党构建科学的组织基础。在过去很长时期里，我们在党内政治生活中过多地强调集中而忽视了民主，于是便导致了在权力行使过程中出现了集中有余、民主不足的情况，导致了民主集中制的执行带有很大的随意性，乃至逐步形成了事实上的党内"一把手"现象，严重破坏了党内正常的政治生活，阻碍了党内民主的健康发展，造成了极大的危害。在这样的权力结构基础之上，再好的制度也难以发挥作用。因为这样的制度运行基础是"人治"而不是"法治"，不可能真正做到在党规党法面前党员人人平等。所以，今天大力推进和发展党内民主，就必须从党内领导体制上进行改革，建立科学合理的权力制约结构，为依法治党奠定科学的组织基础。根据现代领导体制的要求，建立健全决策权、执行权、监督权既相互制约又相互协调的权力结构，这是建立权力运行制约机制的前提条件，特别是要科学分解党内"一把手"的权力，明确界定"一把手"的权限，形成有效的权力制衡机制。只有这样，才能使依法治党具有科学的组织基础，才能保证党内民主的深入和持续发展，也才能从根本上防止"文化大革命"这样的历史悲剧再次发生。

最后，作为执政党的各级领导干部尤其是高层领导，必须带头严守国法党法，养成依法办事的习惯，为依法治党起到表率作用，这是依法治党

---

① 张国、原春琳：《表决器里的民主含量》，载《中国青年报》，2012年3月15日，第1版。

不可或缺的前提条件。习近平在十八届中共中央政治局常委同中外记者见面时也明确提出:"打铁还需自身硬。"同时,习近平在纪念《中华人民共和国宪法》公布施行30周年大会的讲话中特别强调:"真正做到党领导立法、保证执法、带头守法。"因此,在新形势下,党在从严治党的实践中,必须信守承诺,坚持言行一致,一旦有党员干部违反了党规党法,不管是多大的官,掌多大的权,都必须严肃查处,绳之以法,决不允许有任何凌驾于国法和党法之上的特殊党员存在。总之,只有执政党的各级领导干部尤其是高层领导能严格遵守党法,不允许任何党员凌驾于党组织之上,才能从根本上实现党内民主生活的制度化;进而言之,只有执政党及其领导干部严格遵宪守法,不允许任何组织或者个人可以超越宪法和法律,才能建设真正的法治国家,实现国家的法治化。

(原载《探索》,2013年第1期)

图书在版编目（CIP）数据

国家底线：公平正义与依法治国／俞可平主编．
—北京：中央编译出版社，2015.1
ISBN 978－7－5117－2360－4

Ⅰ．①国…
Ⅱ．①俞…
Ⅲ．①社会主义法制－建设－研究－中国
Ⅳ．①D920.0

中国版本图书馆CIP数据核字（2014）第232327号

国家底线：公平正义与依法治国

出 版 人：	刘明清
出版统筹：	董　巍
责任编辑：	侯天保
责任印制：	尹　珺
出版发行：	中央编译出版社
地　　址：	北京西城区车公庄大街乙5号鸿儒大厦B座（100044）
电　　话：	（010）52612345（总编室）　（010）52612339（编辑室）
	（010）52612316（发行部）　（010）52612317（网络销售）
	（010）52612346（馆配部）　（010）66509618（读者服务部）
传　　真：	（010）66515838
经　　销：	全国新华书店
印　　刷：	山东鸿杰印务集团有限公司
开　　本：	787毫米×1092毫米　1/16
字　　数：	248千字
印　　张：	18.75
版　　次：	2014年10月第1版第1次印刷
印　　次：	2015年1月第1版第7次印刷
定　　价：	58.00元

网　　址：	www.cctphome.com　　邮　箱：cctp@cctphome.com
新浪微博：	@中央编译出版社　　　微　信：中央编译出版社（ID：cctphome）
淘宝店铺：	中央编译出版社直销店（http://shop108367160.taobao.com）

本社常年法律顾问：北京市吴栾赵阎律师事务所律师　闫军　梁勤
凡有印装质量问题，本社负责调换，电话：（010）66509618